分享经济
供给侧改革的新经济方案

马化腾

张孝荣 孙怡 蔡雄山
著

腾讯研究院 郭凯天 司晓
出品

中信出版集团 · CHINA CITIC PRESS · 北京

图书在版编目（CIP）数据

分享经济：供给侧改革的新经济方案 / 马化腾等著；腾讯研究院出品. -- 北京：中信出版社，2016.6 (2019.3重印)
ISBN 978-7-5086-6104-9

Ⅰ.①分… Ⅱ.①马… ②腾… Ⅲ.①中国经济－经济改革－研究 Ⅳ.① F12

中国版本图书馆 CIP 数据核字 (2016) 第 071990 号

分享经济：供给侧改革的新经济方案

著　者：马化腾　等
策划推广：中信出版社（China CITIC Press）
出版发行：中信出版集团股份有限公司
　　　　　（北京市朝阳区惠新东街甲 4 号富盛大厦 2 座　邮编 100029）
　　　　　（CITIC Publishing Group）
承　印：北京诚信伟业印刷有限公司

开　　本：880mm×1230mm　1/32　　印　张：12　　字　数：275 千字
版　　次：2016 年 6 月第 1 版　　　　印　次：2019 年 3 月第 16 次印刷
广告经营许可证：京朝工商广字第 8087 号
书　　号：ISBN 978-7-5086-6104-9
定　　价：58.00 元

版权所有·侵权必究
凡购本社图书，如有缺页、倒页、脱页，由发行公司负责退换。
服务热线：010-84849555　　服务传真：010-84849000
投稿邮箱：author@citicpub.com

本书创作团队

作者
马化腾、张孝荣、孙怡、蔡雄山

出品
郭凯天　司晓

特邀顾问
程维　Brent Irvin　谢呼　江阳

目录

推荐序一 分享经济浪潮下，一个实践者的梦想　程维 // XIII
推荐序二 分享经济：破解经济剩余的秘密　郭凯天 // XVII
前言 分享经济：释放经济发展新动能 // XXI

第一篇　理论篇：一场源于创新的实践

引子　分享经济不是分享经济 // 003

第一章　一探分享经济真相 // 006

协同消费的真相 // 006
强调"劳动"的视角 // 008
一种开阔的视角 // 010
所有权与使用权 // 011
经济模型论 // 012
循环经济视角 // 013
基于四大要素提出的定义 // 014

第二章　四大商业范式的基因 // 017

C2C 模式 // 017

C2B 模式 // 018

B2B 模式 // 018

B2C 模式 // 019

第三章　经济剩余解决的问题 // 021

经济剩余改变一切 // 021

三个"剩余"的分享模式 // 025

第四章　"分享"之后,"按需"崛起 // 034

工业模式的终结 // 036

分享主义 // 037

一个假想 // 043

第二篇　全球篇:风暴席卷全球

第五章　美国——分享经济风暴眼 // 049

一份美国用户的调查 // 051

重点业务领域 // 053

美国政府态度 // 056

第六章　加拿大——准备换掉旧鞋走新路 // 060

重点区域的发展特色 // 060

政府面临的挑战 // 063

加拿大政府态度 // 065

第七章　英国——发现魔法世界 // 068

打造全球分享经济中心 // 068

背后的战略思考 // 070

未来增长点 // 074

英国政府态度 // 076

第八章　欧洲其他国家——从南热到北 // 078

各国展现出有趣的差别 // 078
欧盟的态度 // 082
欧洲分享经济联盟 // 086

第九章　澳大利亚——人气越来越高 // 089

澳大利亚人的"新宠" // 089
行业发展状况 // 091
澳大利亚政府态度 // 092

第十章　韩国——放松管制，放手发展 // 095

典型行业发展情况 // 096
分享经济兴起原因 // 100
韩国政府态度 // 104

第十一章　中国港台地区——破土萌芽 // 107

推动发展的原因 // 107
目前的争端 // 108
地方政府态度 // 109

第三篇　中国篇：见龙在田

第十二章　分享经济发展现状及问题 // 115

分享经济释放经济发展新动能 // 115
影响分享经济发展的问题 // 116
关于促进我国分享经济发展的建议 // 118

第十三章　城市出行的分享 // 120

三种交通出行方式 // 124
第三类模式下的出行分享 // 127

第十四章　库存房屋的分享 // 129

Airbnb 模式的两个条件 // 130
分享经济思维化解房地产库存 // 131
两大商业模式 // 135
短租行业未来的创新 // 137

第十五章　资金分享的光荣与梦想 // 140

P2P 网贷的优势 // 143
P2P 网贷运行 // 144
众筹的魔术 // 147

第十六章　所有权的剩余 // 149

传统交易的"柠檬市场" // 149
二手交易市场火爆的动因 // 151
二手交易两类模式 // 152
二手交易的未来 // 153

第十七章　时间剩余的分享：身份崛起 // 155

私人大厨 // 156
私人教师 // 158
私人大夫 // 159
私人助理 // 160
私人看护 // 161
私人顾问 // 162
私人物流 // 163

第四篇　影响篇：供给侧改革

第十八章　扩大供给 // 169

提高资源的利用率 // 169

产生新的供给来源 // 170

第十九章　扩大需求 // 172

提高实际购买力 // 172

新的消费增长点 // 175

第二十章　就业机会 // 178

下一个大事件 // 179

自雇和产销者 // 181

现实意义 // 183

两个挑战 // 186

第二十一章　环保 // 189

减缓对未开发资源的消耗 //˜189

减少污染排放 // 192

促进环保发展 // 194

第五篇　转型篇：奔赴新经济

第二十二章　分享主义宣言 // 199

招式一：拥抱 // 200

招式二：借力 // 210

招式三：合作 // 214

招式四：并购 // 218

第二十三章　分享主义的新经济实践 // 221

产业生态资源的分享 // 221

资源如何分享 // 223

重构分享组织生态 // 226

连接一切的生态布局 // 231

第六篇　治理篇：看不见的推手

第二十四章　国外政策经验 // 237

国家战略层面 // 237

具体促进措施：五连环 // 240

监管层面：一体两翼 // 246

第二十五章　中国的应对部署 // 250

宏观的政策环境 // 250

地方政府的政策措施 // 251

市场监管中的问题 // 255

全球分享经济几个政策趋势 // 257

建议与对策 // 260

第七篇　趋势篇：一切，皆可分享

第二十六章　个人分享的再创新 // 267

新兴的服务分享 // 267

农业分享萌芽 // 271

向你的邻居买电已经实现 // 273

全球的3D打印分享 // 275

第二十七章　企业端分享新风向 // 277

生产设备共享起步 // 278

医疗设备共享萌芽 // 279

建筑设备共享出现 // 280

物流业共享平台化 // 281

营销共享开始发展 // 283

专利共享不是难题 // 283

B2B共享进驻商旅市场 // 284

第二十八章　公共分享萌芽 // 287

政府采购里的机遇 // 288

政府闲置资源分享 // 290

促进公共设施分享 // 291

第二十九章　打造分享型城市 // 295

英国的试点城市 // 297

美国的分享城市及决议 // 300

韩国：首尔分享型城市宣言 // 305

荷兰："欧洲第一个分享城市" // 308

意大利米兰：共享世博 // 310

附　录　分享经济国别政策报告

韩国分享经济政策报告 // 317

日本分享经济政策报告 // 323

英国分享经济政策报告 // 330

法国分享经济政策报告 // 336

欧盟分享经济政策报告 // 341

美国分享经济政策报告 // 347

跋 // 353

推荐序一

分享经济浪潮下，一个实践者的梦想

在我接到写序邀请的时候，恰逢 2016 年全国"两会"闭幕，李克强总理在《政府工作报告》中两次提到"促进分享经济发展"、"支持分享经济发展"，从之前中央文件中的"发展分享经济"到现在的促进与支持，足以看到分享经济在中国整体经济格局中发挥着日益重要的作用。分享经济的特征是大众参与，资源高效配置，用户体验更好。这种"不求拥有，但求所用"的新经济模式既符合供给侧结构性改革的要求，又满足了消费者的潜在需求，是中国经济发展的一股新动能。幸运的是，滴滴在意义非凡的分享经济大潮中扮演了先行者和实践者的角色。

三年前，我们通过信息匹配，完成了出租车与乘客的连接。后来我们发现即使 80% 的出租车司机已经加入了滴滴，很多乘客高峰期依然叫不到车，因此我们推出了专车、快车。

但很快我们发现不管有多少职业司机在平台上，高峰期依然不能满足所有的需求,所以我们把 B2C 和 C2C 结合起来,把那些非专职司机的空余时间、闲置资源分享出来。通过"人人帮助人人"的分享经济模式,才有可能把高峰期和平峰期的问题完美解决。所以我们推出了快车产品之后,又推出了快车拼车、顺风车、跨城顺风车。

现在,我们用 90% 以上的应答率和 60% 的拼成率,解决了打车难问题,同时将分享经济的模式与理念带到了中国 400 多个城市,让 2.5 亿中国百姓切实感受到了分享经济带来的便利与舒适。

滴滴关于出行的梦想,就是用互联网把所有的交通工具都连接到互联网上,用越来越强大的交通云,用越来越智能的引擎去调度一切,导航一切,提升整个城市的出行效率,提升每一个用户的出行体验;用分享经济的模式,让这个城市不再增加一辆私家车。我们的使命一直没有变过——"让出行变得更美好"。我们的愿望是成为全球最大的一站式出行平台。

最近半年,伴随着滴滴的快速发展,我常常思考这样一个问题:为什么分享经济在互联网时代突然火了?为什么是在出行行业?为什么滴滴成了分享经济的代表?分享经济在中国发展前景如何?我想大概可以从以下四个方面回答这些问题。

第一,工业时代晚期的资源紧缺是分享经济出现的大背景。

在工业时代,物权的私有化是所有权的概念。由于工业化大规模生产,商品极大的丰富,让拥有经济得到了巨大发展。但是直到工业时代晚期,也就是最近十年,很多领域开始出现了资源紧缺。人们发现不可能每个人都能够拥有这么多的东西,因为空气、交通等很多领域,包括能源都有瓶颈,资源并不支持每个人欲望无限的索取,这是第一个大背景。

第二,在资源最紧缺的领域,孕育出了最先锋的分享经济。

这是因为交通资源、路面资源是中国交通发展最大的瓶颈。过去的十几年，中国汽车的保有量在快速发展，但是道路的发展跟不上车的发展。中国的车到底是不是很多？答案是：并不多。实际上中国只有 1.5 亿辆民用汽车，8 亿的城镇人口，大概 18% 左右的人均汽车拥有量，不到美国的四分之一。但如果我们把汽车的数量从 1.5 亿辆提高到 5 亿辆，从现有的道路资源来看，完全不现实。因此，替代性的方案应运而生：在不增加汽车总量的情况下，通过更好的分享提高汽车的使用率。

第三，互联网平台是分享经济发展的先决条件。

没有互联网平台，分享经济是没有条件发展的。所有的分享都是互联网组织的。在互联网产生之前，拼车只能是邻里互助或者在路上举牌子，交易成本非常高，并没有可行的平台和组织方案。正是因为移动互联网的发展，智能匹配供需，解决信息不对称问题，加上交通行业存在的瓶颈，才使得整个分享经济开始在这个领域快速发展。

第四，中国将是分享经济发展最快、发展最大的市场之一。

中国与美国有很大的不同：中国买车非常贵，但是打车相对便宜；美国买车很便宜，开起来也很方便，但是打车非常贵。因此美国的穷人都是自己开车，有钱人天天在打车；中国恰恰相反，刚刚毕业的白领才会打车，一旦有钱就要去买一辆车。因为成本和性价比有优势，所以会有越来越多的人和车流向像滴滴这种共享出行的平台。分享经济和拥有经济的性价比的差异，使得用户更快地迁移过来，我相信中国有可能是分享经济发展最快、发展最大的市场之一。

此外，2016 年，中国的"大众创业、万众创新"将进入新的发展阶段。资本、人才越来越成熟，创业门槛更低，将有越来越多的创业企业会加入分享经济的实践中来。庞大的用户需求、节俭的文化传统以及先期成功的实践，都预示着分享经济在中国将有无限的发展空间。

今天，中国的互联网企业有很多已经领跑世界，这是分享经济时代中国人创新创业的力量，更是民族产业发展的骄傲。未来，以市场和技术创新为主导，以用户利益为根本，构建一个企业、政府"互通互联，共享共治"的"命运共同体"，让国家的发展和社会的进步插上互联网技术的翅膀，成为真正世界一流的互联网强国，这是我们共同的期望。

分享经济的时代已经来了，抓住时代的机遇，迎接世界的挑战，是每一个互联网企业的责任。

程　维

滴滴出行创始人兼 CEO

推荐序二

分享经济：破解经济剩余的秘密

西方经济理论需要发生一场革命。自斯密在《国富论》中谈到"利己主义"后，"理性经济人"就成了西方经济学的基本假设之一。理性经济人，被看作是追求个人利益最大化的化身，把利己看作人的天性，是只顾自己利益而不顾别人利益和集体利益的代表。

但在分享经济这个催化剂的作用下，这个利己主义的假设发生了变化。在新兴的互联网平台上，人们不再把所有权看作获得产品的最佳方式，不再注重购买、拥有产品或服务，反而更多地采取一种合作分享的思维方式，更倾向于暂时获得产品或服务，或与他人分享产品或服务。使用但不占有，是分享经济最简洁的表述。但这远远不是分享经济的全部。

我们看到的是，供应和需求，这一对经济学矛盾，在分享经济这个催化剂的作用下，也在按照一种不同以往的模式实现大规模的连接——这是一个新情况。与传统经济不同的是，这种连接基于经济剩余。经济剩余在企业层面表现为闲置库存和闲置产能,在个人层面表现为闲置资金、闲置物品以及闲置时间,通俗地说也就是闲钱、闲物、闲工夫。

激活经济剩余,是社会财富增长的一个新途径。

过去,经济剩余的存在是碎片化的,零零散散地存在于社会各个领域,整合成本极高,社会价值很低。现在,借助于分享经济的各种创新模式,大量的经济剩余被整合起来,在全社会范围内重新对接供需,于是就产生了新的经济效益。

由此,实现了"人尽其才、物尽其用",宏观经济的发展也具备了新动能。

分享经济何至于个人资源的分享?腾讯众创空间正在实践一种面向创业企业的模式——产业生态资源分享。具体来看,众创空间以企业为核心,为之分享网络平台流量、技术、产品、办公环境、软硬件设备、投资、传媒等适合企业成长的各种要素,使创业者可以集中精力专注于产品研发和运营等核心事务,大大改善了过去创业服务资源闲散化的问题。

不光是企业端可以有分享经济,在社会公共服务领域也可以引入分享经济。目前,世界主要国家都认识到分享经济对于资源高效分配的重要价值,高度重视发展分享经济,许多国家确立分享经济的战略性地位,出台鼓励政策促进分享经济发展。例如,英国政府 2014 年制订分享经济计划,旨在打造分享经济的全球中心;韩国政府也提出发展分享经济"示范城市";欧盟拟出台分享经济发展指南等。

分享经济是一场深刻的经济革命。在去中心化的价值传承下,合作分享的思维方式成为商业发展的主旋律,这对于整个社会的资源重构、组织重构、供需重塑,甚至治理模式都带来巨大影响。正如罗宾·蔡斯所言,"人人共享正在推动这个工业化社会转型为分享经济社会"。

尽管分享经济在中国发展得如火如荼,但分享经济在中国还没有完全发挥出价值。当下的中国,持续扩大有效内需与加快供给侧改革正成为国家经济发展的两项重要手段,分享经济也在重新构建更有效率、更具持续性的新型供给关系上展示出巨大潜能。

首先,分享经济让每个人都有机会参与到供给侧改革这一历史进程中来。随着移动互联网的发展,智能手机和高速无线网络的普及使得个体自主性越来越受到重视。在这种状态下,每个人都是一个信息汇聚中心和传播主体,每个人都是雇主和雇员。新兴的分享经济企业不再生产商品,而是提供信息和交易平台。

其次,企业与企业之间的共享,将有利于降低成本、提高效率。随着互联网与传统行业的深度融合,一批创新型分享经济平台正脱颖而出,得到消费者和市场的广泛认可。据粗略估算,2015年,分享经济在我国市场总体规模约为1万多亿元。分享经济正从交通出行和住宿领域,拓展到个人消费的各个领域,同时企业端市场也正在逐渐成形。

可以预见,这场已经影响了数亿人的分享经济风潮,将重新构建个人与个人、个人与商家、商家与商家之间的连接,提升整个社会经济的运行效率,有助于推动中国经济加快实现新旧动能转换,构建一个更富有人文情怀的社会。

郭凯天

腾讯研究院院长

前言

分享经济：释放经济发展新动能

2015年，中国经济社会实现了历史性的"双过半"：服务业在GDP（国内生产总值）中占比首次超过一半，达到50.5%；中国社会互联网渗透率首次超过一半，达到50.3%。这标志着消费取代投资成为中国经济增长的主引擎，同时以互联网为代表的新经济逐渐占据主流消费市场。

2015年也是"互联网+"开局之年，社会各界积极拥抱互联网，以物联网、云计算、大数据为基础的创新创业浪潮风起云涌，在推动"双过半"的过程中起到临门一脚的作用。

2015年"两会"，我曾提出《关于以"互联网+"为驱动，推进我国经济社会创新发展的建议》，希望能够利用互联网的平台、信息通信技术把互联网和包括传统行业在内的各行各业结合起来，从而在新领域创造一种新生态。2016年"两会"，我提交的五份议案之一是《关于促进分享经济发展释放经济增长新动能的建议》。应该说，分享经济与"互联网+"有着一脉相承的关系，是"互联网+"在各行各业应用和普及过程中涌现出来的新模式，具有打破信息不对称、降低交易成本、提升劳动生产率的作用。经过一年时间，"互联网+"铺摊子、打基础的工作已经基本完成，未来将在教育、医疗、交通这些规模大、痛点多的垂直行业领域纵深发展。而分享经济很可能成为"互联网+"与这些传统行业结合的主要业态和模式。

也许目前分享经济还不足以成为定义一个时代的大词，但它为经济转型升级提供了重要机遇。一方面，这两年来围绕着出行、租赁等领域集中出现了一批新公司，创造了大批就业岗位。它们虽然分属不同行业，但都有一个共同的特征：围绕着包括人、服务、商品等社会剩余资源的供需关系再匹配，形成了一个前所未有的新经济模式。另一方面，发展分享经济已经成为全球的共识，从2016年中国《政府工作报告》到"十三五"规划纲要，到英国、法国、韩国等多个国家政府都提到要积极发展分享经济。

分享经济在全球范围内的兴起并非偶然，而是当前O2O（线上到线下）产业、互联网行业乃至整个中国经济在新常态转折背景下催生的一种新模式。分享经济虽然破土萌芽未久，却已表现出强大的爆发力和生命力，迅速地促进万事万物的互联互通。

移动互联网发展的硕果

就在过去两三年里，以Airbnb（空中食宿）、滴滴为代表的一批分享经济公司迅速崛起。据不完全统计，2015年分享经济在全球的市场交易规模约为8 100亿美元，在中国，分享经济的市场规模也达到1万多亿元人民币。从一个停留在纸面上的观念到转化为席卷全球的经济和社会潮流，分享经济在全球取得爆发式发展的背后，主要得益于其自身的三大特性。

首先，分享经济是对闲置资源的社会化再利用。许多人可同时分享时间、空间、物品等资源，提高了闲置资源的使用效率，创造了更大的市场价值，使消费者获得了优惠和便利，使拥有者获得了额外的收入。分享经济企业整合了社会大量的闲置资源，实现了三赢的局面。

其次，分享经济把熟人之间的分享关系扩大到了陌生人群体，提升了社会成员的互信水平。分享经济是基于熟人关系催生出的商业形态，基于移动互联网技术的发展，熟人信任开始过渡到商业化信任。在这一新型的商业模式下，人们发挥分享的精神，借助互联网带来的便利，依靠团体协作的方式，让社会资源重新流动起来，从而实现按需分配的社会资源再分配，真正实现"使用而无须占有"的美好愿景。

再次，促进了生产方式由大规模单一中心转向去中心化的个性化定制。相比前两次工业革命塑造的以"单一中心、大规模、统一标准"为主要特征的模式，分享经济去中心化的价值网络更加注重提供个性化的产品和服务。个人既是消费者同时也是生产者，大大激发了创业创新活力，赋能予人，实现了人尽其才、物尽其用。

总体来看，分享经济也是当今移动互联网技术发展到一定阶段的必然产物。移动互联网发展以及智能终端的普及实现了参与者的广泛互联，移动支付和基于地理位置的服务（LBS）让分享变得简单快捷。网络与大数据分析技术实现了资源供需双方的精准高效匹配，极大地降低了个体之间碎片化交易的成本。社交网络及信用评价机制日渐成熟，培育了新的信任关系。分享经济的发展也推动了一个超级连接网络的形成，通过对社会闲置资源的再利用，强化了人与人、人与物、物与物之间的连接。

加速中国经济新旧动能转换

当前，中国经济已经进入新常态：经济增长从高速转向中高速，人口结构也开始迈向老龄化，消费对经济的贡献越来越大，但产能过剩与有效供给不足并存的现象依然存在。如今，分享经济已经上升为国家战略。从党的十八届五中全会公报到国家"十三五"规划纲要，都提到了要发展分享经济。

2015年11月15日，国家主席习近平出席二十国集团峰会并发表题为"创新增长路径共享发展成果"的重要讲话，提到"新一轮科技和产业革命正在创造历史性机遇"，并将分享经济作为推动改革创新的重要创新案例。①

李克强总理在2015年夏季达沃斯论坛上的致辞中也肯定了分享经济。他指出："目前全球分享经济呈快速发展态势，是拉动经济增长的新路子，通过分享、协作方式搞创业创新，门槛更低、成本更小、速度更快，这有利于拓展我国分享经济的新领域，让更多的人参与进来。"②

从实际情况看，分享经济在推动经济转型、新旧动能转化上取得了较为显著的成效。

首先，分享经济有助于化解当前国内一些地区和一些产业存在的

---

① 延展阅读：http://news.xinhuanet.com/politics/2015-11/16/c_1117147101.htm。
② 延展阅读：http://news.xinhuanet.com/fortune/2015-09/10/c_128215895.htm。

经济剩余问题。以国内房地产市场为例。据国家信息中心统计,国内待售商品房面积已经从 2010 年底的 2.16 亿平方米增加到 2015 年 11 月的 6.86 亿平方米以上,年均增长速度达到 30% 以上,房地产市场"去库存"的形势仍然较为严峻。按照分享经济思维,至少有两种做法可以较为快速地去库存:一是分享经济平台与开发商合作,批量签约来销售库存房源,这为开发商提供了增值服务,将促进有管家、带租约和可交换的房产出售;二是分享经济平台发展以租代售,通过连接开发商、业主和消费者,满足各类租房需求,迂回地盘活长期闲置的地产库存。

其次,分享经济也可以作为推进供给侧改革的有力抓手,为服务业增长提供新动能,实质性地推动结构调整。一是分享经济通过互联网社会化平台,能将社会闲置的库存资源变成新供给。比如个人的房屋、车辆、资金和知识、经验、技能等资源,可以在全社会范围内大规模地实现供需匹配,同时还可以降低交易成本。二是能有效地扩大消费需求。一些餐饮类分享平台以分享个人经历等方式吸引有兴趣的人前去消费,促成了很多体验型、尝鲜型消费,提升了人们对服务的购买意愿。

再次,分享经济可以有效扩大就业,促进大众创业、万众创新,增加居民收入。据不完全统计,目前一批新兴在线雇用、众包快递等平台,已经提供了超过 3 000 万个全职和兼职就业机会。北京大学新媒体研究院在 2015 年 6 月所做的一项调研显示,滴滴平台旗下的出租车、专车、快车、代驾、试驾等服务,一共创造了近 300 万个就业岗位。

当前,我国的分享经济正从交通出行和住宿领域,拓展到个人消费的多个细分领域,同时企业端市场也正在逐渐成形,为绿色发展、可持续发展提供了条件。可以预见，这场已经影响了数亿人的分享经济风潮，将为我国经济增长注入一股强大的新动能，有助于中国经济实现动力转换，把服务业变成经济增长的主引擎。

一个更加互联互通的时代即将到来

尽管发展势头蓬勃，但分享经济在发展过程中也面临着诸如监管、供给、利益调整等多方面的制约和挑战。

相关监管还有待进一步与时俱进。当前国内产业监管思路倾向于区域与条块等管理方式，注重事前审批和准入。但在分享经济时代，融合性新业态大量出现，突破了传统的细分式管理模式，导致多数分享经济模式都有"违法"嫌疑，面临随时都可能被叫停的风险。因此，面对分享经济新型商业模式、经营方式等与传统产业的不同，监管部门不能削足适履，强迫新事物符合旧的监管框架，应因地制宜地调整监管策略，坚持具体问题具体分析，及时清理阻碍发展的不合理规章制度，促进分享经济发展。

创新引发的利益调整加大了统筹协调难度。比较典型的是在出行、住宿行业，分享经济拥有突出的成本优势和全新的商业模式，使得相关领域的传统企业面临一定的压力，不可避免地使分享经济遭到了一些质疑和阻挠。但是分享经济与传统企业也有很多相互融合的例子，比如林肯汽车与CustomMade（一个设计师在线沟通平台）制造商合作，共同设计高端汽车珠宝，Walgreens（沃尔格林）与TaskRabbit（一个任务发布和认领社区网站）合作将处方药送到家，Home Depot（家得宝）使用Uber（优步）快递圣诞树。未来，分享经济和传统企业融合发展的例子会越来越多。

基础设施能力不足限制了更多民众参与进来。 分享经济是互联网高度发达的产物，其需求广泛存在于我国城乡各地。然而，国内网络基础设施建设还有待进一步提高。首先，中国仍然有一半人口尚未直接使用互联网，他们之中有相当多的是残障人士、老年人、老少边穷地区居民，我们应该让他们有机会融入移动互联网世界，享受分享经济带来的红利。其次，移动宽带 4G/3G（第四代 / 第三代移动互联网）还需要在老少边穷地区加速普及。再次，上网的资费依然偏高，有进一步降低的空间。

从长远看，分享经济仍然是移动互联网发展的阶段性成果。随着科技的发展、人们观念的变化、商业模式的迭代，未来必然还会推陈出新，涌现出新的模式。万事万物可能还会以当下无法想象的方式更紧密地联系在一起，而对于未知的探索和孜孜以求的实践正是人类社会生息延绵的魅力所在。

第一篇

理论篇：一场源于创新的实践

引子　分享经济不是分享经济

分享经济的起源是什么？当我们面对一个新生事物的时候，总会想要追根溯源。我们发现，现在处于全球热议中的分享经济，原来不是过去学院派眼里的分享经济。这是什么情况？

作为一个名词的提出，分享经济的研究渊源可追溯到20世纪七八十年代。我国经济学家李炳炎教授在《社会主义成本范畴初探》（1981）和《劳动报酬不构成产品成本的内容》（1982）两篇文章中，在国内外首次提出了社会主义分享经济理论的核心观点。1984年，美国经济学家马丁·劳伦斯·威茨曼（Martin Lawrence Weitzman）出版了一本书，书名就是《分享经济》，他在书中提出了分享经济理论。

两位学者分享经济理论的关注点都是基于微观的企业行为，在分配领域中探寻经济动力不足背后的因素，倡导建立一种新的利益分享制度和财税政策，以建立新的经济刺激结构和机制，消除传统的利益矛盾，解决经济发展动力不足问题。说穿了，核心是研究工人与资本家如何分享企业收益的问题。

显然，当下红遍全球的分享经济，并非以上两位经济学家研究的分享经济。它是一种新兴的经济现象，是一种结合了高度发达的互联网技术的社会化的商业范式。

既然它是基于社会化的分享，那是不是等同于基于社会化大生产的信息共享呢？2002年，哈佛法学院教授、世界著名网络研究中心——哈佛大学伯克曼互联网与社会中心主任尤查·本科勒（Yochai Benkler）在《网络财富》(The Wealth of Networks)一书中提出"共同对等生产"（commons-based peer production）的概念来重点描述其社会化生产思想。在他看来，利用网络技术进行社会化生产，可以解决资源合理利用的问题，而在信息时代，由个人及或松散或紧密的合作者进行的非市场化、非专有化的生产所发挥的作用将日益加大。

听起来似乎很有"分享"的精神。但遗憾的是，本科勒教授的观点着眼于解释维基百科、开源软件和博客圈这样的例子，这些模式恰恰不是分享经济研究的典型。换言之，它们仅仅是"分享"，而不是"分享经济"。

那么，分享经济究竟是什么呢？

至此，我们需要引入一个新的概念——"协同消费"（或协作消费）。

所谓协同消费，从字面理解，这是一种群体消费模式，许多消费者抱团消费，比个人消费更有议价优势。这个名词源于美国得克萨斯州立大学社会学教授马库斯·费尔逊（Marcus Felson）和伊利诺伊大学社会学教授乔·L. 斯佩思（Joe L. Spaeth）。这两位教授在1978年发表了一篇论文《社区结构与协同消费：一种日常活动的方法》(Community Structure and Collaborative Consumption: A Routine Activity Approach)，当时协同消费也被称为"合作式消费"。

2007年，Oxygen Consulting公司的管理咨询师雷·阿尔格（Ray Algar）将"协同消费"这个词语引入自己标题即为《协同消费》(Collaborative Consumption)的文章中。他发现协同消费是一种席卷全球的现象，消费者通过在线eBay（易贝）和Gumtree（英国最大的分类信息网站）等网站，交换商品和服务，通过 Trip Advisor（猫途鹰，全球知名的旅行社区）分享住宿经验，以及通过集体购买力共享（所有权）高价值资产，如汽车、房地产和飞机等。他的这篇文章强调了"分享"的因素。

后来，协同消费又演变出更丰富的含义，例如百度百科里提到：协同消费，指消费者利用线上、线下的社区（团、群）、沙龙、培训等工具进行"连接"，实现合作或互利消费的一种经济模式，包括在拥有、租赁、使用或互相交换物品与服务、集中采购等方面的合作。

再后来，2011 年，《时代》周刊将"协同消费"列入改变世界的十大观念之一。

2013—2014 年，《经济学人》连续发表多篇文章，报道美国的分享经济发展状态，突出报道了 Airbnb、Uber 等公司在分享经济商业模式发展过程中遇到的问题和机遇。

许多政府也开始推波助澜。其中，英国显得很有雄心壮志。英国政府于 2015 年提出构想，希望推动英国成为世界上最适合创业、投资和发展的目的地。为此，英国政府制定了一系列政策来推动分享经济的发展，使其成为经济发展的重要驱动力。

追根溯源的本意不在于咬文嚼字，而在于通过对历史的梳理，追寻本真，把握未来。我们不难看出，协同消费之于分享经济，几乎犹如一个硬币的两面。而分享经济传播范围更为广阔，它超越了东西方地域，超越了社会形态，作为一次由互联网技术应用引发的革命，引导了全球经济体的发展，改变了人类的生活方式，把我们每一个人带入了未来。

第一章　一探分享经济真相

有很多学者和机构认为，分享经济的内涵与协同消费、按需经济、零工经济等类似。细细体会一下，你会发现分享经济与这些概念都有交集，有的时候甚至高度重合，但又貌合神离，各有差异。

协同消费的真相

雷切尔·博茨曼认为"分享经济"就是"协同消费"。她跟人合作写了一本书来阐述这个观点，书名是*"What's Mine Is Yours: The Rise of Collaborative Consumption"*，中文意思是"我的就是你的：协同消费的崛起"，出版后的题目被译为《共享经济时代：互联网思维下的协同消费商业模式》。书中指出，协同消费是在互联网上兴起的一种全新的商业模式。简单地说，消费者可以通过合作的方式来和他人共同享用产品和服务，而无须持有产品与服务的所有权。这个定义从消费者的角度出发，虽然强调的是协同，其实本质是分享，而且，还着重提出了分享的对象是产品和服务。

雷切尔·博茨曼认为"二手交易"也是分享经济的一种典型模式。二手交易将闲置的二手资源通过转售使其得到再利用，提高了二手资源的使用效率。因此，她认为协同消费包括三种形态。

第一种形态叫"产品—服务系统"（product-service systems），即人们将自己的私人用品——汽车、房子等在闲置时出租给其他人使用来获得额外的收入。

第二种形态叫"市场再流通"（redistribution markets），即二手物品交易，代表形式有免费赠送的 Freecycle（美国一个闲置物品捐赠平台），或进行出售的 eBay、Gumtree 和一些允许交换闲置物品的论坛。

第三种形态叫"协同式生活"（collaborative lifestyles），即众多有着相似需求和兴趣的人们聚集在一起分享交换一些相对隐性的资源，比如时间、空间和技能，典型的有"时间银行"。

持有类似观点的还有芬兰坦佩雷理工大学的尤霍·哈马里（Juho Hamari）研究小组。该小组开展了一项关于分享经济中协同消费的研究，对 254 个协同消费平台进行了分析，指出这些行为可以被分成两大类型的交换：所有权的访问和所有权的转移。所有权的访问意味着所有者可以在一定时间内提供和分享商品和服务，例如出租或出借。所有权的转移，包括交换、捐赠和购买二手物品。他们将自己的研究成果发布在《分享经济：为什么人们参与协同消费》一文中。

这种观点还获得了更多人的支持。一份关于德国分享经济的报告《德国的分享经济现象：参与协同消费的消费动机》（The Phenomenon of the Sharing Economy in Germany: Consumer Motivations for Participating in Collaborative Consumption Schemes）在对分享经济进行分类和定义时也遵循雷切尔·博茨曼的理念，认为分享经济不仅包括 P2P（点对点）服务，同时也是产品—服务系统和再分配市场：第一，允许客户使用产品，而提供者保持所有权；第二，覆盖市场，新的或二手物品进行易手;第三,按需服务,汇集个人完成任务。

世界经济论坛全球青年领袖峰会在报告《循环经济创新与新型商业模式》(Circular Economy Innovation & New Business Models Initiative)中也将分享经济同协同消费一起分为三个系统:再分配市场,例如 eBay、Craigslist(一个大型免费分类广告网站)、Swap.com(一个大型母婴用品寄售平台)、thredUP(一个儿童旧衣物寄售平台)、Yerdle(一个旧货分享平台);产品—服务系统,例如 Zipcar(一家网上租车公司)、Snapgoods(一家社区租赁服务网站)、CarShare(一个汽车共享平台);协作型生活方式,例如 Airbnb、Skillshare(一个技能分享网站)、LiquidSpace(一个为经常出差者提供办公空间的平台)。

基于协同消费,Zipcar 的创始人罗宾·蔡斯写了一本书《共享经济》(Peers Inc: How People and Platforms Are Inventing the Collaborative Economy and Reinventing Capitalism)。中文版将其中的"collaborative economy"(协同经济)硬译为"分享经济",但是,罗宾·蔡斯认为"协同"才是她要在本书中传递的核心思想,在协作的过程中,分享是一个必要环节。由此也可以看出,所谓协同也好,分享也罢,基本方向一致。

强调"劳动"的视角

除此之外,分享经济还有许多其他的名号。这些名号从不同的视角对分享经济的内涵进行了解读,能帮助我们对分享经济进行更深入全面的理解。

比如,美国新闻网站 The Daily Beast(每日野兽)在 2009 年 1

月12日刊登的文章《零工经济》（The Gig Economy）中首次提出"零工经济"的概念。打零工，不就是对个人闲暇时间的一种分享吗？通过闲暇时间发挥个人才能，提供服务，完成不同的"任务"，换取收益，这也叫兼职。因此，在一次竞选演讲中，美国民主党候选人希拉里·克林顿也以"零工经济"来泛指分享经济模式。零工（gig）原指任何一种工作、职业、任务，这种定义描述了分享经济的一种新的含义：在线的工作雇用，即人们通过社会化平台获取更加具有弹性和灵活性的工作机会，劳动者只在某一时间段内提供某种特定的服务，而不再长期受雇于某一组织或机构。

美国当代最著名的学术思想机构之一阿斯彭研究所（The Aspen Institute）认为，虽然分享经济还没有官方的定义，但通常指围绕一个技术平台，促进商品、资产和服务在不同个体和动态领域集合间的交换。在其《经济机会：工作在美国》（Economic Opportunities: Working in America）系列报告《分享经济中的未来工作》（The Future of Work in the Sharing Economy）中将分享经济型公司分为促进财产或空间交换和劳动交流两个方面。

第一，财产或空间交换：出租一个房间或一所房子（Airbnb），出租汽车（RelayRides 和 Getaround）、自行车（Liquid）等。

第二，劳动交流：搭车或分享车程（Uber、Lyft），根据各种各样的任务进行按需劳动（TaskRabbit），打扫屋子和房屋维修（Handy），按需提供副食服务（Instacart）。

分享经济的实践者，The People Who Share 的创始人贝妮塔·马托弗斯卡（Benita Matofska）女士提出了一个内涵更为丰富的定义。她结合自己从事分享经济多年的工作经验，对分享经济做出了界定。她认为，分享经济，也被称为点对点经济、协作经济、协同消费，是一个建立在人与物质资料分享基础上的社会经济生态系统，包括不同人或组织之间对生产资料、产品、分销渠道、处于交易或消费过程中的商品和服务的分享。这个系统有多种形态，一般需要使用信息技术赋予个人、法人、非营利性组织以冗余物品或服务分享、分配和再使用的信息。一个通常的前提是，当物品的信息被分享了，这个物品对个人或组织的商业价值将会提升。

一种开阔的视角

麻省理工学院公民媒体中心2014年发布的《分享真的即关爱？点对点经济初探》（Is Sharing Really Caring? A Nuanced Introduction to the Peer Economy）报告，将分享经济细分为以下几类。

1. 对等市场（peer-to-peer market places）：也被称为对等经济，将在线市场作为一个集合点，匹配提供者和消费者之间的交易，例子有Airbnb、Etsy、Getaround、Shapeways、Uber和Lyft。

2. 礼品经济（gift economy）：服务空间，一个礼品经济的组织，将送礼风气描述为"商品或服务的转移安排"，例如任天堂系列的软件开发人员将代码免费分发给粉丝，其他例子有工具图书馆、同人小说等。

3. 共同对等生产方式（commons-based peer production）：由无数志愿者贡献而产生的小型"产品"，例如维基百科等。一般来说，人们的参与动机为社会认可和个人满足感。其他例子还有开源软件、黑客组织等。

4. 团结经济/民主财富（solidarity economy/democratic wealth）：社区成为管家，财富通常用于互助，财富和资本不只局限于金钱，例如时间银行等。

5. 协同消费（collaborative consumption）：一个目标为零生产的经济和社会，例如 Zipcar、社区公园、自行车共享等。

6. P2P 借贷：包括小额贷款、购买债务资产等，例如 Lending Club、Neighbor.ly 等 P2P 平台。

7. 众筹（crowdfunding）：例如 DonorsChoose、Patreon、Kickstarter、IndieGoGo 等众筹平台。

8. 车辆共乘（ride sharing）。

所有权与使用权

与开阔视角相对的，有一种专业化视角。杰里米·里夫金（Jeremy Rifkin）在其著作《使用权时代》（*The Age of Access*）中提出了使用权经济（access economy）。这一说法来源于分享经济最重要的一个特点，即使用权优于所有权。未来对于物品和资产，人们不追求如何拥有它，而是考虑怎样使用它。比如，我不一定需要拥有一辆车，我可能只是需要用它进行一次短途旅行，所以我并不需要一直拥有它。

国内许多学者持此论者甚多，原因是杰里米·里夫金的理论入华甚早，以至于世人只知有此不知有其他。杰里米·里夫金是美国经济社会评论家、演说家、美国华盛顿特区经济趋势基金会总裁，是 Uber 与 Airbnb 等分享经济领域的独角兽崛起的引领者。他写了两本书，在中国拥有大量粉丝，一本是《第三次工业革命》，另一本是《零边际成本社会》。① 其中，《零边际成本社会》一书做出了关于未

---

① 《第三次工业革命》和《零边际成本社会》已于 2012 年 5 月和 2014 年 11 月由中信出版社出版。——编者注

来世界的三大预测：协同分享经济将颠覆许多国际化大公司的运行模式；现有的能源体系和结构将被能源互联网所替代；机器革命来临，我们现在的很多工作将消失。这本书将《使用权时代》的一些重要观点进行了提炼，翻译入华后传播广泛，但对分享经济的观点并无更广阔视角。

经济模型论

另一些学者和机构根据目前分享经济的现象，将其定义为一个供给和需求重新匹配的经济模型。例如，普华永道在报告《分享经济：消费者情报系列》（The Sharing Economy: Consumer Intelligence Series）中指出，分享经济作为一种经济模型，区别于单纯的分享：（1）数字平台连接闲置产能和需求；（2）交易超越所有权，以实现更多的选择和更低的成本，包括出租、贷款、订阅、转售、交换、捐赠；（3）更多协作消费形式；（4）品牌体验，情感联系；（5）建立在信任基础上。普华永道在报告中指出，分享经济允许个人和团体通过未充分利用的资产来获取收益。实物资产通过这种方式化为服务，例如，闲置车辆的车主可能会允许别人租用他的汽车，或者公寓所有者在度假时可能出租他闲置的公寓。

韩国民宿 **Kozaza**（一家出租网站）创始人 **JoSanKu** 在其报告《分享经济》中将分享经济定义为一个基于共享、交换、交易或出租来获取产品而不是所有权的经济模型。他认为分享经济是一个相对宽泛的术语，通过分享时间、知识、资金和自然资源等物质和非物质资源来获取社会、经济、环境、政治和精神利益。

弗劳恩霍夫应用研究促进协会（Fraunhofer IAO）在报告《城市

环境中的分享经济》(Sharing Economy in Urban Environments)中，将分享经济定义为通过技术和社区允许个人和公司分享产品、服务和体验的实践和经济模型。

报告《用户声誉：在分享经济中建立信任、保护隐私》(User Reputation: Building Trust and Addressing Privacy Issues in the Sharing Economy)把分享经济描述为一个基于人类和物理资源的经济模型，且是两个人之间的交换，一个人需要一种商品或是服务时可以向另一个人借或租。

姜奇平提出，未来互联网将广泛产生一种新的A2A（应用对应用）模式。他指明："A2A的核心特征是对等应用，即应用与应用之间点对点协同。A2A的特点在于可以不经过中央平台控制，在网页应用之间自下而上形成自组织、自协调、自适应的智能化商业的复杂生态。"A2A对商业生态结构的要求会加强，会逐渐由网页本身提供原本由平台提供的公共产品，最终将整个经济引向以不占有为核心特征的分享经济模式。

循环经济视角

另一种对分享经济的研究视角基于循环经济。世界经济论坛全球青年领袖峰会在报告《循环经济创新与新型商业模式》中提到分享经济是循环经济的补充，同时分享经济和协同消费都能释放闲置产能——尚未开发的社会、经济和环境的价值以及没有被充分利用的资产，现在可以通过技术平台重新分配。

朱丽叶·斯格尔（Juliet Schor）在报告《争议分享经济》(Debating the Sharing Economy)中认为，分享经济活动可以分为四类：再循环、提高耐用资产的利用率、交换服务和共享生产性资产。

第一类，再循环。代表有早期的 eBay 和 Craigslist，2010 年之后的 thredUp 和 Threadflip（一个二手精品衣饰交易平台），以及免费交换网站 Freecycle 和 Yerdle，物物交换网站 Swapstyle.com。

第二类，促进耐用商品和其他资产的集中和使用，提高耐用资产的利用率。在交通领域有创始者 Zipcar，同时有汽车租赁网站 Relay Rides，拼车服务 Zimride，用车服务 Uber、UberX、Lyft，自行车共享有波士顿的 Hubway 和芝加哥的 Divvy Bikes；在住宿领域，有创始者 Couchsurfing，还有 Airbnb。

第三类，服务交换。最开始是时间银行，后来有 TaskRabbit 和 Zaarly。

第四类，生产性资产的共享，目的不是为了消费，而是为了生产，比如黑客空间、Makerspaces、Skillshare.com 和 Peer-to-Peer University。

基于四大要素提出的定义

关于分享经济定义，真可谓是众说纷纭，莫衷一是。如何才能有更直观的理解呢？研究发现，有一些学者和机构定义的分享经济或多或少都涉及四个要素：个人、闲置（过剩）、网络平台及收益。

例如，英国商务部在其最新发布的报告《英国的分享经济》中指出，分享经济由将人们聚集起来的交易平台构成，这些平台实现了需求和供给的对接。早期分享经济参与者的动机来源于更少消费和更多合作所带来的潜在收益（包括社会效益和环境效益）。这个定义涉及人、平台和收益三个要素。

哈佛大学商学院商务管理教授南希·科恩（Nancy Koehn）认为："分享经济是指个体间直接交换商品与服务，包括共享车、共享房间、闲置物品交换等，所有这些交换皆可通过网络实现。"这里提到了三个要素：个人、闲置和网络。

罗宾·蔡斯在其著作《共享经济：重构未来商业新模式》中认为，过剩产能＋共享平台＋人人参与，形成崭新的"人人共享"模式，把组织优势（规模与资源）与个人优势（本地化、专业化和定制化）相结合，从而在一个稀缺的世界里创造出富足。这里强调了过剩、人人和平台。

迈克尔·J.奥尔森（Michael J. Olson）和塞缪尔·J.肯普（Samuel J. Kemp）在《分享经济：行业演变轨迹深度解读》(Sharing Economy: An In-Depth Look at Its Evolution & Trajectory Across Industries)一书中认为，分享经济现象是由个人寻求降低成本并创造利润而产生的。分享经济是一个市场，即：（1）用户是个人、企业或机构；（2）资产或技能的供应过剩和共享，为分配者和用户创造了经济效益；（3）网络为共享的沟通与协调提供便利。这里不同程度地提到了四个要素：个人、过剩、效益、网络。

在国内，复旦大学管理学院博士凌超和张赞在《分享经济在中国的发展路径研究》一文中指出："分享经济被称为P2P模式，主要是一种单个自然人之间，通过某一平台（一般是互联网平台）对自己所拥有的物品进行的租赁交易。"这个定义涉及个人和平台两个因素。

刘国华和吴博强调了互联网因素，他们在《分享经济2.0：个人、商业与社会的颠覆性变革》一书中提出：移动终端＋"互联网＋"＋存量高效激活＋万众参与＝分享经济2.0。

凡此种种，不再一一列举。

腾讯研究院提出了一种更为直观的定义：分享经济，是指公众将闲置资源通过社会化平台与他人分享，进而获得收入的经济现象。这里包括四个要素：第一个，所谓公众，目前主要以个人为主（将来会衍生到企业、政府等等，但形式应该是以P2P为主）；第二个，所谓闲置资源，主要包括资金、房屋、汽车等物品与个人知识、技能和经验等；第三个，所谓社会化平台，主要指通过互联网技术实现了大规模分享的平台；第四个，所谓获得收入，主要有三种基本模式：网络租借、网络二手交易和网络打零工，这三者也是基本的分享模式。换言之，若四缺一，可能就不是我们关注的分享经济。

必须注意的是，这里提及的三个模式，主要针对个人参与者而言。在国际上，现在已出现了企业和政府参与的现象，因而分享经济的内涵还会进一步丰富。

当然，要准确把握分享经济的本质，依然是一件很困难的事情。现在是全球创新的时代，分享经济随时都可以衍生出更丰富的含义。

要形成一个定义，除了对研究者的统计有意义外，其他作用似乎有限。腾讯研究院的定义依然有些宽泛，但好处是明确了分享经济涉及四大核心构成要素：人、资源、平台和收入。我们深切地希望将来会有更准确的定义。

第二章　四大商业范式的基因

对于分享经济而言，并不是只有个人分享的实践，才算分享经济。因为个人分享只是目前阶段的主流，未来很快会出现企业间分享，以及更广泛的分享方式。简要地概括，从供方和需方的主体类型来看，分享经济可以分为四种基本的商业范式：C2C（个人对个人）、C2B（个人对企业）、B2B（企业对企业）、B2C（企业对个人）。值得注意的是，这四种范式都带着明显的互联网基因，强调所有供需者人人参与直接交易，即P2P。因而，它的基因就是：分布式，去中介。在本书中，我们大致可以这样理解，带有这种基因的，即分享经济，反之则不是。

表 2-1　四大商业范式

		需方	
		个人	企业
供方	企业	B2C 模式	B2B 模式
	个人	C2C 模式	C2B 模式

C2C 模式

C2C 模式是最为典型也是最常见的模式。供需方都为个体，通过社会化网络平台进行交易。核心特征为：供需方直接在平台上对接分享，包括注册登录、选购下单、服务交付、评价分享、售后服务，平台仅起到供需信息匹配的作用。

据腾讯研究院统计，2015年在分享经济所涉及的超过35个领域中，有超过80%的领域以C2C的商业模式为主。由此可见，以个人参与为主的模式是分享经济的主体组成部分。

C2B 模式

供方为个体，需方为企业。双方通过专业分享平台进行交易。核心特征同C2C模式相同，即供需方直接在平台上对接分享，平台仅起到信息匹配作用。与C2C模式最大的区别在于面向的需方为企业用户。

C2B模式可能是分享经济未来发展的趋势之一。李克强总理在2016年1月27日召开的国务院常务会议上说，C2B是大势所趋，一个企业不再是单个封闭的企业，它通过互联网和市场紧密衔接，和消费者随时灵活沟通。C2B模式作为互联网时代的新商业模式，将在分享经济中占据越来越重要的地位，同时也将成为影响未来商业格局的决定性力量。①

B2B 模式

B2B模式，指企业和企业之间，通过分享平台进行闲置资源的

---

① 延展阅读：http://news.xinhuanet.com/politics/2016-01/31/c_128688663.htm。

分享。平台起到供需匹配的作用。例如闲置生产设备的分享，以 Floow2 为代表。再比如闲置医疗设备的分享，例如 Cohealo。

虽然目前分享经济的主要模式为 C2C，但我们认为分享经济的发展前景在 B2B，企业能够提供更多个人无法提供或无法接触到的资源。我们可以预见，未来 B2B 模式也将在分享经济中占得一席之地。

B2C 模式

B2C 和 B2B 一样，供方为企业，可以分为两种模式。

一种模式为：供方为具有闲置实物资源的企业，需方为个体，社会化网络平台转变为承包商模式，代理供方闲置资源，由平台与需方直接对接，赚取其中的差价。典型企业包括 YOU+、WeWork 等，这些企业通过承租社会闲置场地，再以装修—分割—转租的模式向客户出租。从某种意义来看，在这种模式中，供方的作用类似中介企业，Zipcar 是代表之一。

另一种模式为：通过社会化网络平台，企业向个体提供闲置资源的分享服务。平台进行信息匹配，可收取一定管理费。例如滴滴巴士，拥有闲置巴士的旅游或者租赁公司通过滴滴平台，向个体用户提供巴士服务。

从时间来看，分享经济在发展初期以 Zipcar 为代表的 B2C 模式为主，目前演变成去中心化、轻资产、低成本的 C2C 模式。未来的趋势将是 C2B 和 B2B 两种模式。其核心应该在于分享闲置资源、降低成本，而非扩大价差谋利。

由于目前对于分享经济仍没有权威的定义，所以从学术角度来看，还有不少争议点。例如，有学者认为，分享经济并不总是具备营利的条件，例如朱丽叶·斯格尔在文章《争议分享经济》中没有界定分享经济必须是营利的，她将平台划分为营利性的和非营利性的。

表 2-2　营利性平台和非营利性平台

平台定位		提供商	
		P2P	B2P
平台定位	非营利	Food Swaps Time Banks	Makerspaces
	营利	Relay Rides Airbnb	Zipcar

她认为那些经营公共非营利组织的共享平台，实际上发挥着"公共物品"的作用，许多公共物品具有 G2P（government-to-peer，政府对个人）结构，而非 P2P 结构。

有学者认为 B2C 模式并不能纳入分享经济中，分享经济应该是发生于个人之间的活动，但也有学者和机构认为 B2C 属于分享经济。

而 The People Who Share 的创始人贝妮塔·马托弗斯卡女士认为分享经济的主体是个人或者组织。与她持相同观点的是英国学者、知名媒体人托马斯·史班达，其在《C2C 的分享经济只是开始，高潮还在 B2B》一文中指出："未来一个时期，企业与企业之间的资源共享将呈现出巨大的发展潜力，对于重型设备等高价值资源的共享将为企业带来巨大的收益。"他也认为分享经济不仅仅是个体之间的分享，企业与企业之间高价值资源的分享将会占据分享经济这种经济模式的主流。

第三章　经济剩余解决的问题

经济剩余改变一切

2015年，我们有过这样的思考：旅游经济，大致指的是我们在各地旅游的花销；黄金周经济，是指我们在黄金周7天内的消费。分享经济，从经济学角度该怎么理解呢？

后来，我们想到了一个词，经济剩余，至此才算找到了一把钥匙。我们认为，分享经济是一种通过大规模盘活经济剩余而激发经济效益的现象。它的存在，致力于解决经济剩余问题。

所谓经济剩余，是社会化大生产和社会化过度消费的产物。在农业社会时期，社会生产不足，人类通过奴役牲畜加强生产，而需求得不到有效满足；进入工业社会后，人类开始驾驭机器，在各种各样机器的协助下，生产力大大提升，而需求却常常不足，因为很多领域消费过度开发而产生了过剩现象。比如，20世纪80年代初期，家里原先没有电视机，买一台都要排队；后来家家户户都有电视，当你家里有了两台或者三台的时候，你还有继续购买的理由吗？但厂商依然在大量生产，很容易形成积压。有的厂商或许会说本厂零库存，但事实是，有相当一部分产品没有送到终端用户手里，而是积压在各种渠道商的仓库里。社会化大生产发达之后，大家兜里的钱随之多了起来，于是购物不再因需要而产生，而是成了一种习惯，想买就买，于是许多商品在生命周期还没走完的时候，就被抛入了路边的垃圾箱。这是一种消费剩余。

因此，经济剩余，在企业层面表现为闲置库存和闲置产能；在个人层面表现为闲置资金、物品和认知盈余，通俗地说也就是闲钱、闲物、闲工夫。

在过去，经济剩余像玻璃碎片一样，零零散散地存在于社会各个领域，整合成本极高，难以发挥应有的社会效益，想分享，也是小规模小区域地进行。

而现在，分享经济通过互联网技术，把大量的碎片整合到专业平台上，在全社会范围内进行大规模的供需匹配，产生了新的经济效益——形成了新的镜面。

由碎玻璃碴变成镜面，分享经济化解了经济剩余问题。这大概可以称为镜面效应吧。

对此，可以概括为四句话：

1. 凡有剩余，皆可分享。
2. 凡有人在，皆有剩余。
3. 凡有分享，皆可实现。
4. 凡有实现，皆是双赢。

第一句，分享经济的产生，源于经济剩余。所谓经济剩余，如上所述，在个人表现为三闲资源：闲物、闲钱和闲工夫，在企业表现为闲置库存和产能。只要有经济剩余存在，便会有分享行为产生。

第二句，经济剩余哪里有？人是经济剩余的源头，个人有、企业有、政府有、城市有……只要有人的地方，就一定有经济剩余存在。

第三句，网络平台支撑了分享经济发展。经济剩余的分享，不等于分享经济。要使分享这种零星的碎片行为变成分享经济，必须大规模化。正如要把所有人连接起来，必须依靠网络一样，经济剩余的连接，也须依赖发达的网络平台。在网上，能想象出来的内容几乎都可以实现。当然，这种分享应该消除中介。

第四句，分享经济要产生收益。人们参与分享经济的根本目的在于节约成本，参与双方都会受益：需方降成本，供方增收入。反过来说，如果某种分享经济的平台带来的不是供需双赢，那就是值得怀疑的。

如果换个角度，从生产和消费的角度来看，从经济剩余角度可以解决哪些问题呢？

报纸和电视告诉我们，当前经济形势不妙，全球经济低迷，一个重要的原因可能来自消费过剩。消费过剩带来的社会问题很大，比如城市里轿车消费过剩，导致交通拥堵，路边停满汽车，挤占了行人的道路；再比如房屋，许多人拥有多套房屋，以至于超出了生活所需，让房屋成为一种投机需求，价格只涨不跌，于是各地开发过剩鬼城林立，绑架了整个国民经济。

消费过剩，如果换用分享经济的思维，该怎么解决呢？答案是提高剩余资源的利用率。人们过度消费了许多不需要的商品，这些商品可以进入再流通领域，再度利用，因而不必通过扩大生产，也可以满足生活需要。

另一方面，分享经济思维有助于解决生产过剩吗？这也是个很现实的问题，现实得让人挠头。生产过剩产生的是大量积压库存，而积压库存，除了降价之外，还有没有别的化解思路？从理论上说，分享经济的以租代售有助于化解库存，比如面对大量的房地产库存积压，很多房地产商开始采用以租代售的方式，逐步出货。有的汽车制造商开始发展以租代售的业务，把新下生产线的汽车租出去，而非卖掉！

但是，还有一个常见的故事令人忧伤：牛奶生产过剩。白花花的牛奶，一半被迫低价出售，一半用于喂狗，或者倒进了沟里。面对牛奶剩余，分享经济还有效吗？

我们应该具体问题具体分析。从销售转为租赁，这种转换之所以能实现，核心在于房屋可以重复使用，我们把它的所有权与使用权分离后，在所有权不变的前提下，对使用权进行租赁。而牛奶是一种快速消费品，消费周期比较短，重复消费频率较高，使用权一旦湮灭，所有权也随之消失，如何租赁？

如果你拥有一个分享经济剩余的平台，那情形就完全不同了。我们假设这个平台覆盖全国各个地区，而且活跃着大量用户，那么在甲地过剩的库存，很有可能成为乙地畅销的商品！

社会上普遍存在着大量的过剩资源，由于信息不对称导致的供需匹配效率过低而长期闲置。如果能够创造出调和供给和需求的平台，大量的社会闲置资源将被充分利用，发挥各自的价值。

分享经济的意义在于实现全社会的剩余资源匹配。过去，经济剩余以碎片化的方式存在于社会各个领域，整合成本极高，难以发挥应有的社会效益。分享经济的出现创新性地化解了经济剩余问题，通过移动互联网技术、在线支付平台、便捷的交通、物流网络和社会化媒体，快速高效地把经济剩余整合到专业平台上，在全社会范围内进行大规模的供需匹配，产生了新的经济效益。

三个"剩余"的分享模式

我们已经定义了经济剩余,从这个角度来看,分享的行为可以总结为三个模式:

第一种,使用权剩余的分享,强调使用而不占有。

第二种,时间剩余的分享,个人具备的多重"身份",带来大量就业机会。

第三种,所有权剩余的分享,二手物品进入再循环,产生了节约资源的环保效果。

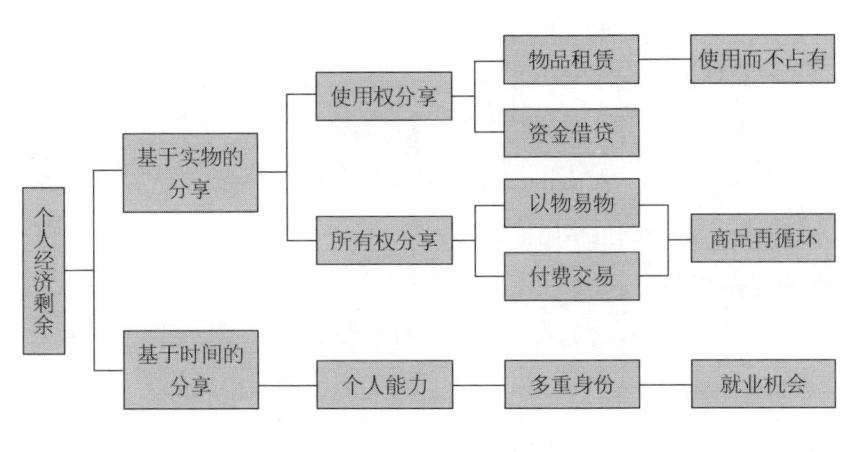

图 3-1 经济剩余的分享

第一种模式:使用权剩余的分享

经济剩余的第一种分享模式,即关于使用权的分享。当你自己的物品多起来的时候,可以考虑把它租出去,这也是目前最流行的对个人闲置资源的分享方式,大致对应两种套路:闲置物品,可以通过个人在线出租平台实现分享;闲置资金,目前主要是通过 P2P 借贷平台,借给第三方使用。

在线租赁目前在出行、房产、办公空间、闲置资金等方面都取得了快速发展。

在出行领域,分享经济产生了许多创新性的模式,除了国外的Uber、Lyft和国内的滴滴出行等,还衍生出多种业态,例如一对一的面向高端商务车市场的专车服务、采取低价策略的快车服务及社会私家车的出租服务,还有一对一或一对二的出行线路相同的人共同搭乘的拼车服务,以及一对多的用户在既定线路上预订座位的互联网巴士服务。

这种玩法越来越有趣,出现了向四面八方蔓延的趋势。除了汽车这种交通工具的分享外,还纳入了其他的各类五花八门的交通工具,例如船舶、私人飞机、游艇、自行车等等。

在房产领域,Airbnb改变了传统酒店行业的游戏规则,普通人也能以低于酒店的价格出租自己的房间,可以非常灵活地选择日期和租客,不受过多门槛限制。当然,这里的内核是对自住房闲暇时间的出租。虽然分享经济的壮大带来了不少"专业资源",例如二房东和职业房东等,但依然调动了社会上沉淀的不创造价值的大量闲置房间,提高了资源利用效率。

从面向消费者的闲置房间出租,到面向自由职业者和创业者的闲置办公空间出租,房屋出租的外延进一步扩大。拥有闲置办公空间的业主可以通过分享平台直接与租客对接,例如马上办公。另一方面,更多机构采用WeWork这种承租—装修—转租的模式分享办公空间。

在闲置资金领域,一般学者认为,P2P网贷和股权众筹是一种创新的分享形态。点对点的模式无需银行中介,直接由个体对个体进行金融交易，无论是对于个人投资者还是信贷借款方而言，交易成本相对于传统金融机构都会更低。

尤其是众筹类项目方，初期难以从银行获取贷款，却能通过融资方式获得。网络众筹方式能够减少之前融资的信息不对称，同时也可以提升市场影响力。

这些"租赁经济"型分享平台的迷人之处在于，可以令租借双方获得双赢的局面。从理论上讲，出租方可以通过已经拥有的资源获取收益，而承租方则能享有比大规模专业性组织更加经济和便利的选择。因而，不论年龄背景，不管个人企业，越来越多的消费者开始逐渐超越购买产品本身的需求，而是更倾向于购买产品的使用价值。

使用而不占有，这种形式打破了私人物品一直以来排他性和竞争性的属性，使得私人物品也可以在消费者中以个人对个人的形式被分享。这就是分享经济中的第一大重要形式——使用权剩余的分享。

第二种模式：时间剩余的分享

除了物品可以分享，如果你有闲置的时间，那么个人劳动能力也可以分享。这种玩法也被称为"临时工经济""自雇经济"等等，对应着提供各种付费差事和办公室零碎工作的在线市场催生的大量工作机会。

借用克莱·舍基为此特别提出的一个新名词：认知盈余。按照她的观点，认知盈余是一种随着全世界累计的自由时间不断聚集而产生的新资源，使我们有权使用这种资源的最重要的两个转变已经产生——全球受教育人口累计起来每年超过1万亿小时的自由时间，以及公共媒介的发明和扩散，它使得以前被排除在外的普通市民能够利用自由时间从事自己喜欢或关心的活动。

个人劳动能力分享的现象提示我们,关于人力资源的观念应该革命了。

从分享经济的实践来看,它打破了行业的进入壁垒,以较低的就业门槛释放大规模的生产能力。而这些生产能力,过去散落在社会的各个角落,被传统固化的管理体制束缚,无法参与社会化大生产,例如专车司机、短租房主、私厨服务提供者、自由快递员等。这是一场前所未有的革命,正悄悄把数百万人变成兼职者,为社会创造了大量的工作机会。未来的工作,还需要朝九晚五吗,还需要固守一个工作岗位吗?

伴随时间剩余的分享,带来各种"身份"的崛起。如果你是一位医生,可以拥有多重身份,比如你除了专业知识丰富,还会开车,还炒得一手好菜,那么,闲暇里你可以拥有教师、司机、厨师等等身份。具体进入哪个行业,看你的意愿。平台早就准备好了!(第十七章有更多探讨)

在出行领域,在线代驾平台也在迅速发展。与汽车分享不同,代驾分享的是代驾司机的驾驶技能和闲置时间。当雇主因不能自行驾车时,就产生了代驾需求。他们可以通过 App 软件申请代驾找到就近代驾司机,由代驾司机将车辆开到指定位置并收取一定的代驾费用。当前代驾主要应用于酒后代驾,但同时在旅游代驾、商务代驾和长途代驾场景中也有一定的应用。

在餐饮领域,在线雇用主要表现为共享厨房模式,分享平台消除私厨市场的信息不对称,并不断挖掘供给端资源,通过整合有空闲时间、热爱烹饪且乐于分享的社会闲置生产力,打造"家庭厨房共享平台",可以有多种形式:包括致力于高频+刚需的一日三餐家常菜外卖服务,例如"回家吃饭";或者寻找散落于民间美食的私厨电商平台,例如"觅食";从国外传来的以美食、社交、文化等多种元素在内的个性化私厨饭局,例如"EatWith"模式"我有饭";还包括致力于高端大气家宴的私厨上门服务,例如"爱大厨"。众多家庭厨师的私厨技能和闲置时间对外分享,获取收入和精神层面的满足,食客则可以获得不同于餐饮的个性化味蕾感受。

此外,还有家政服务模式,例如美国家政服务平台 Care.com 的运营方式是首先由个人发布服务信息,平台审核通过后在平台上发布信息供用户线上订购。这里的家政服务人员有一部分是兼职工作者。

分享经济与教育行业相结合,缓解了教育行业的供需不平衡,整合了社会个体的力量,用自己的技能和知识提供培训服务,既可以让每一个人成为老师,也可以使每个人变成学生。这同时也缓解了教育行业的信息不对称,通过分享平台的展示和沟通,将各类师资力量,包括个人和机构与学生直接对接,以较低的交易成本,打破了传统培训机构的信息壁垒,越来越多的师资力量从传统培训机构脱离出来,以个体或团队的形式,在分享平台上进行授课,例如跟谁学,同时也打破了行家分享的"强关系"圈子,让普通大众也能够触及"弱关系"的牛人,这也是分享经济最具创造力的部分。

与知识分享平台,例如知乎、百度知道等不同的是,教育行业的知识分享更侧重一对一的服务,并且提供满足特定用户话题和需求的深度信息服务,无论是"自得"和"榜样"的电话/在线沟通,还是"在行"一对一的见面聊,都是在为针对性、私密性的知识服务提供场景,也为建立深度的人际链接创造了可能。

在专业服务领域,以威客为代表的专业服务个体,在分享经济时代更加大放异彩。威客,旨在通过互联网将智慧、知识、能力等共享给需求方,并获取实际收益。兼职的任务接受者占绝大多数。其主要涉及的领域就是文化创意产业，业务范围包括设计类，例如建筑设计、平面设计、广告设计和网站开发等各类服务。

此外，在律师行业、咨询行业都出现了采取分享模式的企业，例如法律服务平台绿狗网以调动社会闲置生产力的众包方式，使人人都能成为公司注册代办人。

而专业服务的另一个大市场，为最近越来越火的手艺人市场，包括美甲、美妆、按摩等领域的传统线下手艺人都纷纷提供分享。这类分享平台，更多的是面向存量市场，缓解供需之间的信息不对称，提升信息匹配效率，用户和手艺人都可以拥有更加灵活的时间安排。

在线雇用还衍生出了 C2C 任务协作模式，例如国外的 TaskRabbit。用户可以通过平台发布自己的任务，雇用别人去做，也可以发布自己的技能，提供服务。C2C 任务协作在看护、物流、医疗等方面都取得了快速发展。

随着我国老龄化社会的进程加速，社会化养老模式逐步提上日程，例如国内出现的"陪爸妈"，就是利用分享经济的方式切入居家养老领域。看护人员来自社区卫生服务体系的医护人员和养老护理专业毕业的学生，他们被称为"健康管家"。当老人提出服务预约后，健康管家们会前往家中判断老人的具体需求，提供医疗健康服务。社区医生定期提供"上门检查＋社区医院陪诊"服务。

另一大市场是宠物看护市场。随着市民出游、返乡等需求增多，传统的专业机构寄养由于场地、时间以及资金的限制，往往不能满足宠物主人需求。而有了"宠物帮"和 Rover 等宠物家庭寄养平台，有需要寄养宠物的人可以选择把宠物交给寄养师，而有时间、有能力接受宠物寄养的家庭则可以申请成为寄养师，为宠物主人托管宠物。

在物流领域，分享经济与快递行业相结合，整合海量社会闲置运力，基于需求商家的地理位置定位，高效调度附近自由快递人或者货运车辆，接到需求后到商家所在处取货然后送至目的地。对于同城物流来说，这是一种比传统快递更快捷也更节省时间的方式。目前已经涌现出人人快递、达达配送、京东众包等协作物流平台。

这类创新的物流模式也将是异地配送未来的趋势。杰里米·里夫金曾在《零边际成本社会》中预言：就物流互联网而言，传统的点对点和中心辐射型运输应该让步于分布式的联合运输。一个司机负责从生产中心到卸货地点的运输，然后接一批在返回路上的交付货物。分享经济的模式是这样的：第一个司机在比较近的中心交付货物，然后拉起另一批货物返回，第二个司机会装运货物，送到线路上的下一个中心，可以是港口、铁路货场、飞机场，直到整车货物抵达目的地。

第三种模式：所有权剩余的分享

很多人可能没有意识到，所有权的转让也会成为经济剩余的新兴玩法，因为很多闲置资源可以进入再流通领域，比如二手交易。

在线二手物品交易，准确地说，是指个体通过社会化网络平台进行二手物品所有权交易，可以简称为二货买卖。二货从闲置状态通过分享再次投入使用，提高了自己的利用率。与第一种模式不同，二货玩法是基于使用权和所有权两权合一的分享。

对于二货买卖的流行，追究原因，大概有两个。

一个原因是，网购的刺激，产生了冲动型购物，消费过度。历年来，网购的价格战成为各大电商平台首选，多种多样的促销活动更是博人眼球，折扣、秒杀、买一送一等比比皆是。低于原价一大截的售卖，刺激着消费者的购买神经：不管有没有用，先下单再说。举例来说，2015年阿里"双11"销售额定格在912.17亿元，相比2014年的 571.1 亿元，增幅达 59.7%。

大部分冲动网购所花的现金，最终都变成了家里闲置的"不动产"，比如一年都穿不了几次就落伍的衣服，看着赏心悦目却毫不实用的家居用品，满足自身心理、用了不觉得物有所值的奢侈品，等等，成了贬值又占空间的废品。

中国人口众多，本就在资源共享和流动方面拥有巨大的优势。再加上网购的蓬勃发展，催生了一大批"剁手党"，他们乐于网购，却经常后悔多买东西，因此产生大量闲置物品，中国二手市场的潜力由此可见。

通过二手交易将闲置的物品交易出去，对卖家而言，既可以获取经济收益，又可以拉动新的购买需求，既可以为家里腾出新的空间，又可在下个网购节日更愉快地消费。对买家而言，以较低的价格获取质量还不错的物品，性价比超高。于是，闲置物品交易平台日益生意兴隆。业界人士介绍，购物狂欢节之后总会迎来日活跃用户高峰。

另一个原因是，产品更新速度加快。尤其是数码类产品，更新换代非常快。据58同城发起的《闲置物品能换钱——你在网上卖过二手吗？》调研显示，有72.12%的人选择了数码类产品，如手机、电脑、相机等。而据德勤咨询分析，2015年全球智能手机的销售量为14亿部，其中10亿部智能手机是为了满足消费者的升级需求。在14个发达国家市场中，大约70%的智能手机用户在过去一年半内升级了他们的手机。

因此，随着闲置物品的逐步增多，分享经济下的二手物品交易市场"闲鱼""转转""有闲"等各种线上二手物品交易平台获得快速发展。

二手物品的交易形式，有的完全是以物易物，有一些是付费购买，还有一些是二者的混合形式。有些时候交易发生在陌生人的弱关系中间，有些时候是基于社交网络的交易连接。

其中一种是以物易物。

比如，Yerdle旧货分享平台。人们可以通过社交账号登录Yerdle，在好友之间分享闲置物品，而且都是免费的，只需要支付运费就可以。Yerdle平台上目前已经拥有1.2万名注册用户，1/4的人每周都有浏览Yerdle的习惯，以随时查看是否有自己满意的产品。

这家创业公司就是"集体消费观"最新的典型代表之一。赞成"分享经济"理念的人认为，相比从生产环节下手，通过压缩原料来让产品的生产变得更环保，努力提升消费者对产品的使用率则是更为重要的路径。

第二种是付费交易。这种付费交易又包括两种模式：C2C模式和C2B2C模式。

C2C模式，例如"58赶集"与腾讯合作推出了闲置物品转让的App（应用程序）"转转"，欲借移动端垂直切入市场，释放被压抑的二手需求。据数据统计，"转转"上线当天注册用户即超过10万。上线一周内，单日在"转转"平台上新发布的商品数超过5 000件，每天在"转转"平台上达成交易量数千单。

而阿里将会拆分淘宝旗下的闲置物品交易社区"闲鱼"，成立专门的事业部独立运营，已获得红杉中国、IDG资本等多家重量级投资基金青睐，资本市场估值超过30亿美元。根据"闲鱼"官方数据显示，此平台上拥有每天超20万件闲置物品的成功交易。

第四章 "分享"之后,"按需"崛起

2015年1月,《经济学人》杂志发了一个重要的文章《招之即来的工人》(Workers on Tap),介绍了一个现象:公司的员工可以变得像水龙头的水一样,招之即来挥之即去,而不必天天都出现在老板面前。这是从"按需经济"(on-demand economy)角度给分享经济开辟了一片新的天地。

文章发现,在旧金山和纽约等地,按需经济正在崛起,谷歌和脸谱网等大公司的年轻技术人员可以利用手机上的应用要求Handy或Homejoy帮助清理公寓,通过Instacart采购食品和递送,通过Washio洗衣服,通过BloomThat送花等。

而这些应用的开发商,是从打车应用Uber身上获得灵感的。

文章分析,知识密集型公司已经向市场外包更多工作,部分原因是其可节省成本,也可解放更聪明的全职员工专注于可带来最多价值的领域。

鉴于这种公司越来越多,文章指出,这种繁荣标志着一种更深入转变正进入新阶段。现在,使用无处不在的智能手机平台以各种各样的新方式传递劳动和服务,将挑战20世纪的许多基础理论,包括公司性质和职业生涯结构等。

说起按需经济,尤其是IT(信息科技)人士可能会想起IBM公司在十几年前提出的"on demand"一词。大概为了显得有力,当时没有翻译成"按需",而将之翻译为"随需应变";到了 2007 年,IBM 又向全世界发了一个"新版本":e-Business,on demand(电子商务,随需应变)——企业可以很自如地在整个企业内部梳理、优化并整合从订单到最终产品的全部流程,然后通过电子商务方式打通整个供应链,将企业外部的重要合作伙伴、供应商和客户连接在一起。

时至今日,按需经济大行其道。那么,按需经济和分享经济能不能画等号呢?

有个专业网站,名曰"THE ON-DEMAND ECONOMY",将"按需经济"定义为一个致力于提出能使日常生活更简单有效的商业解决方案的集合。这个集合和它的参与者正在塑造近十年来消费体验的趋势,并希望领跑世界。如果仅仅从定义上来看,按需经济和分享经济是风马牛不相及的。

然而,我们点击几个链接,再往下追究,就会有惊奇的发现。

该网站将按需经济的公司按业务范围分为商业服务、快递、教育、家庭看护、健康和美容、家政服务、P2P 产品、停车、宠物看护、预订及票务、交通和旅游等。

这与我们对分享经济的分类非常相似。我们还可以发现,THE ON-DEMAND ECONOMY 网站纳入每个分类中的企业大部分都是我们所认为的分享经济中的企业,包括 Uber、Airbnb、TaskRabbit、Postmates 等。

按需经济的着眼点,更多是对闲物和闲工夫的租借与售卖。例如,丹妮丝·约翰逊(Denise Johnson)和安德鲁·辛普森(Andrew Simpson)在文章《按需经济如何改变工人待遇》(How On-Demand

Economy Is Changing Workers' Compensation）中借用罗伯特·哈特威格博士（Dr. Robert Hartwig）的观点，提出按需经济的存在，包括临时司机、劳动力、房屋所有者转变的房东和独立的专业人士，正在改变美国劳动力和保险行业。

  Uber 创始人特拉维斯·卡兰尼克表示，他更喜欢将分享经济定义为"按需经济"。他认为，Uber 使得乘客在有需要的时候可以实时一键叫车。对于司机而言，Uber 也是按需经济的体现。司机打开应用就上班，关闭应用就下班。目前，很少有工作让人们可以随时上下班。Uber 既可以向消费者提供服务，又可以让合作伙伴灵活地进行工作。

工业模式的终结

  按需经济预示着一种泰勒所无法想象的经济合作形式的到来，也预示着工业时代的终结。这位在 20 世纪初创建了科学管理理论体系的管理大师在《科学管理原理》一书中说过："科学管理如同节省劳动的机器一样，其目的在于提高每一单位劳动的产量。"有人形容，在实行泰勒制的工厂里，找不出一个多余的工人，每个工人都像机器一样一刻不停地工作。另一位大师福特则将工厂的科学管理发挥到了极致，他创造的标准化流水线是典型的大工业生产的组织形式，代表了传统机器大工业生产的最高水平。

  他们绝对不会想到有朝一日，工人可能不再属于流水线，也不再属于自己的工厂。

  按需经济给工业社会的组织模式画上了句号。代之而起的是：第一，随需随用，一切产品和服务都可按需获取；第二，改变了职业模式，一切工作都可以是临时的。按需经济把职业自由人与为大众提供服务联系起来，大规模地提供个性化服务。

在这个新时代里，我们对待工作、办公室里的同伴和雇主，要进行一种全面的心理革命。

分享主义

分享经济简单来说是一门把自己的闲钱、闲物、闲工夫，通过一些网站分享后赚钱的生意。如果分享经济仅仅是一门酷生意的话，如何解释它风靡全球，不光受到了民众的欢迎还受到了许多政府的推崇？如何解释它引发了众多学者孜孜不倦的研究解读，而全然没有一个共识呢？如何解释众多的企业，不光是服务业，甚至制造业的公司都在思考如何分享甚至推出以租代售的经营模式？这背后，定然大有文章。

分享经济的基本理念

分享经济的一个重要理念是使用而不占有，这是由 Airbnb 创始人布赖恩·切斯基（Brian Chesky）提出的。按照以前的方式，如果我对某一资源或物品产生了需求，那么我一定会把它买下来，完全占有它。通常过一段时间，这项资源便处于闲置状态，也就是说，我们为了一时之需支付了不必要的额外费用。

而在分享经济下，我们追求资源的使用价值，而非产品本身，即使用所有权，而不占有所有权。这个理念强调在不影响所有权的情况下，对某一种东西的使用权的分享，比如出租多余的房间，分享你的驾驶和汽车，分享一段视频，分享一段文字。只要能够满足我们的需求,并不一定总是需要通过买卖获得所有权,而是可以进行租或借。

分享经济的另外一个理念是——够用即可。雷切尔·博茨曼在其畅销书《共享经济时代》中强调了这个理念。分享经济源自人类最初的一些需要,包括合作、分享、个人选择等。信誉资本带来了正面、积极的大众合作性消费,创造了一种财富和社会价值增长的新模式,而分享经济将颠覆传统消费模式。雷切尔相信我们处于这样的变革时期,我们正从大量的闲置和浪费的宿醉中苏醒。分享经济可以瓦解过时的商业模式,帮助我们跳过过度消费这种浪费的模式,并教会我们何为"够用即可"。

丽莎·甘斯基(Lisa Gansky)在其畅销书《独享不如共享》(*The Mesh*)中兼容了这两个理念,进一步提出,分享经济强调的两个核心理念就是"使用所有权"和"不使用即浪费"。

新的消费观念形成

随着分享经济的发展,"闲置就是浪费、使用但不购买"的新消费观念将逐步形成,利用更少的资源消耗满足更多人群的日常生活需求,为绿色发展、可持续发展提供了条件。

新的消费观念的产生激发了分享经济的发展,分享经济发展过程中的主流理念反过来又潜移默化地激发了新的消费观念的传播和影响。

在强调所有权的社会里,拥有私人物品的多少会被当作判断个人财富多少和地位高低的依据,以至于长久以来人们普遍崇尚"过度消费"。为满足欲望,人们不停地购买、不停地使用、不停地淘汰产品,甚至于不区分什么是真正需要的、什么是不需要的,因此导致闲置的物品囤积。而大量闲置物品的产生不仅对个人来说是极大的浪费，而且也会造成地球资源的过度浪费。

随着分享理念的深入人心，越来越多的人开始习惯"轻资产"的生活方式，大家不追求繁复的生活，而是将生活和工作分解开来，减少不创造价值的内容，充分发挥剩余部分的价值，从而推动环境的保护和资源的节约。分享经济改变了传统产业模式下的大规模生产产能过剩、排浪式消费的状况，形成了一种全新的社会供给模式，形成了物尽其用的可持续的消费理念。

例如，目前很多年轻人认为拥有一辆汽车已经不再是身份的象征，取而代之的是能拥有出行的自由。这种只想为产品的使用价值付费而不想完全占有产品的消费理念，颠覆了个体在传统工业中对私人产权的思维定式。在这种观念的影响下，越来越多的消费者开始选择"只租不买、按需付费"的方式。

引领社会发展的动力

我们不得不观察一下分享经济发展的原动力，以便解开脑海中的疑惑。原动力至少有两个，第一个跟宏观经济周期相关，第二个跟互联网技术相关。

分享经济并不是横空出世的新鲜事物。从宏观经济角度来看，分享经济是经济下行周期的产物，而美国2008年的金融危机正是促进分享经济觉醒的原动力。

2007年4月，美国第二大次贷供应商新世纪金融公司宣告破产，次贷风暴酝酿。随着华尔街救市失败，2008年全球性的金融危机给全球金融体系带来了前所未有的灾难，各国经济都受到了不同程度的冲击。仅以美国为例，2008年后，美国的就业人数总体减少了76万，失业率大幅度上升,超过了7%,这一数字远高于2003年经济低迷时期的最高水平6.3%。欧盟统计局2008年10月31日公布的数据显示,9月份欧元区的失业率为7.5%,高于2007年同期的7.3%。

人们常说的一句话就是,上帝在为你关上一扇门的同时,也会为你打开一扇窗。金融危机下经济形势的持续低迷,使得就业形势更加严峻,失业人口大量增加,人们收入减少,只能靠出租、贩卖个人闲置物品来维持基本生活,很多公司也开始共用同一座办公楼来节约成本。大众惊喜地发现,分享经济能够减少支出(价格是参与分享经济的核心因素),还能够利用闲置的资产来获取额外收入,分享经济的概念开始被逐渐接受。

我们认为2007—2013年是分享经济开始爆发的阶段。短租领域的代表Airbnb和众筹界的明星Kickstar成立于2008年,分享出行的代表Uber和跑腿网站TaskRabbit于2009年成立,食品共享网站Grubwithus于2010年成立。2010—2013年,每年分享经济初创企业的数量以将近50%的增速发展。

正如我们看到的,当经济危机席卷全球的时候,分享经济在租车、租房等多个领域蔓延开来,以Airbnb和Uber为代表的分享经济巨头快速发展起来。这些现象的产生正反映了美国经济萧条带来的减少成本、缩减开支的需要,人们普遍需要寻找兼职来赚取生活费补贴家用,这一契机推动了分享经济的大发展,因此,金融危机带来的寒冬客观上为分享经济的出现和发展提供了社会条件。

中国分享经济的发展稍慢于全球,直到2011年才开始快速发展,这与中国的经济形势密切相关。近年来,中国经济进入新常态,GDP增速自2010年之后持续下行,2015年GDP增速收于6.9%,创25年新低。经济下行使得人们重新审视消费观念,更多的人选择以分享经济的方式生活。正是在这个阶段，我国大多数分享经济企业开始建立和集中发展。

例如，2011年，途家、蚂蚁短租等在线短租平台起步，全国最大的P2P网站陆金所成立，国内医疗知识分享代表春雨医生成立；2012年现象级企业滴滴成立，P2P租车平台PP租车进入市场；2013年，全国首家众包快递企业人人快递成立，众包家政服务e袋洗成立；2014年，滴滴专车上线，拼车、租车多家企业创建，以回家吃饭、觅食为代表的私厨起步，达人分享模式和办公分享出现，个人服务"您说我办"成立；到了2015年，滴滴顺风车、巴士和代驾上线，网购二手交易App——淘宝闲鱼、58转转、京东拍拍成立，私厨、巴士、教育、物流、医疗等行业继续扩张。

第二个动力，互联网技术连接了每个人。

或许有人会思考，美国历史上经常爆发经济危机，那时为何不见分享经济随之发展？这里不得不提到另外一个因素——移动互联网。正是因为智能手机打开了通向每一个人的道路，这个过程犹如将数不清的玻璃碎屑拼合成一个镜面，由此，才有了分享经济的大爆发。这不得不归功于一个天才推出的划时代的产品。

2007年，美国除了次贷风暴爆发外，还有一个革命性的产品问世——苹果公司推出了智能手机iPhone。2007年1月9日，苹果公司首席执行官史蒂夫·乔布斯为此召开了全球新闻发布会，向世界宣布移动互联网时代的到来，同年6月29日，iPhone上市。

随后不久，谷歌公司大力推广安卓操作系统。2007年11月，开放手机联盟在谷歌的倡导下建立，联合了业内84家硬件制造商、软件开发商和电信运营商共同组建。联盟共同合作，开发改良安卓系统。2008年10月，全球第一部安卓系统智能手机诞生，在随后的时间里，安卓系统也在谷歌的推广下，逐渐从手机延伸到电视、相机、游戏机、平板电脑等其他领域。

移动互联网打开了通向每一个用户的道路。在谷歌和苹果这两大公司的助力下，智能终端也获得了爆发式增长。以谷歌为例，据谷歌官方发布数据，2011年第一季度，安卓在全球的市场份额首次超过塞班系统，跃居全球第一。2013年第四季度，安卓平台手机的全球市场份额已经达到78.1%。2013年9月24日，全世界采用这款系统的设备数量已经达到10亿台。2015年9月，谷歌披露，安卓移动操作系统的用户总数已达14亿。

分享经济在全社会大规模推广，需要有统一的信息技术作为底层基础支撑。例如租车平台，出行人只要通过手机软件发送请求，车主就会在收到提醒后进行交易，在没有智能手机的时代，你根本无法想象这样的场景。

分享经济所需要的技术，还包括大数据和云计算。后两者使得高效处理海量信息实现供需匹配成为可能，使得个体随机分享具备了加入大规模商业化行为的条件。

以滴滴出行为例。滴滴利用大数据分析，提升了交通运能的资源使用效率，向着智能交通生态体系发展。滴滴出租车覆盖全国360座城市，每天订单400万；专车覆盖80座城市，每天订单300万；顺风车覆盖全国338座城市，每天订单182万。消化这么多订单，需要数据匹配非常准确。当订单像大潮一样涌起的时候，我们就需要采用新型的大数据分析工具，通过分析司机行车习惯，精准推送叫车订单，提升订单匹配率，通过动态调价，实现潮汐战略，满足一天的需求变化。

Uber通过大数据技术，将不同客户需要的出行路线进行匹配，解决了供需之间的信息不对称问题。Uber 中国大数据专家江天在 2015 中国国际大数据大会上以"人民优步+"为例，指出该功能理念是基于大数据将不同乘客进行路线匹配，来及时调剂供需平衡。比如，当第一位乘客打开 App 叫车之后，车一般会在 5 分钟之内到达，乘客上车之后会根据后台算法匹配行程相近的第二位乘客，使出行变得高效便捷。

此外，不能不提的一项技术是智能支付。如果说移动互联网是分享经济得以发展的技术支撑，那么跨越时空限制的在线支付的大规模商用则是其大规模的发展保障。

一方面，在线支付能够保障供需双方的财产安全，例如预付房费通过第三方支付到平台账户中，当交易完成后再进入房主口袋，类似支付宝在淘宝买卖双方之间发挥的作用，促进交易的安全。另一方面，在线支付的便捷性，也能够为高效分享提供保障，例如滴滴推出的企业付费服务，与企业采取公对公结算形式，用户在使用企业出行服务时无须再自行支付和报销，费用自动在企业的账户当中扣除。在许多交易中，卖方和买方并不会私下见面，有效地使用在线支付平台能够增加对买家和卖家的吸引力。

此外，还少不了精确定位技术、地图导航技术等等。这里不再一一列举。

一个假想

分享经济所具备的超越性动力来自互联网基因，不仅具有极大的商业实践价值，还具有极其深刻的社会意义。

进入分享经济大门，就是按需经济。按需经济实现后，我们进入了人人分享、各取所需的阶段。

而未来社会的经济基础,可能建立在人人分享的基础上,是之谓分享主义。

分享主义,其实并不遥远,它就在前面等着我们,等着整个社会。我们要做的,仅仅是在商业实践中迈出一小步而已。

第二篇

全球篇：风暴席卷全球

2015年秋，腾讯研究院做了一个统计，发现分享经济热潮正席卷全球，已经有几十亿消费者从中受益。到了2016年春节过后，分享经济不仅在北美、欧洲、亚洲和大洋洲有了长足的发展，而且在非洲也开始萌芽。

分享经济作为一场经济变革，我们所见到的这一切，是其多年厚积之下的薄发。分享经济不是新生事物，在2000年已经开始出现，甚至还可以追溯到更早，但一直不温不火，2009年出现了实质性的大幅增长（即2008年金融危机后），而最近两年则出现了井喷——从2014年至2015年，短短两年内，流入分享经济的风险资金规模增长了5倍多。根据Crowd Companies（一家机构）的统计，2014年和2015年两年的投资额分别为85亿美元和142.06亿美元（合计227.06亿美元），而自2000年到2013年全球流向分享经济的投资额累计才43亿美元。

不仅如此，从行业覆盖来看，分享经济也正加速渗透到人们衣食住行的诸多领域，深刻改变着人们工作和消费的方式。目前，分享经济涵盖教育、健康、食品、物流仓储、服务、交通、基础设施、空间、城市建设以及金融等各个领域。参与分享的主体也不再仅仅是个人，出现了企业级分享的趋势。分享经济对国民经济的修复和重塑，大大超出了人们的预期。

纵观各国，可以发现一个共同现象，分享经济由产业创新带动，自草根创业崛起，受政府多方支持，得以高速发展。美国、英国、韩国、澳大利亚、加拿大等国家政府的态度，可以说各有特色，在一定程度上也代表了决策者的几种不同的视角。这对转型中的中国，有重要的启迪意义。

第五章　美国——分享经济风暴眼

2012年，沃尔玛的一位高管安迪·鲁宾辞职了。他和另外一个朋友创建了Yerdle网站，专门从事二手物品交易。当时，在很多人眼里，这种做法有点不务正业。他在公司的一个演讲中讲了一个故事：每年他都会给女儿买新的足球护腿，新的来了就把旧的收起来。有一次看球的时候，他忽然发现，踢球用护腿的没几个人，如果球员们能把自己闲置的旧装备用起来，那该多好！这个想法让他激动不已。他还联想到了另外一个问题，在他修理汽车、整理家具的时候，常常会感觉工具不够用，而顺手的工具却躺在邻居家的车库和橱柜中蒙尘。这位零售界巨头的高管觉察到了一个新世界："过去几十年的工业生产模式下，零售业的固有思维模式就是让机器不断地生产，并努力将更多的产品销售给客户，但实际上很多人手中都有大量闲置的物品，其实只要交换一下就可以充分利用价值，很多朋友已经有的东西，我不需要再买新的。"

从朋友手里买旧货，不用怕被坑。这真是一个绝妙的点子。因此，鲁宾找到环保人士亚当·韦尔巴赫谈了创业的想法，两人一拍即合，于是一家名叫Yerdle的旧物分享网站在"黑色星期五"购物季期间诞生了。通过这个平台，用户可以免费向朋友和熟人提供二手商品，包括服装、电子产品等等。

黑色星期五是美国圣诞大采购日，性质有点像中国人春节买年货，不同的是时间定在 11 月的第四个星期五，这是美国人疯狂大采购的第一天。在这一天，商场都会推出大量的打折和优惠活动，进行大规模的促销，进而获得丰厚的盈利。在美国，商场一般以红笔记录赤字，以黑笔记录盈利，因此这一天被商家称作黑色星期五。Yerdle 创建于黑色星期五期间，除了搭上大采购的便车，还有点旧货平台向新货宣战的意味。

分享经济平台在美国如雨后春笋般兴起，深受美国人喜爱。路透社发了一则深度专题报道对此现象进行了研究，专题认为，以分享和租赁服装、电子产品、小型家电为基础的新兴产业正在迅速崛起，尤其吸引着美国 7 700 万的千禧一代（泛指出生于 1980—2000 年的人）。普华永道的乔·阿特金森（Joe Atkinson）也在一份报告中指出：千禧一代是最热衷于分享的群体，占分享经济人群的 40%。

路透社分析原因认为，受到学生贷款债务和经济危机的重创，千禧一代不再强调"拥有"某个想要的东西，而是以"分享"和"物物交换"为主。

对这种"分享而不占有"消费理念的热爱，可能源自美国人独特的不堪回首的危机经历。美国前后陆陆续续经历了大大小小 12 次经济危机，众所周知，最后一次由 2007 年的次贷危机引发。受危机影响，美国经济低迷不振，企业效益下滑，裁员的裁员，关门的关门。习惯了依赖透支消费、寅吃卯粮这种消费模式的美国人，变得心有余悸、小心翼翼。在恢复经济的过程中，美国人需要大量的工作机会，需要维持高效的生活，怎么破？分享经济应运而生。

分享经济给美国人的生活带来了新奇的刺激。译言网曾经介绍过一对旧金山老两口参与分享经济的案例。旧金山一家电话公司的老板亚当·赫兹和他的妻子琼,热心参与分享经济。由于孩子们都成家了,这两位空巢老人便将一套两居室的住房通过Airbnb网站和Couchsurfing向外出租。在自己忙不过来的时候,他们还通过TaskRabbit网站接待房客,并把钥匙交给他们。

TaskRabbit,中文译为"任务兔子",也称为"跑腿兔子"。通过这个网站,你可以雇一个人来帮你跑腿办事,而这些办事的人都是经过了犯罪背景调查确认为清白的人,他们也想多挣些钱。赫兹说:"这是一个很棒的接触人的方式。"他的套房每晚收费99美元,一年中大约有一半的时间可以出租,获得的额外收入不菲。

专门为分享经济类项目提供融资的风险投资家克雷格·夏皮罗(Craig Shapiro)为之赞叹说:"在旧金山,TaskRabbit可以让人一个月挣到5 000多美元。那可都是真金白银啊!"

美国可以当之无愧地被称为分享经济的发达国家。分享经济的龙头企业,如最为人熟知的Uber和Airbnb等企业都创立于美国。美国《连线》杂志创始主编凯文·凯利在"2013腾讯智慧峰会"上分析互联网未来10年的大趋势时总结出四个关键词,其中之一便是"分享"。他进一步阐述说,就前景而言,分享经济无疑是美国甚至世界的未来发展大趋势。

一份美国用户的调查

2014年12月,普华永道公司与全球领先的调研公司BAV咨询公司合作,跨年龄、收入、地域和性别抽样调查了对分享经济有一定了解的美国消费者。① 调查采用在线调查方法，样本总量共计 1 000 个。调查发现，44% 的受访者对分享经济比较熟悉，其中 18% 的受访者曾作为消费者参与分享经济，而 7% 则作为供应商参与了分享经济。

曾参与过分享经济的成年人中，57% 的美国人"对分享经济公司很感兴趣，并会关注它们"，72% 表示"将在未来两年里参与分享经济消费"。其中，最热衷分享经济的人群有：18~24 岁的年轻人、家庭收入在 5 万到 7.5 万美元之间的人、有未成年孩子的父母。

在熟悉分享经济的成年人中，对它的喜爱有很多原因，其中，86% 认为分享经济可以让生活更实惠，83% 认为它很方便高效，76% 认为它对环境保护有益，78% 认为它可以建立更强大的社区关系，63% 认为它比传统企业更有趣，89% 认为它基于供应商和用户间的信任。

关于交换使用权的问题，81% 熟悉它的人认为这种分享的方式比传统掌握所有权的方式更省钱，43% 认为如今的所有权更像一种负担，57% 认为这种分享方式可以被看作新的拥有方式。但是也有 72% 的人认为，每个人对分享经济的体验都是不一样的，69% 仍然不信任分享经济公司，除非被信任的人推荐。64% 的消费者认为在分享经济中，同行的监督比政府监管更有效。

作为供应商参与分享经济的美国人跨越了不同的年龄和家庭收入。参与的人中年龄在 25~34 岁（24%）与 35~44 岁（24%）的最多，55~64 岁的老年人（8%）最少。并且，收入在 2.5 万美元到 4.999 万美元的人（24%）最多，15 万到 19.99 万美元的人（3%）最少。

---

① 参见普华永道，《消费情报系列：分享经济》（Consumer Intelligence Series: The Sharing Economy）。

根据 1099 报税表格收集的人口统计数据，与美国劳动力人口统计数据进行比较，发现相对于传统劳动力，现在参与分享经济的劳动力中，男性、年轻人、高教育程度和白人较多。

重点业务领域

美国分享经济业务分布在哪些行业？普华永道调查结果显示，参与分享经济活动的美国人最热衷于四大类业务，其中参与程度最高的是娱乐和媒体业务（9%），而 8% 参与汽车与交通业务，6% 参与住宿业务，2% 参与零售业务。

旧金山市市长办公室商业发展主管劳蕾尔·阿万尼蒂迪斯（Laurel Arvanitidis）则认为，交通和住房是分享经济目前两个最受重视的业务领域。

汽车与交通分享业务

一般来说，旧金山被视为分享经济的源头。分享经济理念之所以能在全球得到快速普及，得益于旧金山的 Uber。

去过旧金山的人都知道，当地的出租车服务是以差闻名，这给了 Uber 创业的机会。2009 年，Uber 公司诞生了，2010 年，Uber 打车软件上线。打车族们使用之后，纷纷叫好，然后撰写博文，通过推特和脸谱网等社交媒体互相推荐，一炮打响。Uber 从 2009 年创建，到成长为全球估值最高的非上市公司之一，仅仅花费了 5 年多的时间。

Uber 火了，继 Uber 之后，2011 年 Sidecar 上线，2012 年 Lyft 创建，这些挑战者的业务也开始走向全球。

除了打车叫车这种出行服务分享之外，汽车分享红红火火发展起来。这两者的不同在于，汽车分享强调用户即司机，比前者更接近传统的汽车租赁。比较著名的有 Zipcar、FlightCar 等等许多公司。FlightCar 采用 P2P 模式提供机场租车服务，它将闲置不用的汽车从车主手中集中，然后出借给游客，出租人不仅可以免停车费，还可以借此赚取额外收入，游客也获得了方便，双方的需求都得到了满足。

普华永道调查数据显示，8% 的美国成年人都参加了某种形式的汽车共享，1% 则做过这个新模式下的供应商，按小时、天或周接送乘客或出借他们的车。在研究考察的分享经济的所有类别中，此类是消费者最接受并希望继续发展的。喜欢分享汽车的人中，56% 认为这种方式更省钱，32% 认为可以有更多出行选择，28% 认为更方便。

起初 Uber 司机驾驶林肯城市轿车、凯迪拉克凯雷德、宝马 7 系列和梅赛德斯－奔驰 S550 等车系。在 2012 年后，Uber 推出了"菁英优步"（UberX）服务，加入了更多车型，并在 2012 年宣布扩展业务项目，其中包括可搭乘非出租车车辆的共乘服务。此后，Uber 陆续完成了多笔增资项目，包括在 2014 年纽约上线的"自行车同城快递"（UberRush）、"快递送餐服务"（UberFresh），和 2015 年上线的"货运服务"（UberCargo）、"送冰激凌"（Uber Ice Cream）、"送圣诞树"（Uber Tree）、"搬家服务"（Uber Movers）等。

创新业务层出不穷。维基百科里有一段介绍，最简单的汽车分享运营体系只有一两个集合地点，但更为先进的体系允许汽车接送至指定工作区域任何可用的公共停车位。

上面提及的这些，还仅仅是服务领域的做法，在分享经济的推动下，就连汽车制造商也跃跃欲试，忍不住要涉足其间。

通用汽车推出一个名为"Maven"的新项目。通用汽车总裁丹·阿曼（Dan Ammann）在一个记者招待会上表示："人们想要充分利用拼车、汽车分享这样全新的服务形式，在这种情况下，我们看到消费者行为正在发生显著变化。从这些变化中，我们看到了巨大的商机，同时也希望我们能处于这一市场的最前沿。"

通用汽车为此将整合多种服务，其中包括正在密歇根州安阿伯市测试的汽车分享服务、一项二手车服务（最初在纽约启动，现已扩大至芝加哥）、在德国提供的P2P汽车分享服务，以及在美国、欧洲和中国的大学校园开展的相关服务。

政府也开始引入汽车分享。美国Local Motion公司将政府、企业和学校的车队数字化，员工可以通过手机客户端查看附近空闲车辆并刷卡开车。每辆汽车都有一个小盒子，一是用来标示是使用Local Motion服务的车，二是可以根据汽车的移动位置追踪汽车，查看实时情况。普通用户如果想要使用Local Motion服务的汽车，只需要下载Local Motion的App软件，再拥有一个员工证或公司门卡就可以了。

住宿分享业务

据普华永道调研结果显示，在分享住宿业务中，6%的美国人曾作为消费者参与酒店分享经济，1.4%则作为供应商来参与活动。在这个业务领域中，最成功且最早的平台，当属Airbnb。

通过Airbnb，用户可借助网络或手机应用程序发布、搜索度假房屋租赁信息并完成在线预订。从2008年8月创建到今天，Airbnb冲出了美国旧金山的出生地，用户遍布192个国家近34 000个城市。这家网站是新兴的分享经济的突出代表，截至2015年2月，其估值已超过 412 亿美元,更被《时代》周刊称为"住房中的 eBay"。

零售与商品分享业务

据普华永道调研结果显示,在分享零售与商品方面,78% 的消费者认为这类活动可以减少污染。这一日益被认可的想法也直接影响了传统消费者的购买力,截至 2014 年 12 月的数据表明,传统购买交易金额降低了 0.9%。这个领域的代表企业有很多,比如 Neighborgoods、SnapGoods、Poshmark、Tradesy 等。

其中,SnapGoods 网站于 2010 年 8 月由罗恩·威廉姆斯和约翰·古德温创立,主要提供租借物品的服务,网站连接需要某种物品和希望有偿出租的供求双方。由于网站上求租类的发帖数量和活跃度更高,从 2011 年 3 月开始,SnapGoods 则将重点放在租借需求上。网站可以为租借者提供身份验证,并对交易提供担保,在出租方满足网站条款的情况下可以承担丢失、损坏等情况下的物品损失。SnapGoods 还设置了推荐奖励,使得提供交易推荐的人可获得相应积分,可用于自己的交易活动中。网站的创建者认为,SnapGoods 不仅仅解决了大家的租借需求,更多的是推动了大家相互帮助。

美国政府态度

美国政府在多年以前就逐渐开始尝试接触分享经济,例如政府鼓励采用分享交通系统来提高环境资源的使用效率,相关的管理实践措施在美国已初具规模,在城市内专设名为"完全街道"的共享自行车道。另外,美国政府还大力促进集土地使用与服务分享于一体的综合社区的发展。

在分享经济形成风暴之前，美国政府就用分享经济的理念做过一些尝试，推行了税务福利共享等政策。美国双子城圣保罗和明尼阿波利斯，就以其独特的税基共享方案而闻名。政府根据各地区财政差异，将七个税收管辖县所贡献的40%收入，作为税基投放到分享池中，再基于各地人口和收入来重新分配分享税基，以此减少财政差异，达到平衡。①

随着新问题不断出现，政府也面临着诸多挑战。诸如广受热议的Airbnb和Uber等分享经济企业，在政策不明确的灰色地带开展业务，围绕如何监管以及如何保障消费者利益的讨论自分享经济出现就从未中断过。

由于并没有统一立法，美国各州的政策制度各不相同，对于分享经济的举措也是各自为政。

2015年，全国城市联盟（NLC）对30个美国大型城市进行了关于分享经济的情感调查。②调查结果显示，其中9个城市持完全积极的态度、21个城市存在模糊的态度；有40%的城市仍采取与现有规制相似的管理方法处理与分享经济相关的问题，稍加管制的占6%，完全禁止的仅占1%，另有一半城市已经开始着手制订相应的新政策和监管计划。

全国城市联盟还对986个城市的主要政府官员进行电子邮件访问，调查他们对分享经济的态度。调查结果显示，有71%的政府官

---

① 参见胡利安·阿杰曼、邓肯·麦克拉伦和阿德里安·谢弗–博雷戈（Julian Agyeman, Duncan McLaren and Adrianne Schaefer-Borrego）教授作品《分享城市：写给那些参与"大创意"项目的朋友》（Sharing Cities, Written for Friends of the Earth's 'Big Ideas' Project）。

② 参见全国城市联盟，《转变合作消费观念》（Shifting Perceptions of Collaborative Consumption）。

员支持整个分享经济行业的发展，66%支持分享交通行业的发展，44%支持分享住宿行业的发展。许多官员都认同分享经济确实给居民生活和经济发展带来了好处。

虽然整体上支持者居多，但官员并不全盘认可分享经济现象。调查结果表明，有61%的官员担心分享经济中的公共安全问题，另外还有一部分官员对用户权益的保护、不符合现有标准的行为规范，以及可能产生收入损失等问题表示担忧。

从官员态度调查来看，各地方政府还没有在如何应对和处理分享经济的问题上达成一致，总体上较为包容。值得注意的是，虽然具体措施各有差异，但所有政府官员都认同一点，即不能扼杀创新能力。

据估计，2020年底，会有超过40%的美国劳动力（约6 000万人），将成为职业自由人、承包商或临时工（Intuit，2010）。

美国政府看到分享经济带来巨大的便利与收益后，在欣喜地大力推动其不断发展之余，也在为由监管缺失所带来的负面影响而担忧。

可以说，上述两种情况是当下美国政府对分享经济不同态度和应对措施的缩影，但美国政府勇于直面尚未解决的监管问题，采取了广泛听取公众意见来积极应对的方式。

美国联邦贸易委员会于2015年6月9日举办了一个关于"竞争、消费者保护以及分享经济提出的问题"的研讨会。会上，人们大多支持出租房屋或汽车的分享行为，并希望在某些情况下，可以依靠这些服务来支付他们的抵押贷款或缓解其他支出压力。但是，传统服务业人员则不太支持这类导致竞争的分享行为。关注者们认为，政府需要根据人们的建议来进一步民主地思考政策更新的问题。

在实践方面，美国政府持积极倡导分享经济的态度，推行了鼓励政策，如分享城市计划。2013 年 6 月，这项计划在美国市长议会中，由包括旧金山市长和纽约市长在内的 15 位市长共同发起，他们一致认为，分享城市可以更好地鼓励分享经济，并认为当地的陈旧法令可能会阻碍其发展。

第六章　加拿大——准备换掉旧鞋走新路

对于一个刚刚萌芽、规模不大但很有前景的产业，政府应该怎么办？加拿大政府的做法或许可以参考。在加拿大，分享经济正处于起步阶段。目前虽然还没有分享经济影响整体经济的确切数据，但政府已经认定这是一条新路，并且相信分享经济是未来经济的潜力市场，将能不断激发新的消费，提高生产力，催化创业，并产生新的税收。

加拿大安大略省对分享经济的概况发布了声明，并表明大力支持的态度。安大略省认为正确的监管和税收环境可以帮助其创新发展。为了促使分享经济产业充满活力，蓬勃壮大，安大略省承诺与企业合作，遵守现有的义务，同时确保在可持续发展的基础上，及时制定新的政策规制以适应新兴经济变化。

加拿大人何以对参与分享经济充满期待？分享经济平台带来了切实的利益。

重点区域的发展特色

2015年8月，安大略省商会和普华永道调研公司合作对安大略省居民做的民意调查显示，①40%的年轻人（18~34岁）被卷入分享经济，其中63%认为它比传统服务更省钱，49%被它的方便快捷吸引。

在安大略，使用Airbnb平台出租房子的房主平均每月拥有450美元的额外收入，加拿大人平均每年有52个夜晚会在Airbnb出租房中度过。

在多伦多地区，共有1.2万个Autoshare成员和超过40万名Uber司机，1/5的居民曾使用Uber服务。

除了Uber等国外企业在加拿大分享经济市场的覆盖，本土企业在私厨、借贷、职业平台等领域较为典型，有很多深受当地人喜爱的分享经济平台，如线上职业信息平台Jobblis、线上个人借贷平台Borrowell、线上物品分享平台"厨具馆"和"工具馆"、拼车平台Blan Cride等，大约共有540万美元的资金通过网络借贷平台Borrowell发布。

成立于安大略的Jobblis是为职业自由人和企业提供牵线搭桥服务的平台。因其采用可筛选出当地高信誉度求职者的管理机制，深受企业和个人喜爱，许多职业自由人和雇主利用此平台建立长期合作关系。该公司最近宣布将增加新功能，包括实时工资与发票追踪功能。

Borrowell是加拿大领先的线上借贷平台，采用业内领先技术，提供更低的固定利率贷款服务，为加拿大人创造了一种更明智的管理债务的方法。由于平台设置了信用评分机制，精心挑选机构投资者，因而能提供更好的价格、更好的服务和更好的客户体验，在当地非常流行。

---

① 参见安大略省商会，《驾驭分享经济》(Harnessing the Power of the Sharing Economy)。

由多伦多市民戴娜·博耶创办的线上厨具分享平台厨具馆,目前拥有五十余种可供分享的厨具。戴娜创办这个网络平台的起因是她曾打算买一台果汁机,但考虑到果汁机较为昂贵又不常用,而且占用空间,因此她冒出了租借和分享的想法,从此踏入了分享经济的大潮。目前,这个平台深受居民喜爱,扩展了原有服务并举办了多次厨艺讲座等活动。

类似地,温哥华也有一个工具馆,它的规模更大。成立三年来,工具馆已经拥有了 800 名会员和 1 000 多种工具。它的创办者之一克里斯·迪普洛克的创业观点与戴娜·博耶颇为相似,同样认为某些工具其实没必要每个人都拥有,只要在需要用到的时候知道去哪里拿就可以了。

除了安大略省,在加拿大大不列颠哥伦比亚省的省会城市维多利亚,以汽车分享为主要代表的分享经济正发展得有声有色。

分享的概念在维多利亚并不陌生。早在 1998 年,打着分享旗号的维多利亚汽车共享合作社(Victoria Car Share Co-operative)就已建立。2015 年 4 月,成立于温哥华的另一家大型汽车共享合作机构 Modo Co-op 对其实施并购,后者目前在维多利亚甚至全加拿大范围内提供更为清洁高效的交通手段,升级车辆预订技术并稳定地拓展业务。

2015 年 5 月,维多利亚市议会采纳了一项道路交通修正案,在法律上允许目前在北美地区盛行的汽车自由共享或单向共享行为。这一修正案颁布后,汽车分享企业只需获得许可证,就可以让会员在市内利用共享车辆出行并在公共停车场停车。

维多利亚政府认可这样一个观点:租借和分享可以减少整体闲暇时间,新的消费需求也能有所下降,这将有利于将个人和社会的消费向可持续的方向引导。政府和市民都认为分享经济能够提升生活质量，是减少环境污染、解决气候变化问题的一种应对方式。

在《维多利亚市 2015—2018 政府战略计划》中，市议会提出了 13 项战略目标，而维多利亚议会认为分享经济以及与之相伴随的可持续性消费能够帮助该市实现这些目标中与提升居民生活质量、城市交通和环境保护相关的方面，表现出对发展分享经济的认可态度。

政府面临的挑战

分享经济对加拿大的监管机构提出了一个严峻的问题：政府的作用是什么？下面提到的政府面临的挑战将是接下来首先需要解决的问题。[①]

第一，消费者的安全保护

目前还不清楚加拿大政府是否需要对分享经济提出特有的管理办法。在电子商务交易中，任何形式的分享都需要一定程度的信任，无论是使用他人的资产，乘坐他人的私家车，还是分享他人的宠物。在分享经济出现之前，政府干预是对市场失灵最有效的解决方案，防止商家利用信息不对称欺瞒消费者，损害消费者利益。比如，为了防止出租成本的信息不对称问题，监管机构会按规定筛查出租车司机的票价。

近年来，在线声誉机制已经成为一个可代替监管机构和法规来建立信任的举措。这种机制鼓励买家和卖家彼此透明诚信，一定程度上

[①] 参见莫厄特中心，《制定分享经济政策：不能只是打地鼠》（Policy Making for the Sharing Economy: Beyond Whack-A-Mole）。

能够解决信息不对称的问题。许多分享经济公司也采取类似于政府在传统行业中做的预防措施，包括对供应商的背景进行调查，淘汰不良信誉的商家等。

另外，传统的保险产品已经不适应分享经济发展的形势。安大略保险公司和监管机构警告普通司机，私家车载客收取费用的行为可能不在受保范围之内，因为在安大略，一项标准的汽车监管政策并不涵盖司机将私家车作为出租车来赚取收入的情况。因此，乘客很有可能乘坐的是没有受保的车，当消费者寻求法律支持和申请医疗费用的时候可能会面临尴尬境地。Uber曾考虑为这些运送乘客的司机提供保险，但保险公司表示，他们不能确定未来会在何种程度上支持Uber的这种举措。

第二，税务制度

分享经济中税收制度的执行问题也存在许多难点。分享经济行业中存在着收入相对微薄的人、凭借个人财产进行商业行为的人，也存在不习惯利用网络披露个人收入的人，这都为确定税收增加了难度。而且目前还缺乏监督独立供应商上报分享经济收入的办法，甚至有些分享经济的供应者根本不清楚他们的纳税义务。

分享经济的商业模式结构对征收消费税也有一定的影响。在现有的法律框架下，无论是分享经济公司还是独立承包商，他们的税收义务都存在不同程度的混乱。例如，Uber本身作为一个技术平台，负责将司机和乘客通过智能手机应用聚集起来，司机因为运送乘客收取报酬，因而纳税是司机的责任，但是关于Uber平台是否也需要纳税却仍存在不小的争议。

这些缺乏明确规定的问题若迟迟不采取措施，将不利于国家税收制度的完整性，而且会给现有的竞争带来不利的因素；更要杜绝因为存在法律空隙，而使某些参与分享经济的人有逃税的机会。加拿大政府应及时采取相应措施。

第三，非传统劳动力的崛起

许多人作为独立承包人、个体户或职业自由人，通过分享经济平台从事全职或兼职的"工作"。这看似灵活的工作性质虽然能为就业者提供更多就业机会，却使他们失去了获得固定职员专属福利待遇的资格。这一点，也为政府带来了挑战。

而据风投机构 OMERS Ventures 的首席执行官约翰·鲁福洛估计，未来职业自由人在美国和加拿大可能越来越多，传统就业的优势与分享经济就业的自由之间的矛盾将会越来越大。

不过，分享经济下非传统劳动力的兴起并不是完全积极或消极的，如何发展还需依赖加拿大政府的有力管制。

加拿大政府态度

相比于发展较为领先的英美等国家，加拿大的分享经济仍处在新生期，尽管面临诸多挑战，政府正在探索一条新的道路，这种情形跟中国极为相似。在监管上，政府尚未有创新，依然穿着旧鞋子。来自莫厄特中心 2015 年 2 月的一份名为《分享经济政策制定：不应仅仅打地鼠》(Policymaking for the Sharing Economy: Beyond Whack-a-mole) 的报告中指出，针对多伦多出租车司机和出租车车辆有大约 40 页的许可要求，从强制性的培训到每月行车安全检测等各个方面都有诸多详细的规定；同样，对于安大略的酒店和旅馆业管理也有 33 项立法约束。这对出租车行业和酒店业，尤其是对分享经济中的交通与住宿分享领域，无疑是巨大的监管负担。现有的多项规定中必然存在过时的政策，应当及时删除或更新。

虽然目前还在沿用现行监管法规，但是，加拿大政府已觉察到换新鞋子的必要性，开始为新法律框架的拟定和修改做准备。例如，安大略省政府认为正确的监管和税收环境可以促进分享经济的创新和发展，希望能够通过一些举措来支持。

安省调查中心向政府提出了六项促进分享经济发展的建议，这对于政府正拟定的管理新框架可能会有所借鉴。①

1. 在已有的研究、调查的基础上，制定新的监管框架。伴随着数字科技的兴起，现有的许多法律将成为过去，政府是时候考虑更新这些过时的条例、创造新的监管框架了。在短期内，地方政府可以互相合作，安排监管审计小组，找出确定的不必要的、过时的法规标准，以便于下一步的行动。

2. 将保险覆盖范围扩展到每一个产业。保险公司应该提供灵活的保险组合，以填补现有领域的空白。至于政府是应首先为企业和个人提供汽车共享行业的保险计划，还是首先向保险公司咨询，就现有的保险覆盖范围、更改立法的必要性等问题进行明确的阐述，可能需要进一步讨论。

3. 回顾劳动法案，评估分享经济带来的影响。安大略政府正针对现代劳动审查方案与公众进行协商，考虑适当修改劳动关系和就业标准，维护企业与雇主的权益，保护工人的利益。

4. 地方政府与联邦政府合作，制定税收指导手册，使分享经济参

---

① 安大略省商会，《驾驭分享经济》(Harnessing the Power of the Sharing Economy)。

与者明确纳税义务。可行的方案包括开发在线税收计算器，以帮助参与分享经济业务的用户更易计算需缴纳的税款；鼓励第三方平台制作模板，让用户更容易知道如何报告来源于分享经济的收入，以及如何缴纳税款。

5. 税务局公布围绕划分收入等级、激励独立供应商如实汇报分享经济收入、明确税收规则等问题的解决方案和标准。税法应该明确规定分享经济所得税的缴纳办法，让分享经济参与者了解纳税的责任与义务。

6. 分享经济虽然对监管机构提出了许多挑战，但也是不可小觑的机遇。引导得当，分享经济可以带来新的竞争，去除过时的监管要求，保护公共利益，鼓励创新，为消费者创造更大的价值，推动经济持续增长。

第七章　英国——发现魔法世界

2015年英国商务部关于分享经济的调查报告显示，英国通过参与分享经济获得的个人收入已经达到了数十亿英镑，3%的英国劳动力通过分享经济平台提供服务。英国的分享经济正在有声有色地展开。

纵观全球，各国政府意识到分享经济为发展带来的巨大利益，都在酝酿着发展计划，其中行动最快、思虑最全面的当属英国。英国政府对分享经济发展的态度好像哈利·波特发现了奇妙的魔法世界，对之充满了向往，在欧盟各国中表现得最为积极。

打造全球分享经济中心

早在2014年初英国就已经宣布决心打造全球分享经济中心，并从政策等层面予以支持，鼓励发展分享经济。英国政府表示会不遗余力地营造促进分享经济自然生长的良好环境。

2014年9月，英国商务部启动了一个独立调查项目，对英国的分享经济进行评估，并找出英国在成为分享经济全球中心的道路上面临的障碍，其最终目的是为把英国打造成分享经济全球中心制定一张路线图。

2014年11月，英国独立研究报告《开启分享经济》(Unlocking

the Sharing Economy)出炉，向政府提出了30多条建议。2015年3月，英国政府下属的商业创业和技能部对这份研究报告做出回应，发布了一份政府对策，涵盖一揽子分享经济扶持政策，正式迈出了成为"分享经济全球中心"的第一步。

英国人对分享经济的热情极高。Airbnb曾于2014年3月公布过，当时有超过100万名顾客来自英国和法国（Airbnb用户总量当时为200万名）。同年，尼尔森的一项有关共享社区的全球调查也显示，在60个国家有超过3万名受访者愿意参与分享经济活动，这其中有1/3是英国人。

2014年，内斯塔慈善基金会委托TNS（特恩斯市场研究公司）进行了一项针对英国人参与分享经济情况的调研（以下称内斯塔调查）。[①] 结果显示：在过去的一年中，有64%的英国人参与了分享经济活动，25%的人是利用网络和移动应用来参与的；35~44岁的人、已婚人士、有很多孩子的人、农村人、寻找全职或兼职工作的人、管理人员、专业人员、行政人员以及照顾儿童的人，比起其他人群更容易参加分享经济活动。

越来越多的人通过参与分享经济活动与不认识的人交往并发生金融交易。内斯塔调查显示：2013年一年间，英国有20%的人购买或出售过自用商品，其中包括8%的受访者甚至提供无偿出借或免费赠送的商品或服务。16%的英国人与他们不认识的人进行互动。英国人参与分享经济活动的范围也较广，10%的受访者使用互联网技术来获取或提供媒体资源（如书籍和DVD），8%进行服饰配件的分享，7%参与家居用品的分享，5%分享运输交通，4%分享旅行相关产品，

---

① 参见内斯塔&协作实验室，《正确认识英国协作经济》（Making Sense of the UK Collaborative Economy）。

1%分享工作和任务等，不一而足。

2015年秋季，英国政府官员履行公务时，可以选择分享经济中的住宿和出行服务。而早在2010年，英国克罗伊登理事会就通过决议，开始与Zipcar合作，让汽车俱乐部成员取代政府车队，并在工作时间为其开辟专用车道，其余时间则允许当地居民参与使用。

背后的战略思考

我们发现，英国人喜爱分享经济的初衷源自金融危机带来的经济短缺。随着国际经济大环境面临困难，英国经济也不可避免地受到影响，目前英国的虚拟经济和实体经济领域正面临半个多世纪以来的最冷寒冬。还有不少经济学家认为，本轮的经济下滑趋势与预期相比将持续更长时间，情况也比预想中的更严重。

作为英国经济的支柱产业，金融服务业至关重要，金融业的不正常运转将直接导致英国经济失灵。目前英国的主要银行面临两难困境，在希望获得资金来改善资产负债的同时，也担心不断上升的违约风险，导致了银行放贷的意愿不足，进而信贷紧缩带来的经济活动缩减，成为目前困扰英国的重要问题。

除了金融业外，英国住房市场持续低迷，也对整体经济造成了不利影响。根据英国银行家协会公布的数据，2013年11月，英国各大银行批准的住房抵押贷款约为1.78万笔，环比下跌14%，同比下跌60%。

此外，随着经济形势恶化，英国失业率不断攀升，而这会影响个人消费开支，使经济增长缺乏动力。根据英国国家统计局公布的数据，截至2013年11月底，英国失业人数已经连续10个月上升，失业总人数攀升到 186 万，失业率达 6%，为 1999 年年中以来的最高水平。

在这样经济困顿的时期，分享经济的诞生仿佛给英国人民带来了希望。①

首先，它可以省钱。36 岁的已婚妇女安托瓦内特，育有两个孩子，在伦敦生活和工作，是个不折不扣的分享经济狂爱粉。她认为在分享经济的世界里可以活得更简单、高效、节省。她和丈夫放弃了购置私家车而加入 Zipcar 汽车俱乐部，用租的车接送孩子、拜访亲戚、进行日常家庭采购等等，她还用 Zipvan 来收集便宜的家具。这样一来，他们在汽车保险和维修费上平均每年就可节约 2 000 英镑。如此一来，他们一家都非常有成就感，并更加热爱这种生活模式。

其次，可以为需求者提供工作机会。艾略迈德来自塞拉利昂，他的家在残酷的 2011 年内战中被炸，父亲也因此去世了。他和母亲不得不重新振作起来重建家园，承受着巨大的经济负担。5 年前，他为谋生来到了英国伦敦，偶然间登录了 Hassle 平台，突然他真实地体会了重生的感觉。目前，他成为这个平台上最忙碌却最快乐的清洁工，每周平均工作 40 小时。通过努力，他不仅赚取了重建房屋的钱，甚至还通过借宿于其他客户的家完成了环伦敦旅行。

再次，分享经济鼓励创新。牧师格雷厄姆·亨特于 2011 年加入圣约翰教堂。但是由于格鲁吉亚建筑年久失修，教徒在慢慢减少，格雷厄姆也很苦恼。他认为，如果教堂再不创新，就必然会没落。于是，格雷厄姆代表教堂加入了 JustPark 平台，通过网站和 App 提供

---

① 参见黛比·沃斯科（Debbie Wosskow），《解读分享经济：一项独立评估》（Unlocking the Sharing Economy: An Independent Review）。

了8个车位供司机停车。教堂位于霍斯顿（Hoxton）的心脏地带，离拥堵的人口聚集的伦敦金融城只有几分钟车程，因此教堂的停车场非常受当地居民和上班族的喜爱。通过 JustPark，教会利用以前未开发资产可以平均每月多收入 500 英镑。这些收入使得教会能资助一些社区项目，比如当地的夜间住房和建设一个操场，同时也可以雇用更多的青年辅导员来吸引年轻人入会，促进了教堂的蓬勃发展。由此，陈旧的教堂焕发新生。

分享经济为工作生活带来了上述种种好处，受到英国居民的喜爱，进而引起了英国政府的高度重视；政府加大推行和扶持力度，又促进了分享经济的发展，由此不断正向循环。

从供应方的角度来讲，分享经济在英国其实并不算新鲜事物，从最传统的公共浴池、自助图书馆到合租住房，都展示了英国人不介意分享的理念。纵观当下的英国分享经济企业，一部分属于借助互联网技术重新包装的传统企业，例如帮助百安居客户分享 DIY（自己动手）技能的平台——StreetClub；另一部分属于在分享经济浪潮中应运而生的新企业，如 P2P 借贷鼻祖 Zopa。

英国的分享经济企业近年来层出不穷。分享经济公司 JustPark 的调查报告显示，2015 年，仅伦敦的分享经济初创企业就有 72 家，在全球范围仅次于纽约（89 家）和旧金山（131 家）。

英国本土的分享经济公司发展势头迅猛，未来有很大可能会凭借强劲的速度占领传统行业的市场份额，大幅度拉动经济增长。发展突出的企业大都集中在 P2P 借贷和融资领域，比较出色的企业有 Funding Circle 和 Zopa 等。Funding Circle 近期成为全球第一家允许融资资金超过 1 亿英镑的股权融资网络平台；而 2005 年在英国成立的 Zopa，则是 P2P 借贷平台的鼻祖，目前拥有超过 8 万名借款者和

5.2万名活跃贷方,仅2013年一年内就促成了2.4亿英镑的借贷,自成立以来累计促成的借贷超过了5亿英镑。

除了金融领域,英国分享经济在其他领域也有很多典型的企业。

目前约有1.8万个英国家庭、学校和俱乐部等社会组织通过JustPark网站出租自有的停车位。这在停车位紧张并且费用颇高的英国大城市尤其受欢迎,发展前景非常可观。2006年,车位分享平台JustPark成立。平台与不同地区和类型的停车场合作,覆盖了公共停车场、教堂或酒店车位、居民区车位等各个领域,用户可以借助该平台随时随地寻找方便的位置停车。目前,每年有超过2.5万名车位出租者和600万车位使用者通过该平台实现车位分享活动。

FRN(Furniture Re-use Network,二手家具平台)也受到热烈的欢迎。迄今为止已经有超过300个英国的慈善机构和社会企业组织通过FRN网站响应政府的一项"再利用家具电器以帮助有需要的人们"的政策号召,经测算每年为95万个低收入家庭共节省3.4亿英镑的家电开支,平均每年减少38万吨二氧化碳排放。FRN网站在供需两方面在未来还将有继续的增长,意味着它将能获得进一步的业务扩展。

此外,英国首个大规模开放在线课程慕课(MOOC)平台——Futurelearn也初具规模,目前超过20所大学和四个文化机构已经签署了提供课程的协议。值得一提的是,在我们的分享经济定义中,慕课并不是严格意义上的分享经济典型,但是我们发现英国的在线教育分享活动十分活跃,官方和行业分析也将之纳入了考量。

英国的典型分享经济企业还有很多,它们良好的运营状况使英国政府看到了分享经济巨大的发展前景。

未来增长点

分享经济深受英国居民的追捧和喜爱,再加上英国政府的大力支持,在英国可谓想不火都难。英国商务部的独立调查报告认为,[①] 就目前的发展趋势来看,未来英国的分享经济将朝着衣物时尚、食品、商品、B2B 电子商务以及打造分享城市的方向发展。

首先,衣物时尚领域。Wrap 研究[②]发现,英国家庭平均拥有大约价值 4 000 英镑的衣服,但其中至少 30% 使用没有超过一年。分享模式可以让人们通过出借或租用的方式体验更多时尚风格,甚至可以从拥有的闲置衣服中赚钱。在美国,Rent The Runway 平台用户仅在 2014 年上半年就租了价值 3 亿美元的衣服,这预示着衣物时尚领域拥有强大的发展潜力。英国这一领域的分享经济仍然处于早期阶段,目前类似的平台数量不多,Girl Meets Dress 是其中之一——通过共享设计师服装的方式,用户仅需支付小部分购买价格就可以租到高价的衣服,反响较好。另外还有优衣库服装回收计划(Uniqlo's Clothing Recycling Initiative)和玛莎购物(M&S's Shwopping)等。总体上讲,衣物时尚领域的分享经济目前属于可开发空间较大的一类形式。

其次,食品领域。食品分享模式可存在于食物的生产和分配中的各个阶段,现有的项目包括:想要种地的人和拥有闲置土地的人通过某个平台联系起来,如休·费恩利 – 利惠廷斯托尔的分享项目(Hugh Fearnley-Whittingstall's Landshare Project);直接从农民手里购买粮

---

① 参见黛比·沃斯科(Debbie Wosskow),《解读分享经济:一项独立评估》(Unlocking the Sharing Economy: An Independent Review)。

② 延展阅读:http://www.wrap.org.uk/content/valuing-our-clothes。

食的企业平台，如 Farmdrop 和 The Food Assembly；像 Grub Club 那样的弹出式餐厅，邀请美食大师到临时餐厅，让消费者体验别样风味；和不能自己做饭的老年人共进餐食的分享平台，如 Casserole Club。在食品方面的分享经济企业已现出雏形，但当前仍存在法规监管不统一的问题，还需要企业和政府共同摸索出一条健康发展的道路。

二手商品交易领域也是分享经济中日渐流行的一部分，英国现有的案例包括：Freecycle 这样的社区团体，鼓励人们放弃他们不想要的东西的使用权，将之回收再利用；物品分享平台如 RentMyItem、Ecomodo、StreetBank 和 StreetClub，供人们免费或支付少量金额来共享物品，如居民的电动工具等。这些模式对于那些人们需要却不常用而且又很昂贵的东西来讲，特别有效且便捷。而且 Wrap 研究表明，消费者使用他们的电子产品时更注重其可持续性：仅 5% 的消费者买卖过 DIY 制品和园艺产品，但 78% 的人愿意考虑这样做；80%~90% 的消费者愿意考虑交易电视和笔记本电脑这样的消耗性电子产品；19% 的消费者正在租用 DIY 制品和园艺产品，其中 69% 认为这个模式可以利用。

B2B 电子商务和物流分享也是具备潜力的领域。迄今为止，在分享经济上的大部分创新都是关于消费者的，然而，分享经济也为企业提供了分享彼此资源的机会。英国人力资源部门已经开启共享后台的功能，但这只是开始。BrandGathering 是一个在线平台，它帮助企业开展合作营销并进行品牌推广活动，利用对方的网络和客户来帮助企业节约资金。另外，作为分享经济的另一个领域，物流可能会越来越重要。在全球其他地方已经有 Nimber 这样的分享经济平台实现对等方式交货，提高效率的同时又节省资源。

最后，是分享型城市理念。目前英国已经设立了两个试点城市，利兹和大曼彻斯特。未来可着重挖掘这一领域的发展，鼓励更多的城市加入分享城市计划，把日常生活的方方面面，如交通、办公室、宿舍和技能，都引入分享经济模式的运用中。

总之，通过内斯塔的调查报告和英国政策建议报告可以看出，在英国新模式的发展过程中，分享经济的理念对于连接社区、推动城市发展都有非常重要的作用，一个完善的智慧的发展规划可以使个人、企业、政府和社会都有所受益。我们希望通过借鉴国外，尤其是英国的做法，帮助我们自己的分享经济得到更公平更健康的发展，共同创造更光明的前景。

英国政府态度

英国政府正积极尝试各种鼓励政策，推行积极促进分享经济的政策计划。

综合多篇学者为英国政府提出建议的文章，我们发现英国在分享经济领域实现领先全球野心的策略多集中于以下几点：

1. 政府应该利用分享经济所提供的机会，提高公共资源的利用率。

2. 满足人们需求的同时，确保严格的审查，特别是对住宿和在线任务共享平台的审查。

3. 支持分享经济初创企业，鼓励通过实践和创新，共享分享成果。

4. 不同的分享经济业务要集中制定统一的服务和行业准则。

英国政府十分重视分享经济领域，在政策资金等方面都予以大力支持。在具体行业的扶持上，政府的努力也收获了一些成果。

政府督促保险商为分享经济设计更多的保障服务，想方设法去除短租的法律障碍，鼓励开放更多O2O房屋短租，并出台一些助力政策，比如当租金每年不超过4 250英镑时会给予房主免税待遇。2012年，英国还投入2亿英镑促进P2P借贷平台的发展。这对企业和创业者能够起到很大的鼓励作用，吸引他们汇聚于一处，催生新的商业模式。

第八章 欧洲其他国家——从南热到北

　　欧洲在2008年的金融危机之后又面临着欧债危机，这是美国次贷危机的延续和深化，其本质原因是政府的负债已经超出了其合理的承受范围，因此面临严重的违约风险，损失惨重。分享经济模式开辟了新思路，带来能省则省的共享方式、大量的就业机会和额外的零工收入，给欧洲居民停滞的工资市场和暗淡的生活模式带来了春风。分享经济的滚滚热力正辐射欧洲各国，因此，欧洲人趋之若鹜。

　　国际信息和数据机构奈尔逊在网上调查了3万多人之后发现，37%的英国人接受分享经济，而欧洲和全球平均水平分别为54%和68%。在欧洲，南部国家的人最乐意参与分享经济，其次为北欧和东欧，但是以德国为代表的西欧国家的人参与热情相对较低。

各国展现出有趣的差别

　　整体看来，欧洲国家普遍已经开始涉足分享经济的不同业务，但各个国家发展分享经济的着力点各有不同，呈现出有趣的差别。

瑞士

据2015年德勤的调查①，瑞士人最为接受的分享经济活动是分享交通和住宿，占分享经济的比重约60%，另外在物品交易、服务和金融方面，也已经开始涉足。超过一半的瑞士消费者表示，未来的一年中将参与分享经济活动，还有18%的居民已经参与过分享经济活动。该调查还揭示了一些有趣的现象，比如瑞士人中，65%讲法语的居民表示非常支持分享经济，但讲德语的居民中却只有32%做出相同表态。

瑞士的分享经济初创企业生存在良好的商业环境中，以Airbnb和Uber为首的外来分享经济企业受到热烈的欢迎，同时也有越来越多的瑞士初创企业锋芒渐露，有几个甚至已经将业务扩展到其他国家。全欧洲最大的租房住宿平台HouseTrip、扩展到德国的共享车位公司Parku和一经启动就被认为是软件开发领域先锋的汽车共享平台Sharoo都是瑞士本土的分享经济企业。

荷兰

荷兰在饮食分享经济的发展尤为引人注意，这与当地居民的饮食习惯和文化息息相关。荷兰的外卖种类不如纽约丰富，且价格又不如德国便宜，所以可改进上升的空间很大，吸引了分享餐饮企业的大量出现。

在荷兰，比较著名的平台有Peerby和Shareyourmeal。其中Peerby是一个将某顾客的临时租借需求与愿意租借的人相连接的平台。Peerby曾参与阿姆斯特丹RockStart加速器项目，并获得荷兰创新机构和社会组织的支持，赢得了PostcodeLottery环保挑战赛的国

---

① 参见德勤，《分享经济：瑞士如何看待分享和赚钱？》（The Sharing Economy: Share and Make Money How Does Switzerland Compare?）。

际可持续发展奖，吸引了商业投资者。Peerby 目前吸引投资总额约为 50 万美元，拥有 1 万个平台会员，每月增长 10%~20%。

Shareyourmeal 是一个在线市场网站，它提供家庭厨师，可以向感兴趣的邻居推销自己家里煮的饭菜。它的创始人在全职工作时，每天都需要订外卖，这使他感觉严重缺乏社区的温暖和爱心，感到冰冷孤独，于是萌生了这样的创业想法。目前，其用户群体共有超过 3.5 万名荷兰用户和 8 000 名比利时用户，每年增长 2 万名新用户，平均每天增长 60~120 人，可见它的潜力是巨大的。该公司已经吸引了来自基金会和地方当局的多次补贴，近期的目标是回收成本，开始正式赢利。

芬兰

芬兰的分享经济在金融领域得到很大发展。这里的居民生活很安逸舒服，愿意在网上安排各种活动，特别是金融活动。而且芬兰政府在多年前已经引导市民在各类行政系统（比如纳税系统）中使用电子身份认证，使得在线借贷的步骤比较简单，这对于金融类分享经济平台而言是非常理想的市场。

在芬兰，Fixura 是一个深受喜爱的在线 P2P 借贷平台。它允许潜在贷款人和借款人分别设定他们借或贷的具体标准，并通过多个贷款人参与贷款，将个人风险降低，赢得了客户的喜爱。目前，公司正在为 4 500 项贷款提供服务，共有约 1 500 个投资者和约 2.5 万个借款者。截至目前，Fixura 促进贷款 1 300 万欧元，总利息返还给投资者超过 100 万欧元，每年的平均收益约为 10.91%。①

---

① 参见欧盟，《基于分享经济的 P2P 市场商业模式》(The Sharing Economy Accessibility Based Business Models for Peer-to-Peer Markets》。

法国

在法国，拼车业务最为引人瞩目。由于在欧洲乘飞机太昂贵，乘火车时间太长，成立于 2006 年位于巴黎的长途拼车服务公司 BlaBlaCar 为人们提供了一种更廉价方便的出行方案。2015 年，该公司刚刚融资 2 亿美元，融资后估值 15 亿美元。据统计，过去 3 年中，BlaBlaCar 共收购 8 家公司，其中还包括德国 Carpooling 网站。目前 BlaBlaCar 的业务覆盖 19 个国家，共覆盖 2 000 万名用户。拿到融资后，BlaBlaCar 相继在俄罗斯、印度、墨西哥、巴西和土耳其等新兴市场开展了新业务，并且计划在 2016 年进军拉美和亚洲市场。

分享经济的本土代表企业，除了 BlaBlaCar，还包括 Leboncoin。因为在法国，个人间物品和服务的交换在实践中应用非常普遍，二手物品的买卖尤为常见。Mediaprism 研究负责人劳伦斯·比约-戴维（Laurence Billot-David）指出："目前，法国的二手市场交易原则已深入人心。"尤其是 25 岁以下的年轻人（其中 59% 曾买过二手货）、月收入低于 1 500 欧元的上班族（62% 曾买过二手货）以及农村人（55% 曾买过二手货）。

德国

德国也是较早踏入分享经济的国家，汽车共享业务已有较长时间的发展，不来梅市已经进行了 26 年。该业务最初是由一个仅有 30 人和 3 辆车的环境保护俱乐部发起的，后来逐渐发展为商业化企业，许多汽车分享业务的运营商与之合作，汽车分享的效率和服务质量得到提高，进一步促进了汽车分享事业在不来梅市的发展，甚至在其他城市扩展了业务。

2013年3月初,德国举办的全球最大的信息及通信技术博览会汉诺威CeBIT(德语"办公及组织中心"的首字母缩写)展会,主办方在官方网站上写道:"无论在经济界还是在社会上,'分享型经济'目前都是一个正在激烈讨论的议题。"

受益于成熟的汽车科技,分享经济也在汽车相关领域崭露头角,汽车共享已跨出有力一步。统计显示,2015年德国私家车共享用户有26.2万人,相比2014年增加了15.8%。随着汽车共享行业的发展,汽车运营商们也纷纷开始发展自己的共享业务。宝马、奔驰、大众等品牌运营商都开设了汽车共享服务,客户可以摆脱烦琐的预订和取车手续,仅用手机就可结算,也不需要把车归还原处。除了物品可以共享,连"人"也可以共享。目前德国约有200家企业已经开展过员工交换活动,员工可以在交换的过程中相互学习技术,也有利于企业的共同进步。德国财经网指出,分享型经济的兴起与欧债危机有关。特别是年轻人由于经济拮据,采取共享节省了支出,但生活品质却没有下降,还增强了社交能力。网络和智能手机为这种分享型经济提供了保证。专家认为,分享型经济正处于起步阶段,还有很大的发展空间。

欧盟的态度

欧盟成员国家对于分享经济有共同的愿景:提高资源效率、创造就业机会、建立社区参与、推进社会创新。有一些国家对分享经济的理念并不陌生,对当今分享经济潮流自然是乐见其成,在原有基础上进行鼓励和推进。

在机动车较多的荷兰，20世纪60年代就发起过名为Woonerven的街道共享计划，荷兰Woonerven地区曾存在车辆和行人共同使用道路空间的情况，荷兰政府意识到这不仅仅会影响机动车数量的增长速度，也会增加道路安全问题，影响城市社区生活质量，继而政府将其街道进行了重新规划并取得良好成效。随后丹麦、德国和瑞士政府也纷纷实施类似项目，有效改善城市道路通行状况。

还有，许多欧洲国家陆续推行了很多相关的分享举措。一些国家政府鼓励共享设施和服务，例如推行合作社，包含许多形式的合作，如零售商合作社（共享制造商的折扣）、职工合作社（共享企业的股份）、消费合作社（共享零售和金融服务）、住房合作社（共享各种形式的住房股份、会员资格或入住权）、能源合作社（在许多国家，可再生能源发电的社区合作正变得越来越普遍）。其中包括西班牙政府扶持推行的蒙德拉贡合作社，其规模极大，母公司包含111个小型、中型和较大的公司。目前，它也是世界上最大的工人合作组织，已在全球范围实现150亿美元的销售额。①

有一些欧盟国家看到了分享经济成为拉动经济新增长的可能性，因此以较为积极主动的态度推动其发展，并大力支持各类项目。比如，Autolib是法国巴黎政府与波特利集团联合开展的"共享电动汽车"服务项目，该项目运用"企业运营+政府补贴"模式，希望达到公共服务和经济效率的无缝对接。据考证，截至2012年，该项目已经拥有3 000多辆共享汽车，运营站点增加到1 200个，并且将范围

---

① 参见胡利安·阿杰曼、邓肯·麦克拉伦和阿德里安·谢弗–博雷戈（Julian Agyeman, Duncan McLaren and Adrianne Schaefer-Borrego）教授作品《分享城市：写给那些参与"大创意"项目的朋友》（Sharing Cities, Written for Friends of the Earth's 'Big Ideas' Project）。

扩大至巴黎以外的其他城市。截至 2014 年 12 月份，Autolib 已经吸引近 4 万人共同参与。波洛利集团推出另一个共享计划——bluecar，每星期就会有 4 000~5 000 次租用记录，尤其是周末的使用率最高，在短短的 10 个月里已经完成了超过 50 万次的租用记录，共行驶了 300 万英里（482.80 万公里），预计在巴黎每年可减少相当于 22 500 辆车的排放量，即零排放行驶 4 000 万英里（6 437.38 万公里）。目前在巴黎街头已有 670 个可供 1 750 辆车停放的停车点，最终的目标是建设可供 3 000 辆 bluecar 停放的 1 050 个停车点。同时，政府要对汽车共享组织或企业实施严格的监督。

　　一些政府在分享经济领域虽没有大力推动的措施，却也有所作为，比如明确地提出了或鼓励或反对的政策。如在租房领域，法国将短期租房视为合法化；2014 年 2 月，荷兰阿姆斯特丹通过立法对分享经济领域的 Airbnb 类家庭酒店业实现监管，是世界首个共享短租领域的立法法案。在法案中规定，出租者需申请"个人闲暇短租"许可证，建立"个人闲暇短租"新类别，允许本地居民将个人房屋在闲暇时间整体短租给外来访客，短租房屋可为自有住房或经房主同意的租赁房；房屋评估月租金须达到 958 美元以上（由相关机构根据其区域、房屋质量、环境等评估）才能获得"个人闲暇短租"许可。对非共享短租的限制包括同一租客不得连续短租 4 天以上，每房年整屋短租（非共享模式）不得超过 60 天。平台需要向房主及租客明示政府有关监管要求，每年向房主发送两次邮件提示法律规定。此外，还要求短租不得影响社区和邻居，如被投诉，监管机构可以取消许可；每房一批次接待短租访客不得超过 4 人，并向出租者征收旅游税 5%。

　　针对私厨外卖等共享餐饮的领域，德国成立全国统一的网络食品销售监管机构，规定网上食品供应商应在当地监管部门登记注册，以接受监督。

荷兰经济大臣汉克·坎普（Henk Kamp）于2015年7月也表示，将修改法律，出台更多技术中立的法规，以推动住宿、交通等领域分享经济的发展，让荷兰成为相关创新的第一个受益者。

在意大利一些城市，共享汽车可以在市中心的收费停车场享受免费停车待遇。这些措施既给消费者带来了停车便利，又降低了停车费用，吸引了一大批消费者。

欧洲议会工业、研发和能源委员会与内部市场和消费者保护委员会联合发布对数字市场新战略的立场文件，支持分享经济发展，赢得了欧洲议会所有党派的支持。立场文件表示，欢迎互助经济模式带来的竞争增加和更多消费者选择，就业市场更具包容性，敦促欧委会和成员国支持分享经济的进一步发展，消除人为障碍和相关法律法规障碍。欧洲议会希望欧委会审视现有法规是否可以解决人们对分享经济的担忧，呼吁欧委会保持支持在线平台创新的政策。

从欧盟2020年战略计划中也可看出欧盟非常重视分享经济的发展。该计划明确表示未来的商品和服务应加强智能、可持续和包容的特点，并且强调要重点创造就业机会，提升生产力与加强经济、社会和领土的凝聚力。①

然而在实现伟大愿景之前，欧盟国家仍面临许多问题。地方政府需要组建什么部门或机构来支撑分享经济战略和发展？如何令分享经济有助于实现各国城市的目标，例如减少碳排放、气候行动计划以及回收再生资源？如何在分享经济生态系统下激励城市公共投资和社区

---

① 欧洲分享经济联盟，《分享经济——如何应对优势、劣势、机会和威胁》（The Sharing Economy-Toolkit Based on Strength, Weaknesses, Opportunities and Threats）。

集中融资，例如投资孵化器和加速器、建设共享基础设施以及鼓励小型公司创新？当前哪些城市已经可以直接加入分享城市计划，而哪些还需要做准备？……

从政策法令来看，欧洲诸国（除英国以外）目前缺乏有针对性的政策框架和提供支持的机构，来规范这个新兴的领域。如果监管措施空白，可能会影响分享经济的创新和健康发展，甚至可能导致某些公司试图利用立法的漏洞来损害消费者的利益。

比如，芬兰对 P2P 借贷市场并没有明确的监管。对于企业的借贷业务而言，无须像传统银行一样遵循严格的审查程序，虽然可以降低 P2P 贷款的壁垒，加快贷款交易的时间，但同时对客户利益安全的保障也变得薄弱了。

荷兰对于 P2P 平台的计税和安全问题还未明确，Shareyourmeal 客户在分享餐饮过程中的盈利是否需要上税不得而知。可以设想，若客户在分享餐饮时生病了，该如何负责任？类似问题都将使用户在参与分享经济时产生顾虑。在创新方面，虽然荷兰政府创新机构对 Peerby 表示大力支持，但是当其要求创新津贴时，却因政府部署的补贴计划只针对短期的循环计划（1 个月已算长期了）不适用于这种新型创业计划而没有了下文。①

欧洲分享经济联盟

虽然在推行分享经济的路上困难重重，但是欧洲委员会前副总裁内莉·克勒斯（Neelie Kroes）曾发言："事实上，无论是出租车、住

---

① European Union, *The Sharing Economy Accessibility Based Business Models for Peer-to-Peer Markets*.

宿、音乐、航班、新闻或其他业务，数字技术都正在改变我们生活的方方面面。我们绝不能忽略、逃避或试图禁止创新带来的许多挑战。"足见其积极乐观的态度。为了解决这些问题，欧洲成立了分享经济联盟组织，并积极向欧洲政策制定者提供切实的数据和集思广益得出的解决方案，以促进欧洲分享经济的发展与创新。欧洲分享经济联盟帮助欧盟监督分享经济的推行过程，并提出了"MASSIVE"方针计划。其中"MA"指促进分享经济的主流办法是通过宣传来提高认识、知名度和提升政策的领导能力；第一个"S"是指通过倡导公平和合理的规定来维持分享经济，确保其经济成为欧洲政治上的首要任务；第二个"S"是指针对欧盟国家间的可扩展性和可效仿性，可树立实践情况最好的国家表率，并由它带领其他国家逐步发展分享经济；最后的"IVE"是指通过提高欧盟对分享经济的投资，在欧洲全部城市中开启相关的试点项目和平台。

欧洲分享经济联盟还针对欧盟政策制定者提出如下建议：

1. 创造一个利于分享经济企业发展的环境，鼓励他们创造更多经济收入。必要时，可推行更智能和更有针对性的规定。

2. 重视分享经济企业，要将他们视作 P2P 市场的促进者，而不是传统的雇主。

3. 只有当市场失灵时，才可将立法视为一种辅助手段推出。

4. 公平对待 P2P 业务和传统业务的竞争关系。

5. 基于大数据和市场变化，灵活地制定决策和测量其影响。

6. 促进地方政府和城市学习分享经济机制，并规划合适的规则和基础设施。

其他欧洲多国的组织也为鼓励分享经济，实现《欧盟 2020 战略计划》——视"分享"为整合欧盟的创新政策，相继推行了许多政策条例。比如：为扶持分享经济的初创企业，公共部门应提供更多的金融支持，例如对市场数据的收集（CAPs projects of DG Connect）；在众筹领域发布白皮书和咨询结论（DG Growth 和欧洲众筹网）；欧盟委员会将探讨协作和参与消费的可能性（DG Health，2015 年 7 月）；设立微型创业组织的许可和自由进入欧盟的劳动立法（专业资格证书修订指令）；支持设立通用的 P2P 金融立法（金融服务修订指令）；通过了分享经济的应急反应方案和弹性规划提议（DG Environment Impact Assessment Reviews）；组建更多的跨部门联盟，自上而下地开展重点宣传（P2P 住宿联盟）；建立欧盟的分享城市智能网络（夏尔巴人组会，2014 年 3 月 31 日）；在目前的产品设计中更多地关注产品寿命的临终阶段，为客户寻求持久的、可共享的产品设计（欧盟生态设计修改指令）；在公开的欧洲议会和欧洲公民倡议中，强调分享经济和职业自由人就业的重要性（欧洲选举活动，2014 年）；为电子支付的消费者制定有效的保护措施（欧盟消费者议程、电子支付修订指令和 BEUC）；支持地方区域高速宽带项目的直接融资（欧盟数字议程发展协会）等。①

---

① 延展阅读：欧洲分享经济联盟，《分享经济的优势、劣势及面临的机会和威胁》。

第九章　澳大利亚——人气越来越高

2015年，澳大利亚国家字典中心将"分享经济"选定为国家年度热词。正如澳大利亚国家词典中心主任阿曼达·劳格森博士所说的那样，2015年，分享经济在澳大利亚有着非常显著的表现，因为Uber等出行分享服务进入澳大利亚后引发广泛关注与讨论。

澳大利亚人的"新宠"

Vision Critical（关键愿景）与Collaborative Lab（分享经济组织协同实验室）合作发布的澳大利亚分享经济的调查报告显示[①]，43%的居民认识或理解分享经济行为，61%注意到分享经济服务，其中27%关注了Uber、20%关注了Airbnb、17%关注了Kickstarter、16%关注了Goget、15%关注了CouchSurfing等分享经济公司。

报告还显示，其中53%受访者曾在去年参加过分享经济的活动。在分享交通领域，参与过拼车的有34%，参与汽车共享的有10%，参与摩托车共享的有10%。在分享P2P零售货物领域，有11%受访

[①] 延展阅读：关键愿景与分享经济组织协同实验室，《澳大利亚新兴的分享经济》。

者曾参与。在分享住房领域，7%参与房屋交换活动，22%参与房屋分享活动。在分享金融方面，9%参与众筹活动，8%参与P2P金融。

那么这些用户都是以什么身份参与分享经济活动的呢？35%受访者以供应商的身份参与，76%以顾客的身份参与，18%既作为供应商又作为顾客参与。另外，15%以交换者的身份参与，主要指参与交换物品和服务，却不涉及金钱利益的情况。

参与过分享经济的受访者表示，其动机主要有以下几种：节省金钱、尝试新服务、方便、不喜欢占有、保护环境、期待更多的合作以及看到了分享经济的价值。由于受益良多，所以很多参与者表示未来会再次参与分享经济活动。其中75%来自参与过分享交通的受访者、65%参与过P2P货物、64%参加过分享租房、60%参与过分享金融。同时，参与的人中9%已将分享经济服务完全视为传统服务的替代品，20%表示会经常参与分享经济，44%则表示只是偶尔参与。

另外，也有63%受访者虽然目前并未参加但是期待未来能够参与分享经济。其中36%表示将参与分享交通、36%将参与分享住房、19%将参与P2P货物、18%将参与分享金融。但是，这些人仍对分享经济有一些顾虑：38%并不知道如何涉足这个领域，33%担心遇到诈骗，31%考虑到信任问题，还有22%不相信卖方或供应商的可靠性，12%表示不想被这种新兴服务所打扰，6%则并不知道如何进行论证。

最后，大约33.3%的受访者看好分享经济，认为它一定会继续蓬勃发展，但有62%则表示不确定未来会如何发展。

其他相关调查也有类似的发现。受任务分享型社交平台Airtasker委托，Pure Profile开展了一项《工作调研监测的未来》（Future of Work Research Monitor）研究，通过调查全国范围内1 004名有工作的人发现,将近43.5%的人说,他们今年想找一份新工作,92%的人希望赚点外快,68%的人说,他们正在考虑通过"分享经济"社交平台实现这一目标。年轻族群对灵活工作的渴望和寻觅新机遇的意愿较高——4%的受访者表示,他们已经开始利用这些在线平台了,其中25~34岁平台使用者的比例达到了10%。

行业发展状况

据澳大利亚竞争和消费者委员会(ACCC)调查,最近几年分享经济在澳大利亚已经开始快速成长,尤其是在交通和住宿行业,如外来企业Uber和Airbnb已变得家喻户晓,扰乱了本土传统行业知名企业。其他分享业务包括P2P贷款、共享任务、服务、家庭用品等也在不断扩张。

澳大利亚企业Mindahome则为旅行者提供了新的分享经济思路,提出"顾家度假"的概念。很多希望出去度假的人往往面临宠物无人照管的困难,Mindahome提供一个平台,使愿意照顾宠物的人们可以自由交换度假居住场所。出门旅行的人可以选择住到同样出门度假的房屋主人家里,帮其照顾宠物和房屋,同时可以节省酒店的开支,并享受屋内的各种设施用品,体验家一般的居住体验。而房屋主人则可以节省寄养宠物的麻烦和费用。Mindahome目前已经帮助超过一万名澳大利亚的宠物主人寻找到愿意照顾家里的旅行者,也有上万名旅行者借助该平台实现了多地的完美旅行。

另外,Airtasker的执行长蒂姆·冯表示,Airtasker任务分享型社交工作平台从2014年推出以来,用户数量已经从最初的7万人增长到今天的21万人。人们可以在该平台上发布任何"任务",从低技术的体力劳动到市场调研等专业服务。如今，该平台每年要处理价值约1 000万元的工作。

澳大利亚政府态度

澳大利亚政府是分享经济积极的支持者。目前，悉尼出现了一种政府主导+企业运营的模式。目前，悉尼政府已设立400多个专属停车位来运营共600多辆共享汽车，为了鼓励消费者使用共享汽车，政府将会给予共享汽车一定的停车优惠，并已将"汽车使用共享"计划列入"悉尼2030"城市发展规划，并且给予足够的重视。由于该计划的核心是方便且实惠，据悉尼市政府统计，目前全市已经有6.4%的家庭使用共享汽车出行，超额完成了预期目标，"汽车使用共享"计划产生的社会效益是成本的19倍。为此政府又为2016年设置了将比例提高至10%，在2023年内达到22名会员共享一辆汽车的目标。除了悉尼市，德国不来梅市也通过此模式成功利用汽车共享替代了1 000辆私家车。[①]

分享经济正在改变澳大利亚人买卖商品和服务交换的方式，同时，也改变了人们对私人物品和公共资产之间界线的思考方式。澳大利亚工党致力于保护澳大利亚工人、消费者在分享经济活动中的劳动权益，因此制定了明确的分享经济劳动原则。内容如下：[②]

1. 主要的劳动属性是分享。具体的分享经济规则和条例应该广泛适用于澳大利亚人使用个人基本资产提供服务的各种情况，同时为了避免消费者产生过度的监管负担，应适度调节限制的力度。

---

① 周溪召等，《我国汽车共享运营模式的可持续发展研究》。
② 延展阅读：澳大利亚工党，《国家分享经济原则》。

2. 这种新型的分享服务必须保证良好的工资和工资条件。分享经济服务不应削弱澳大利亚工人的工资和条件。雇用劳动力的公司应该确保他们给出的定价和合同符合行业标准。

3. 所有人都必须支付合理公平的税款。分享经济公司必须按照澳大利亚标准公司税率纳税。由于分享经济活动发生在线上，所以简化税率计算非常有必要。分享经济公司在申报纳税时应该收集线上税务档案号码或澳大利亚商业号码，并且上报实际年利润数据。

4. 妥善保护公众安全。一方面，分享经济公司必须设立适当的保险政策来降低客户和第三方的风险，并且应该与保险部门合作，开发出适用于保护个人分享经济资产——比如用于分享的汽车和房屋——的保险产品。另一方面，分享经济服务应严格遵守澳大利亚消费者法的规定，同时在使用这些服务时，澳大利亚人有权对产品安全、欺诈行为和消费者利益进行维权。

5. 兼顾所有情况。鼓励分享经济平台为残疾人士提供服务，例如，Uber 协助提供的残疾人助力轿车服务。澳大利亚人权委员会需要权衡管辖范围内哪些地方为残疾人士提供的服务可能无法达到标准要求，并有权稍做调整来提高可行性。

6. 严格执行规则。在制定法规时应该全方位考虑各种情况，并且应尽量减轻分享经济发展的负担。但是当确立了相关的法律后，就不允许澳大利亚人无视法律规则。严格执行立法，并对违反规定的行为零容忍。一旦有公司或个人触犯，势必受到严厉的惩罚。对于屡次违反法律的情况，政府应采取严打的行动，永久取消其运作资格。

国家与地方政府也将遵循以上原则，逐步开展监管法律的改革计划。澳大利亚竞争与消费者委员会和生产力委员会将负责监管活动的执行，确保法律被有效执行。

现有已经执行的法规主要在私厨外卖领域，澳大利亚政府规定任何家庭作坊式的食品加工以及外卖同样需要申请商号。并且规定肉类或鸡蛋必须要储存在 5 摄氏度以下的冰箱里，食品容器不可以混杂使用，所有的原材料都必须记载购买来源和批次，以保证任何原材料需要被召回的时候可以随时找出来。任何违反食品安全条例的外卖机构将会被处以 2 000 到 20 000 澳币的罚款。如果外国人在澳大利亚涉事，甚至有可能会被遣返回国。

第十章　韩国——放松管制，放手发展

韩国分享经济相比于英美起步较晚，是随着国外企业的进入才引发整个社会关于分享经济模式的思考和探索，但作为后起之秀发展却不显逊色。

2015年10月和11月，釜山市曾面向全市500名19岁以上市民做过一项相关调查，调查显示，至2015年11月，只有5.2%的市民表示听说并了解"分享经济"。而在我们前面提到的普华永道对美国分享经济的调查中，有大约50%的受访者表示听说过这类公司，其中还有很大一部分表示会在未来两年内使用这类服务。釜山是韩国第二大城市，经济发展程度和人口规模仅次于首都首尔，上述调查虽然存在样本范围小的问题，但仍能反映出分享经济作为一个新兴事物，在韩国依然有很长的路要走，更有很大的发展空间可以利用。

虽然起步较晚，但分享经济近年来的发展不可谓不迅速。根据韩国产业商务资源部统计估计数据，2015年韩国分享经济规模为4 700亿~7 300亿韩元，占全球分享经济规模的2.8%~4.4%。到2025年，预计韩国整体分享经济市场规模将达到84 900亿~131 500亿韩元。2016年1月，已有145家团体和企业在首尔"分享经济枢纽"网站（http://sharehub.kr）上注册，其中完全由政府设立的团体有4家，其他141家均为民间创业团体和企业或外国企业在韩分部。

纵观韩国现有的分享经济企业平台，能发现这些企业分别针对多样的需求开发各种各样的互联网平台，这些平台分布在各类不同的行业中，积极探索发展模式。

由首尔市政府支持运营的"分享经济枢纽"网站将注册的企业按其运营对象分成12大类，分别是教育、图书、物品、照片、影像和音乐、民宿、旅行、艺术、衣物、机动车、经验才能和知识，以及空间的分享。有的企业仅从事上述一种类型的分享经济业务运营，有的则涉及多种类型。除了人们容易理解的物品分享、住宿分享、车辆分享和知识分享以外，韩国的分享经济中还出现了把时间作为分享品的服务，比如Zipbob服务就是一种基于social-dining理念创立的互联网平台，它将有共同爱好的人通过网络聚集起来，提供给用户自行讨论并组织聚餐的平台，想要参加聚餐的用户只需要打开Zipbob网页，浏览并决定参加哪一次的聚餐即可。聚餐费用分为事前支付和现场支付两种方式，具体费用则视具体聚餐规模而定，Zipbob则与注册餐厅签订协议，从中抽取一定比例的聚餐收入。

除了在"分享经济枢纽"上注册的企业之外，韩国部分观察者将房地产信托基金类型的企业也纳入分享经济的讨论里。

典型行业发展情况

韩国民间企业大都是初创企业，大多在2011年之后成立。汽车分享、住宿分享和二手交易市场是表现最突出的三个领域，而最快成长企业集中在汽车分享领域。

汽车分享发展迅速

韩国分享汽车市场基本呈现由 SoCar 和 GreenCar 并立的局面，首尔市、水原市等市政府通过与民间企业家的合作提供这类服务。目前韩国汽车分享初创企业密集，行业领头企业迎来好时代。

2015 年 10 月份京畿开发研究院调查了在韩国 cckorea 注册的主要分享经济企业，①其中 80% 的企业资本金不足 1 亿韩元，企业人员不超过 5 名，大多是初创企业。但与此同时，GreenCar 和 SoCar 作为目前汽车共享领域的领先者，依然获得了外部融资。汽车租赁业的领头企业乐天租赁在 10 月以 10 200 亿韩元的高价买入市值 7 000 亿韩元的 GreenCar 47.7% 的股份，SoCar 也接受了大企业 SK 集团的资金，后者以 590 亿韩元获得了其 20% 股权，这表示汽车共享市场的价值得到进一步认可。

韩国京畿开发研究院 2015 年 4 月的调查显示，共享汽车市场的主要用户是年龄在 20~40 岁之间的男性职场人士和无车人士，每月使用次数不足 3 次的达到 90%。使用理由中，相对于大众交通更为便利，没有其他交通手段等占据多数；而通行目的在平日里以旅行、购物居多。出现车辆共享之后，人们关于延迟处置现有车辆和购买新车的意愿为 51.0%（其中延迟 5 年以上的占 8.7%）。由此，保守估计共享 1 辆车能够替代 16.8 辆机动车，车辆分享经济能够抑制机动车数量增长，提高出行自由度和便利度，减少温室气体排放，激活大众交通，缓解停车位不足的压力。

共享汽车服务类型中，韩国主要是公私合营的形式，首尔市、水原市等由公共机关支持的服务与 GreenCar、SoCar 等民间专门企业支

---

① 延展阅读：韩国京畿开发研究院，《汽车分享的经济社会性效果》。

持的合作提供服务。公共团体的事例还有 LH 公社面向出租公寓提供的"LH 幸福车"服务，而专门共享企业除了 GreenCar、SoCar 以外还有 Citicar 等企业，已有的汽车租赁企业如 KT rent-car、AJ rent-car 等也开始进入共享汽车市场。

截至 2014 年，GreenCar 已覆盖 702 个服务区，注册有 1 067 辆车，而 SoCar 也覆盖有 702 个服务区，已注册 1 002 辆车。二者主要在首都圈提供服务，80% 左右的服务区在首都圈范围。两个企业截至 2014 年末的会员数分别为 22 万人和 18 万人，这一数字在 2015 年 1 月都突破了 50 万人，其中 SoCar 更是在 2015 年 8 月率先突破 100 万会员数，增长速度极高。

SoCar 是韩国分享汽车领域的龙头企业，这家 2012 年以 100 辆共享车辆开始从事汽车分享业务的企业，凭借抢先占领首都圈分享汽车市场的优势和大力推广，以及针对不同种类车型设计的合理支付机制，尤其吸引 20~40 岁年龄层的韩国民众 100 万人，全国有 1 600 余处驻点，SoCar 车 3 100 余辆，2015 年上半年销售收入 180 亿韩元，发展迅速。目前该服务主要限于大城市，企业负责人表示将会在 2016 年继续在韩国其他中小城市推广此项服务，不仅如此，SoCar 还与拥有 16 万司机会员的韩国打车软件 Kakaotaxi 合作，将道路交通服务进一步智能化和便利化，届时可能会有更快的增长。SoCar 以迅猛发展的姿态将分享经济这一新型经济模式带入韩国的经济生活中。

全球已有 60 多个国家 1 000 多个城市使用汽车共享服务，韩国截至 2014 年的会员数为 496 万人，自 2008 后增长了近 40%。韩国的汽车共享市场尚未饱和，除了首尔、釜山等大都市以外的其他城市以及中小城市目前较少利用共享车辆出行，仍存在较大的成长空间。

Airbnb 引领分享住宿发展

与分享汽车市场不同，韩国的住宿短租市场发展较早，长期以来，面向留学生、外地游客提供的客房在韩国各大城市都不罕见，但分享经济出现在住宿市场之前，提供房屋住宿的个人通常的做法是将自己的房屋情况介绍和提供住宿相关的事项上传到个人网页博客，或者通过委托之前的房客撰写住宿体验和攻略的方式吸引房客，总体上双方都需要付出一定搜寻成本。韩国目前就利用互联网平台提供短租这一市场而言，仍以 Airbnb 为代表的率先在韩国提供住宿分享平台的外国企业占据绝对优势。据 Airbnb 韩国负责人李准圭所说，2014 年 4 月到 2015 年 4 月一年间，全球用户通过该平台到韩国旅游、访问的人数达到 18 万人，与之前年度同比上升 294%。韩国市场成长的速度在整个亚洲区域内也是很高的，韩国越来越成为亚洲重要的旅游国家，Airbnb 公司认为，在未来随着出游韩国的人数增加，公司在韩市场也会有进一步的扩展。

本土初创企业在市场扩展、推广营销、引入融资等方面目前仍面临较大挑战。代表性的本土互联网短租企业有 Kozaza、BnBhero 等。

二手物品交易活跃

根据相关数据估计，韩国目前整个二手交易市场规模约 18 万亿韩元，其中线上交易规模约 10 万亿韩元。进行交易的二手物品按类别有衣物、美容用品、优惠券、日用杂物、育儿用品、家具、家电、机动车和自行车等等。在韩国各大搜索网站如 Naver、Daum 等都有一项名为"二手交易"的子栏目，专门用于用户上传二手物品照片、提供二手物品使用情况和期望报价，以及个人联络方式。这类网站访客量庞大，具备天然的用户基础。此外，韩国也有像 Joongkonara（意为"二手天地"）、Open Closet 这样专门用于提供二手物品交易的网站和应用软件。

与韩国整体二手交易市场相比，线上规模约为一半以上，但随着互联网经济发展和分享经济理念的认同感提高，下载二手交易应用和注册二手交易网站会员的人数有增长趋势，目前利用互联网进行二手交易的用户数量约为韩国全体国民数量的 1/4。

分享经济兴起原因

小户家庭带来的变化

随着经济社会发展到今天，韩国人中独身者和丁克家庭的比率在上升，越来越多的人更偏好一个人或者仅有两个人居住在一起。除此之外还有经济方面的原因，使得如今的韩国家庭中小户家庭的数量一直在增长。根据韩国统计厅的数据，一人户家庭的比重占全国的 25.6%，也就是说在韩国有 500 多万户家庭是一个人构成的。小户家庭（1~2 人）的比重则已经超过了 50%。家庭结构的变化必然伴随着生活需求方面的变化。以机动车需求为例，一个三口之家或四口之家出行时，为了准备孩子的衣物、奶粉和婴儿车等，家里拥有一辆车是更为便利的选择。SUV 车在一段时间占据了主流，但在仅有一两人构成的家庭里，机动车未必就是一件必需品了。尤其随着科技的发展，韩国的 KTX 铁路可以连接除了济州以外的几乎各个地方，在市内也有很方便的市内公交系统，几乎只在目的地是交通手段很难到达的地方时才会需要使用私人机动车。买房的需求与机动车需求类似，也呈现出下降的趋势。韩国家庭的收入在小户家庭比重上升、就业难度增加的大背景下，自然有所下降，与之相反的是房价却在政策支持、不动产业景气下不断上涨，因此比起买房，租房更成为人们解决住宿问题的途径。

"自有"财产需求的降低，为以"分享"使用权为理念的分享经济提供了发展空间。韩国分享车辆市场的高速发展和分享住宿市场的大范围覆盖也印证了这一点。关于生活方式和意识的变化经常是潜移默化又持久深远的，当"自有向分享转变"的理念越来越深入人心时，分享经济就得到更广阔的发展天地；反过来分享经济日益渗透进人们生活的方方面面时，又会强化人们对于分享经济的认同和拥护。

国民经济增长低迷

在过去 10 年里，韩国经济呈现出快速发展，引人瞩目。然而如今这样的好日子似乎已不再。韩国十大财团之一的三星集团所属的三星电子曾在国际市场风光无限，击败了许多日本、欧洲的电子制造商，而现在三星电子的竞争力似乎不再强盛。曾经为三星、LG 和苹果手机三家独大的韩国智能手机市场如今也悄悄被华为、小米等中国智能手机制造商瓜分着市场蛋糕。其他韩国企业巨头如现代汽车、LG 电子以及大量造船企业也出现了困难。种种迹象表明韩国经济已经开始碰壁，经济增长率长期低于 4%，至今增长缓慢。

经济低迷的环境下，人们收入提高受限，过度消费观念相应减小，并且越来越多的人开始认同"比起自有，分享更好"的协同消费观念，从收入最难以负担的住房开始，扩展到机动车、儿童物品等其他消费领域，从更加经济实惠的角度进行生活中的消费决策。

智能手机普及率高

  SoCar 代表金智满在谈及企业在成立不到 4 年间成就高速发展时提到，这一高速发展很大程度上受益于韩国很高的智能手机普及率以及通信网络发达的优势。分享经济的一大要素就是基于互联网平台，互联网将需求者和供应者连接起来，节省双方的搜寻成本，高效匹配供需双方并解决问题，将各自分散的需求赢利点集合成庞大的需求网络空间，从而创造价值。韩国发展分享经济的一大优势在于其互联网系统发达，智能手机的普及也给相关企业推广线上服务提供了良好基础。

  韩国智能手机普及率相当高，2013 年 6 月美国市场调研公司（SA）发布报告称，2012 年韩国的智能手机普及率为 67.6%，比世界平均值 14.8% 高出 3.6 倍，首次成为世界第一。到 2015 年，这一数字达到 83%，位居世界第四，仅次于阿联酋、新加坡和沙特阿拉伯。手机早已成为人们生活中的重要组成部分，人们通过手机进行购物、上网、银行交易、发送电子邮件、听音乐与聊天等。韩国主要电子制造商 LG 和三星电子分别是世界第四和第二大手机制造商。智能手机通常采用分期付款签约购买的方式，电信运营商推出各种各样的话费流量套餐和手机绑定销售，分期付款期限通常为 1~2 年，用户每月分担的包括通信费在内的费用一般为 40 000~60 000 韩元，月负担较小。

  韩国的通信网络技术在全球范围内是领先的。早在 2011 年，韩国就进入了 4G 时代，在 2013 年上半年，4G LTE 网络已覆盖全国 41% 的手机用户。2013 年 6 月，韩国电信运营商 SK 电信在首尔及其他部分城市推出了世界上第一个 LTE-A（LTE-Advanced）网络，推出14天后，LTE-A使用者已超过15万，这是全球首个开启LTE-A商用的运营商。该网络支持每秒300Mb的下载速度，相当于28秒完成一部1GB电影的下载，是第四代通信网络LTE下载速度的4倍，是第三代网络通信技术下载速度的21倍。而韩国的无线网络覆盖也很高，连海边和地铁里面都可以使用Wi-Fi，通信公司在每个学校都铺设了Wi-Fi，餐厅和咖啡厅如果没有Wi-Fi更是没有生意做。首尔市政府还于2016年1月起，在首尔市内地铁覆盖超高速公共无线网络，以解决地铁车厢内网络速度慢的问题。

政府鼓励创业

韩国经济发展中面临的一个重要问题是越来越多的大企业垄断现象。2015年韩国前十大集团分别是三星集团、SK集团、现代汽车、LG集团、韩国电力公社、Posco、GS集团、现代重工、乐天集团和韩国气体公司（KOGAS），这十大集团实现的全年收入为10 900 160亿韩元。

大企业的垄断地位使得中小企业的生存空间被不断地挤压，然而中小企业是社会90%就业岗位的创造者，它们的发展与很多人的生活和工作息息相关。中小企业发展面临困境，导致了更多的人失去工作或薪资减少，社会消费的动力也会随之产生不足。韩国大企业势力日益增强对国家存在"大而不倒"的问题隐患，一旦大企业出现问题，其影响将远远不止于一家企业陷入困境或倒闭，而是会撼动整个国家经济，这对于政府来讲是很可怕的。大集团垄断越来越被认为是经济发展的障碍，政府近年来也开始推出各项政策鼓励创业，正是政府认识到垄断的危害，并予以改善的努力表现。

从这一点来说，政府鼓励发展分享经济是政府鼓励全社会创业的一个子项政策选择。自从 Uber、Airbnb 进入韩国市场，最先在韩国年轻人中间掀起共享热潮，并且出现了更多其他方面的分享平台，满足多样化的需求。有需求就有价值，从 2011 年开始民间分享经济创业团体和企业如雨后春笋般设立起来，韩国创业者对于分享经济的青睐和热情让政府看到分享经济的活力，从而使政府有支持民间企业创立分享经济模式和平台的动机。

韩国政府态度

韩国政府对于分享经济的重视和态度，使得分享经济在韩前景非常明朗。2015 年 12 月，韩国企划财政部（Ministry of Strategy and Finance）首次宣布拟将分享经济纳入制度层面管理。2015 年 12 月 8 日，企划财政部正研究在"2016 年经济政策方向"中包含分享经济相关政策的方案，计划确定后，将成为分享经济扩散的国内最初政策支援事例。企划财政部拟从汽车分享和住宿等产业形式比较明晰的部门开始接触，并研究相关规制的完善和推进特定地域的示范产业。在韩国，Uber 及 Airbnb 等被判决为不合法，因此，政府比较关心的是警戒将"以什么范围，到哪种程度"予以放开。

韩国政府拟对有突出贡献的企业给予资金支持和宣传帮助，还计划于 2016 年对相关法律法规进行调整以适应分享经济的发展。拟将分享经济做成服务新产业的政府层面的努力也变得可视化。2016 年 2 月 17 日在青瓦台召开的第 9 届贸易投资振兴会上，政府将分享经济纳入了四大新服务市场的开拓方案中。

政府计划首先打造对于分享经济的法律性、制度性基础，致力于将其纳入制度圈，从而促进创业及新的企业活动。具体来说，促使以

"移动平台基础中介交易"为特性的分享经济能够适用以"直接交易"中心的既有法律制度,完善消费者保护和卫生、安全等存在问题的部分从而促使健康成长,并最大化活用分享经济特有的自律规制系统。另外,为最小化其与既有经营者的利益冲突,采取均衡接近的方针。从增长可能性相对较高,且有市场需求存在的住宿、车辆、金融产业促进制度改善。但并非单方面地促进制度改善,例如在住宿产业,在预想到既有旅馆、宾馆等利害关系从业者的反对及冲突等可能存在时,示范性地导入规制自由区等从而予以柔和应对。分享经济的理念在 2016 年内首先引入釜山、江原道和济州岛等规制自由区。至 2017 年,韩国将通过修改国家住宿业相关法律,使之合法化。

韩国政府对分享经济的发展的支持,以地方政府最为积极,首尔市政府更是于 2012 年便开始推进分享城市建设。

从地方立法来看,韩国的部分地方政府(主要集中在京畿道、首尔市、釜山广域市、城南市、全州市等地区)颁布了针对分享经济的法律法规,具体情况可参考附录。

分享经济不是分享"所有"物品、空间、信息等,而是通过互相借予而提高资源的经济、社会、环境价值的活动。上述各项条例中包括了,为促进分享经济的支援中心设置和事务委托、分享事业参与团体或企业支援方案、分享促进委员会设置及运营等内容。其共同点是要求各地区的市长(区长)应组建共有促进委员会,并定期制订一份促进分享经济的具体计划。条例正式施行后,对民间企业或团体的分享活动的行政、财政性支援将成为可能,不仅是公共部分,甚至民间部分的分享经济参与活动也将更上一层楼。

以城南市为例,其在条例制定之前即开展了市政厅会议室的市民借用、健身房开放、儿童乐园玩具借用,甚至市民停车场的建成、开放等多样化的分享事业。城南市还计划积极培育并支援分享经济事业，使市民能够享受更多的优惠。

政府表态将在 2016 年 6 月份前制订针对培育以 Airbnb、Uber、Kakaotaxi 为代表的 O2O 产业的综合计划。这些计划中对各项规定的放松将是核心。吸取 Uber 在韩发展步伐由于与基本出租车企业的冲突而受阻的教训，政府意识到对于这类企业的束缚规定必须要放松。

在监管方面，韩国政府对于分享经济典型企业 Uber 和 Airbnb 的态度并不宽容，二者先后受到来自韩国国土部的罚款指令，尤其是 Uber 的专车业务和 Airbnb 平台上的超短期租赁业务被认定为非法，Uber 公司更在韩国首尔等大城市遭到了出租车行业协会和司机协会的多次集体抵抗。

总而言之，原有的法律对于分享经济的发展有一定的约束和阻碍，但政府有可能在不久的将来就分享经济这一产业形式创建新的较为宽松的政策环境，分享经济将能成为"政策的宠儿"。

第十一章　中国港台地区——破土萌芽

在亚洲，分享经济给传统商业模式带来巨大的冲击。分享经济活动有助于减少资源浪费，而不是从传统的企业中抢走商机。分享经济的目的是从共享资源中获得利润，相反，传统经济的思想是拥有资源再买卖谋利。

推动发展的原因

香港互联网注册管理有限公司（HKIRC）在 2015 年 6 月的一项针对近 1 500 名互联网用户的调查显示，近 30% 受访者曾参与过分享经济的相关活动，当中近 50% 的新用户群组表示有 1~3 次参与共享活动的经验，82% 受访的互联网用户为分享经济的消费者，表示已把分享经济当作新的消费模式。香港最常见的三种共享活动是私家车共享、网上集资和房间住宅出租。

香港人认为除了节省金钱外，共享活动可以带给他们有趣和愉快的经历，并且它是易用的、高效的。同时，调查结果也证明教育是改变观念的关键，因为互联网用户过往的参与经验、教育程度和共享活动有显著的关系。使用者以高学历人士为主，74% 拥有大专或以上学历。

推动香港人热衷分享经济的原因包括从重新分配闲置资源而获

得的经济报酬、人们享受分享活动过程、能从分享行为中获得的满足感等。

至于台湾,据台湾经济研究院分析,首先,台湾网络整备度高。2014年全球网络整备度指标(NRI)排名第14,经常上网人口数超过1 100万。其次,地狭人稠的地理环境带来了发展的机会。在人口密度高的台湾,更应通过分享经济充分利用闲置资源,提升资源使用效率。再次,国际知名的Airbnb、Uber、Sculfort Marina等纷纷进军台湾,引起热烈的反响。最后,本土初创企业的萌芽获得了人们的喜爱。共乘平台Carpo、物品及空间出租平台"租生活"、项目外包平台"爱苏活"等,皆是以分享经济模式运作。

台湾的共乘平台Carpo,上线不到一年,共乘数即破万笔,平均每月吸引超过250位会员加入。2012年12月,吴敬庭召集7人小组在台北成立了Carpo,2013年3月正式运营。Carpo建立了可同时通过计算机网站及App使用的共乘平台,驾车者发布信息搭载顺路的旅客,乘客也能发布自己的共乘需求信息,不需要将手机、App账号等个人信息提供给对方,即可获得安全便利的共乘服务。

目前的争端

和所有新兴产业一样,分享经济也面临着一个法律的灰色地带,略显尴尬。在香港的法律中,导游必须持有证书。为游客安排旅游、食宿或交通等,一直被视为旅行社的专利。很显然,分享经济平台的用户大多没有旅行和导游证。香港旅行代理商注册处也表示,这些网站可能违反了旅行代理商条例,如果他们被检控和举报,最高可被罚款10万港元及监禁两年。除了第三方保险存在的问题外,出租车司机也提出对 Uber 的联合抵抗游行，他们抵制这些"黑车"抢他们的工作。

台湾也遇到了相似的尴尬困境。据台湾经济研究院分析，在金融领域，有关规定明确指出"非银行不得经营收受存款或视为存款的业务"。在短租领域，短期租房被定义为观光旅馆、民宿或旅馆，经营前必须取得登记证。在交通领域，发生交通事故时平台是否提供司机及乘客保障、私家车提供载客服务是否侵害出租车业等问题尚未解决。在二手物品方面，贩卖二手物品的网络平台是否同样受消保法七天鉴定期管制也未有定论。

地方政府态度

新上任的香港特区政府资讯科技总监（OGCIO）杨德斌出席HKIRC以"分享经济：机遇与威胁"为主题的第 7 届数码市场研讨会表示，看到出席研讨会人数众多，已理解到香港市民对分享经济的关心。他认为 10 年后分享经济将有 3 000 多亿美元市场，市场机会巨大，《时代周刊》更提到分享经济会是改变世界未来的十大想法之一。杨德斌在提到分享经济的挑战时也表示，其实香港政府也很支持创新，数码港和科技园都有支持初创企业的计划，不过创新想法遇上传统思路时难免不协调，法律应该尊重，如果有法可依的事应该遵从。即使有创新想法也不代表能不理法律，法律难免滞后于创新，这是全球都有的现象。他鼓励创新者、监管机构、消费者和参与机构都找寻方向达到共识，行出一条既不损害既得利益者，也不违反法律的道路，创出新的局面。HKIRC 行政总裁谢安达也认为，分享经济模式减少资源浪费，已是大势所趋，调查显示香港的消费者已准备好接受这新模式，这可能会对传统行业有冲击。对于 Uber 车主及职员被高调拘捕，他认为事件只是小风波，大势不会因此消失。

台湾经济研究院针对政策提出了如下改进方案。

首先，需要对有关规定进行调整，包括跨部会协商和规定调适作业。跨部会协商指先行针对具有争议之议题或极具发展力之领域，邀请相关单位进行了解分享经济之本质与发展性，并协助各利害关系人进行沟通协调。有关规定调适作业针对可能抵触现行有关规定之相关共享服务加以盘点，让共享服务业者、民众与既存业者厘清管制规范，再个别讨论各领域该如何让共享服务符合台湾有关规定。对于不合时宜的有关规定，拟讨论松绑分享经济各领域相关条例之可行性，建立促进分享经济发展之依据。

其次，创建平台，促进各界信息交流。通过举办座谈会等活动，集结产、官、学、研之多方会谈，建立各专家学者、从业者与当局间之链接，实时掌握产业动态、厘清从业者需求，并共同讨论最佳解决方案。鼓励民间建立共享信息整合平台，提供民众的衣食住行娱乐等共同需求信息，整合各领域从业者所提供之服务。同时亦可提供企业在经营管理、供应链管理、顾客管理等方面的相关功能，协助新创企业或中小企业通过平台资源得以快速发展。

最后，促进发展。提倡与宣传分享经济之本质与重要性，通过文案、举办会议等相关活动提高各界对其认识。拟结合地方与台湾当局资源之力进行推动，例如台湾OTOP发展地方特色旅游，可将2014年票选出苗栗、彰化、花莲等10条民众最想造访的重点旅游路线，与民间共乘平台从业者合作，共同推广民众善加利用共乘服务，以期在推广地方特色时，降低当地旅游交通拥塞。[1]

---

[1] 延展阅读：台湾经济研究院区域发展研究中心，《共享经济崛起对台湾中小企业之机会与挑战》。

纵观各国，也可以发现一个共同现象，分享经济由产业创新带动，自民间崛起，受政府支持，才得以高速发展。美国、英国、韩国、澳大利亚、加拿大等国家政府的态度，可以说各有特色，在一定程度上也代表了决策者的几种不同的视角。这对中国而言，将有着重要的启迪。

随着分享经济席卷全球的浪潮，分享经济在中国大陆也获得了高速成长。近几年来，滴滴出行和途家网先后跻身全球独角兽公司，而猪八戒网、人人快递等一大批代表性平台也快速实现了跨越式发展。分享经济在国内呈现出全行业开花的趋势，快速渗透到许多细分服务领域，演化出众多的创新模式。

然而，中国的分享经济创新创业仍处于成长期，高潮远远没有到来。经过几年快速发展，暴露了不少有待解决的问题，从分享经济在世界各国的发展情况来看，这些问题需要在民众、平台企业和政府三方的共同努力下才能圆满解决，分享经济也才能够走向更广阔的天地。

第三篇

中国篇：见龙在田

第十二章　分享经济发展现状及问题

当前，分享经济正在全球高速发展，成为金融危机之后经济增长的新亮点。分享经济借助创新平台，以更低成本和更高效率实现经济剩余资源的供需匹配，达到了"人尽其能，物尽其用"，取得了巨大成功。根据初步统计，2015年分享经济在全球的市场交易规模约为8 100亿美元。分享经济在我国的发展方兴未艾，在租赁、出行等领域的创新取得了显著成绩，中共十八届五中全会公报中也提出发展分享经济，但目前分享经济的发展还面临一些问题，值得我们重视和解决。

分享经济释放经济发展新动能

随着科技的发展，生产力和社会财富快速提升，经济过剩成为全球新问题。经济过剩带来了经济剩余资源，在企业层面体现为闲置库存和闲置产能，在个人层面则表现为闲置资金、物品和认知盈余。分享经济，可以通过大规模盘活经济剩余而激发新的经济效益。正如李克强总理在2015年夏季达沃斯论坛指出的：分享经济是拉动经济增长的新路子，通过分享、协作方式搞创业创新，门槛更低、成本更小、速度更快，这有利于拓展我国分享经济的新领域，让更多的人参与进来。

目前我国分享经济在许多领域取得了不错的成绩：在闲置房产领域，一些网站通过以租代售的分享方法，催生了旅游住宿新模式，促进了旅游经济的发展；在劳动服务领域，在线服务众包模式得到社会认同，目前已创造了上千万的就业机会，极大缓解了就业压力；在交通出行领域，滴滴顺风车仅在春节前就输送81万人合乘返乡，一定程度上缓解了春运运力不足的问题，体现了分享经济化解社会问题的强大适应性。另外，在制造业领域，分享经济带来的生产革新也开始萌芽，已出现了分享供应链和通过以租代售化解企业库存的做法。

当前，我国的分享经济正从交通出行和住宿领域拓展到个人消费的许多领域，同时企业端市场也正在逐渐成型。随着分享经济的发展，"闲置就是浪费、使用但不购买"的新消费观念逐步盛行，利用更少的资源消耗，满足更多人群的日常生活需求，为绿色发展、可持续发展提供了条件。可以预见，这场已影响了数亿人的分享经济风潮，将为我国经济增长注入一股强大的新动能，有助于中国经济实现"动力转换"，把服务业变成经济增长的"主引擎"。

影响分享经济发展的问题

当前，我国分享经济还处于发展初期，市场发育不完善。2015年中国分享经济市场规模超过1万亿元（占GDP比例不足1.6%），其中非金融类的规模不足一成。而美国分享经济总量已超过3万亿元（占美国GDP的3%），并且非金融类的占比超过九成。相比而言，我国的分享经济还有很远的路要走。目前主要有以下几个制约问题：

1. 对于分享经济的监管，仍然坚持传统行业的管理理念，不利

于行业创新。

我国现有的监管思路，主要强调在细分市场基础上的市场准入监管，通过牌照等方式管理。而在分享经济时代，融合性新业态大量出现，突破了传统的细分式管理模式，如果直接套用已有的监管模式，监管效果不仅会大打折扣，更有可能直接扼杀新兴的经济业态。与此同时，在分享经济的监管方面，"泛安全化"现象值得深思。安全问题往往成为否定分享经济新业态的重要原因。但对于安全问题的讨论，失之于宽泛和空洞，往往缺乏充分具体的论证。

2. 征信制度等配套制度不完善。

信用是分享经济的"硬通货"，市场的供需双方必须建立互信关系，才会发生分享行为，才能达成交易。分享经济下，需要通过二代身份证信息验证、社交账号登录、好友关系提示、双方互评体系、个人展示、保险赔付等制度，来快速增加经济参与主体之间的信用关系。但由于目前我国的征信体系仍不完善，例如在分享经济中，平台企业审查供应方的信用，只能依靠商业征信以及点评体系等方式。而更为真实有效的以人民银行征信中心为代表的金融征信，以及各类行政管理征信（包括公安、工商、税务、海关等）难以与平台企业实现有效对接，使得平台企业对服务提供者的资质审查可能存在一定的风险和漏洞，会影响分享经济的安全性。

3. 基础设施能力不足，影响社会参与程度。

分享经济是互联网高度发达的产物，其需求广泛地存在于我国各地城乡之间。然而，我国网络基础设施建设还有待进一步提高。首先，我国互联网普及率虽然已增长至 50.3%，但比发达国家 80% 以上的普及率仍有不小差距。其次，移动宽带 4G/3G 应用主要分布在经济发达地区，部分三、四线城市和农村地区发展不够理想。第三，上网的资费依然偏高,有进一步降低的空间。基础设施能力不足直接影响了13亿国民对分享经济的参与。

关于促进我国分享经济发展的建议

1. 认识层面,需进一步普及分享经济的理念和价值,并完善分享经济数据统计机制。

政府可以从社会意识、学校教育以及设立分享经济示范城市等多方面着手,宣传分享经济给经济、社会和环境带来的良好效果,鼓励青年学生参与分享经济的创业创新项目,消除社会公众对于分享经济的一些疑虑和误解,最终提升社会公众对于分享经济的认识和参与热情。另外,分享经济带来的经济增量数据并没有体现在 GDP 统计中,建议政府建立新型数据收集机制,有效统计分享经济对 GDP 和消费者价格指数(CPI)的影响,为政府决策提供精准数据分析。

2. 监管层面,坚持包容性治理,营造开放包容监管环境。

目前世界各国高度重视发展分享经济,许多政府出台鼓励政策促进分享经济发展。如英国政府 2014 年制订分享经济计划,旨在打造分享经济的全球中心;韩国政府也在放松市场管制,提出发展分享经济"示范城市"。面对分享经济新型商业模式、经营方式等与传统产业的不同,不能削足适履,强迫新事物符合旧的监管框架,应因地制宜地调整监管策略,坚持具体问题具体分析,及时清理阻碍发展的不合理规章制度,促进分享经济发展。

3. 配套制度层面,完善信用机制等配套制度的建设。

首先,应大力发展征信市场,加快社会征信体系建设,推进各类信用信息平台无缝对接,打破信息孤岛。加强信用记录、风险预警、违法失信行为等信息资源在线披露和共享,为经营者提供信用信息查询、企业网上身份认证等服务。其次,进一步完善社会保障和福利机制。有关机构应为分享经济参与者提供必要的保险和福利,提供分享经济就业指导,以帮助求职者提高经验、技术和收入。鼓励分享经济平台与保险机构合作成立赔付基金,或双方合作提供保险产品等。

4. 加快分享经济所需的基础设施建设。

进一步加强宽带基础设施建设,提速降费,消除数字鸿沟,使更多人融入分享经济平台,参与分享经济服务;推出分享经济示范城市,树立示范效应;将分享经济纳入政府采购范畴,鼓励各级机构使用分享经济平台进行采购、交通、住宿等服务。

第十三章 城市出行的分享

从世界的角度看中国,分享经济在各国走过的道路,或多或少都会在中国找到映射。从中国来看世界,中国分享经济呈现出来的气象却又更加宏伟和瑰丽。笔者将之归纳为一个词:见龙在田。

农历二月二前后,傍晚向东望,会看到东方苍龙星座的角宿一升起。这是一年之中东方苍龙星座第一次在太阳落山之后即刻升起,《易经》里将之称为"见龙在田",民间叫作"龙抬头"。《周易·乾卦九二》有这样一句爻辞:"见龙在田,利见大人。"翻译成时下大白话就是,见龙在田,有想法的人们值得出来干一番大事,比如创业。

分享经济正如苍龙一样崛起于地平线。从产业发展的角度来看,"见龙在田"这个词,正是分享经济在中国的绝佳写照。这是春天到来的气息,这是生命复苏的黄金时节!数据显示,分享经济的诸多领域,有的正在萌芽,有的蓬勃向上,有的突飞猛进,充满了生命的张力。

例如出行分享领域,市场规模就非常宏大。据滴滴披露,2015年,滴滴出行全平台(出租车、专车、快车、顺风车、代驾、巴士、试驾、企业版)订单总量达到14.3亿,这一数字相当于美国2015年所有出租车订单量(约8亿,IBIS World及Statistic Brain统计)的近两倍,更是超越了Uber的全球累计10亿订单数。然而,这仅仅是一家公司的数据，如果扩大到整个行业，估计将在20亿单左右。

在分享住宿领域，市场增长速度惊人，4年增长百倍。艾瑞统计数据显示，中国在线短租市场在2012年加速起步，当年市场规模为1.4亿元，2013年市场规模约为8亿元，2014年为38亿元，2015年市场规模约为105亿元。百亿规模不是空谈，另外两家机构，速途研究院和易观智库的数据也同样显示，2015年在线短租市场规模突破100亿元。

中国的P2P网络贷款市场规模在2013年为270亿元，这一数字到2015年就达到了惊人的9 750亿元。资金分享领域的P2P网贷和众筹不仅发展到了很大的规模，同时还呈现高速发展的趋势。据零壹研究院数据，2015年中国网络众筹市场规模约为150亿元。P2P借贷和网络众筹合计市场规模为9 900亿元。

在分享任务领域，根据猪八戒网用户数据推测，2015年中国职业自由人人数约为3 000万人，在线雇用市场规模约为234.5亿元。

在分享二手物品的领域，据艾瑞咨询数据显示，2015年国内二手汽车市场规模约为5 000亿元，其中在线交易规模约为100亿元。家电类二手市场交易规模为1 000亿元，在线交易规模约为20亿元。除此之外，家居、书籍、玩具等其他品类二手交易市场规模相对较小。因此，预计在线二手交易总体规模约为200亿元。

我国分享经济的发展正步入黄金期，原因大致总结为以下几点：

第一，市场规模给力。中国拥有全球最庞大的用户群，分享经济在中国非常有群众基础。2016年1月22日，中国互联网信息中心（CNNIC）发布第37次《中国互联网络发展状况统计报告》，报告显示，截至2015年12月，我国网民规模达6.88亿；互联网普及率为50.3%，较2014年底提升了2.4个百分点；我国手机网民规模达6.20

亿，较 2014 年底增加 6 303 万人；网民中使用手机上网人群的占比提升至 90.1%，手机是拉动网民规模增长的首要设备，也是推动分享经济发展的重要工具。据尼尔森 2013 年在全球开展的对参与分享的意愿调查，94% 的中国受访者都喜好与他人分享，此比例名列各国榜首，可见分享经济在中国的人气之旺。

第二，风险投资给力。分享经济在我国的发展，从整体上晚于海外 3 年多。许多分享经济企业于 2011 年前后开始创建，2014 年开始井喷。分享经济初创企业非常受欢迎，大量风险投资来支持创新。估值超过 10 亿美元的独角兽企业，截至 2015 年底已经超过 16 家，覆盖八大行业；而估值超过 10 亿元的准独角兽也超过 30 家，累计估值金额超过 700 亿元。当然，我们也注意到，全球性的投资高潮，正在伴随着投资行业的发展周期开始收缩。尽管创业融资在个别领域开始变得有点困难，但总体来看，国内外风险投资机构手里的资金，还可以支持分享经济创业发展 2~3 年。

第三，公共环境给力。中国政府非常重视分享经济，2015 年，中共十八届五中全会报告中出现了"分享经济"一词。李克强总理指出，目前全球分享经济呈快速发展态势，是拉动经济增长的新路子，通过分享、协作方式搞创业创新，门槛更低、成本更小、速度更快，这有利于拓展我国分享经济的新领域，让更多的人参与进来。2016 年的两会《政府工作报告》，两次提到分享经济。按照报告表述，分享经济是经济发展的新动能，是创业创新的新潜能。《人民日报》为此发表评论，从 2015 年中央文件中首次出现的"发展分享经济"，到 2016 年《政府工作报告》里的"促进分享经济发展""支持分享经济发展"，反映出的不仅是中央对分享经济的看重，还表明了坚定的立场和鲜明的态度。

市场巨大，资本撑腰，政策给力，从产业发展角度来看，我们认为，分享经济在中国已经步入了黄金期。

尽管分享主义商业实践在某些领域遇到了一些障碍，尽管有的领域刚起步，有的领域还在热身，但是，分享经济席卷中国，用分享主义实践解决中国社会问题，大势已成，任谁也无法阻挡。

让我们先看一看未来的场景。

谷歌正在研发全自动驾驶汽车，即 Google Driverless Car，"全自动"在于该汽车无须驾驶员驾驶就可以在公路上安全行驶。新闻报道说，截至 2015 年 6 月，谷歌宣布该车已经在测试中行驶了 160 万公里，测试地点主要为旧金山、奥斯汀和得克萨斯州。这些城市将是无人驾驶服务最先推出的城市。

无人驾驶汽车领域的竞争也愈发激烈。谷歌无人汽车摆脱了普通汽车的方向盘和刹车系统，只需一个按钮就可将客户顺利送达，适合多种场景下的不同需求。

这种特殊的汽车，尽管受到政策的种种限制，但谷歌仍然在不遗余力地推进无人驾驶汽车项目。这种执拗，我们推测主要不是出于满足消费者过一把无人驾驶瘾的需求，而是受到了分享经济的鼓舞。这种推测不是空穴来风。自 2015 年 2 月以来，谷歌着手研发可与无人驾驶汽车相结合的服务，如果研发成功，将可能与 Uber 展开市场竞争。与此相映成趣的是，Uber 以及很多汽车制造商也在开发无人驾驶技术，并进行了大量测试。

谷歌的举动给出了明确的信号，要向 Uber、Lyft 这类出行共享先锋企业以及传统出租行业发起挑战。分享经济，有了谷歌这样的网络巨头的参与，该是多么热闹。

可以设想，未来的一个城市，全部都是无人驾驶汽车，全部都经过统一平台集中分享，根据个人需要，随约随到，摆在我们每一个人面前的，将会是一幅多么壮丽的场景。届时，城市大街小巷无须再停满私家车，也将无须为公车改革这样的问题烦恼。

全城无人驾驶，大约 10 年后出现。而今，它正在茁壮地钻出地面，在它的故乡——美国加利福尼亚，谷歌正在为突破当地政府设定的限制而努力。

三种交通出行方式

当下，坐落在地球这一侧的我们的城市，还没有做好无人驾驶的各种准备，甚至分享乘坐汽车，还被一种抵制、怀疑和排斥的氛围所包围。

长期以来，我们习惯的城市交通出行，主要包括两大类出行方式：第一类是私人交通，包括步行、自行车、摩托车以及私家车等；第二类是公共交通，包括公交车、地铁、轻轨和出租等；近几年来，第三类出行崛起，包括网络约车、网络专车、P2P 租车等等。这三类交通出行方式相互配合，正在完善城市交通出行服务系统。尤其是第三类方式，正以分享经济的方式潜移默化地改变着我们的生活，但同时也带来不少争议。我们该如何看待分享经济对出行的改变呢？

我们认为，第一类模式完全依靠个人力量，你买车我也买车，大家不加节制地自由发展，结果就是资源泛滥，这是产生经济剩余的根源之一。

第二类模式主要依靠政府和少数企业，通过政策规定形成了一个带着浓郁管制色彩的市场，随着城市人口越来越多车辆越来越多，却出现了交通设施供不应求的困窘：一边是日益增长的庞大需求，一边是增长相对缓慢的供应。当需求长成了大象的时候，供应还是那只没有长大的蚂蚁。蚂蚁岂能给大象喂奶？这是管制策略给市场造成的困境。

第三类模式依靠大众，通过市场机制和技术机制重新组织资源。这是一种强调整体、注重系统的科学模式，在给大象喂奶这样的一些令人头疼的社会问题上，扮演了救世主的角色。

我们以国内城市交通问题为例进行分析。

罗兰贝格咨询公司在一篇报告里，通过量、效、质、果四个方面，对城市交通问题进行了研究，我们借用这四个字进行解读。

首先，在"量"的问题上，消费者出行需求不能得到有效的满足。集中表现为大城市早高峰和晚高峰时期车辆供给严重不足。以北京的出租车市场为例，从2003年至今的十余年间，北京市常住人口增加了700万，但是出租车总量却停滞在6.6万辆一直没有增长。北京市早高峰时段消费者对出租车的需求量比供给量高出3倍之多，供给和需求严重失衡。

其次，在"效"的问题上，消费者出行效率低下。主要表现为交通拥堵严重，大量浪费出行时间。据罗兰贝格报告统计，2014年第二季度，中国十大城市出行效率指数仅仅达到50%（出行效率指数是指畅通情况下到达目的地用时和实际用时的比值，该值越接近于100%则说明道路越畅通）。十大城市当中平均每位消费者每年的拥堵时长达到85小时，其中北京市达到100小时，拥堵已经成为当今我国城市出行的最严重的问题之一。

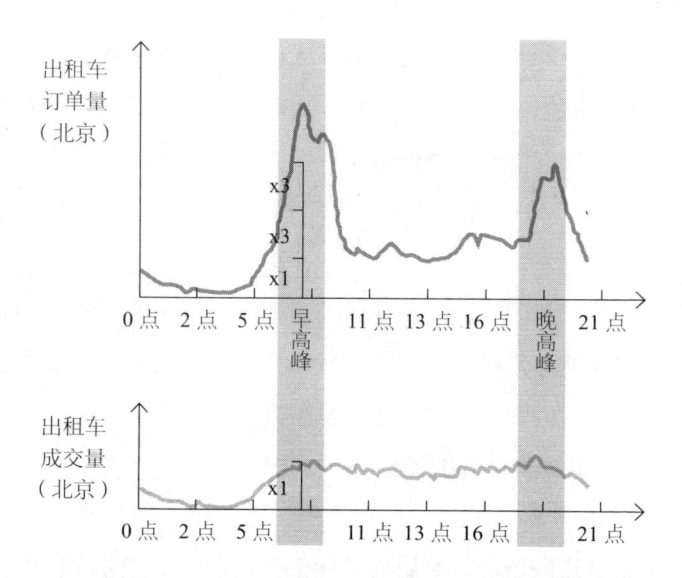

图 13-1　北京市高峰时段出租车市场供需关系图

资料来源：罗兰贝格《移动互联下的城市综合出行变革》

再次，在"质"的问题上，消费者出行的层次需求不能被满足。主要表现为缺乏高品质服务。例如，高端商务人士、孕妇、老人、儿童、病人等具有特殊出行需求的用户不能得到高品质的个性化服务，出租车根本不能提供此类用户需要的舒适的乘车环境和优质的服务体验。据罗兰贝格调查数据显示，37%的城市居民认为出租车不能满足其升级的出行需求。

最后，在"果"的问题上，主要表现为城市交通的不合理现象造成了大量的经济损失、严重的环境污染以及治安问题。据统计，2014年我国共有25个省份约6亿人遭受雾霾困扰，2014年北京市全年空气污染天数达到175天，而雾霾的首要污染源就是大量私家车上路造成的机动车尾气过量排放。

第三类模式下的出行分享

我们知道，一只蚂蚁无法给大象喂奶，一群蚂蚁也不行。但是，如果是满满一城市的蚂蚁，那显然就不同了。哪里有这么多蚂蚁？它们是来自社会的车辆，或曰闲置资源。

首先，出行共享的方式通过创新业务模式，调动社会闲置车辆资源，大大增加了交通供给量，有效解决了高峰时期运力资源不足的问题。据罗兰贝格统计，截至 2014 年底，全国专车市场规模已达近 30 万辆，具有拼车意愿的私家车数量高达 4 000 多万辆。

其次，移动租、约车平台大大降低了消费者等车和行车的时间，在降低交通拥堵的同时提高了出行效率。据美国麻省理工学院研究，拼车能减少 55% 的交通拥堵。而据清华大学媒介调查实验室《2014 年移动出行白皮书》调查显示，随着专车移动出行服务的快速发展，我国 2015 年可以减少 1 000 万辆私家车上路行驶，预计城市日平均拥堵时间比 2014 年下降 28.1%。

再次，汽车共享服务有效满足出行的多层次高品质个性化需求。例如，滴滴推出的专车是提供与出租车差异化的中高端服务用车，专车对司机的选拔、培训、考核都更加严格。车上除提供饮用水、车载充电器外，还配置防霾口罩、蓝牙耳机、车载 Wi-Fi 等供乘客使用；为吸烟的乘客准备清洁袋，允许乘客携带宠物，也可为老人、孕妇、小孩等乘客提供定制服务。

最后，大大降低了资源和能源的浪费，能够有效减少碳排放，保护环境。清华大学国家金融研究院推出的《关于推动我国互联网专车有序发展的政策建议》指出，一方面，汽车共享可以减少私家车的保有量，每增加一辆共享汽车在欧洲可以减少 4~10 辆私家车，在北美可以减少6~23辆私家车，在澳洲可以减少6~10辆私家车。另一方面，汽车共享可以大幅减少汽车空车行驶里程数。在欧洲，每个汽车共享用户大约会减少28%~45%的空车行驶里程数，在北美平均会减少44%。全球汽车空载率每降低10%，就能够减少碳排放量约364万吨，相当于3亿棵树的全年生态补偿量。

据滴滴大数据显示，目前滴滴每年可减少碳排放约1 335万吨，相当于11.3亿棵树的全年生态补偿量。

事实上，第三类模式高效而简洁，它受到了消费者广泛的欢迎。Uber已经覆盖了全球63个国家、344个城市，为消费者提供安全低价的专车服务。在国内，以滴滴出行为代表的车辆分享平台已经激起了一场全民共享出行的高潮。专车、拼车、分时租赁、代驾、P2P租赁等众多"互联网+交通"共享出行交通业态及其移动应用迅速涌现，并得到了飞速的普及和发展。

第十四章 库存房屋的分享

2007年10月,两个名不见经传的大学毕业生租住在旧金山的一个小阁楼里。一个叫乔·吉比亚(Joe Gebbia),另一个叫布赖恩·切斯基(Brian Chesky)。当地要举办一个大会,吸引了许多参展商和游客前来观光,当地旅馆人满为患。这两位同学灵机一动,决定把客厅租给游客,再用游客交的住宿费来交房租。说干就干,吉比亚负责搞床位,他找了几个闲置不用的充气床垫,布置在客厅里;切斯基登录当地网站,发出了招租广告。计划进行得很顺利,三四天后,有三个年轻人成功入住他们的客厅。于是,第一桶金就这么诞生了。看着这笔小小的收入,布赖恩和吉比亚两人意识到,这是一个不错的商业模式,既然许多人都有闲置的房源,许多旅客想要有家的体验,那么为什么不做一个网站,让大家都能享受到这种新颖的服务呢?

于是,Airbnb在2008年8月诞生了,到了2015年,Airbnb已经在全球超过34 000个城市落地开展服务,在全球拥有超过110万间房子提供给用户,发布的房屋租赁信息多达5万条。而实现这样的发展,Airbnb只用了7年,被《时代周刊》称为"住房中的eBay"。2015年夏季,该公司完成了10亿美元融资,估值超过240亿美元。预计到2020年,其息税前利润将达到30亿美元。

Airbnb 模式的两个条件

从前面的案例可以看出，以 Airbnb 为代表的短租，是伴随分享经济模式兴起而出现的一种新兴的房屋租赁形式，它的崛起有赖于两个条件，一是旅游业的繁荣，二是相关的网络平台发达。

从中国来看，满足第一个条件是没有问题的。随着我国旅游业近几年的蓬勃发展，亮点频出，行业得到快速的发展。根据国家旅游局数据显示，2015 年上半年国内旅游人数 20.24 亿人次，同比增长 9.9%；国内旅游消费 1.65 万亿元，增长 14.5%，比社会消费品零售总额增速高 4.1 个百分点；星级饭店经营出现回暖趋势，客房收入和平均房价增幅约 1%。除了旅游外，商务出行也是促进短租行业发展的一个重要因素，出差的人员通过短租住宿可以为公司节省一大笔差旅住宿费用，因此也颇受公司青睐。

第二个条件也没有问题。在分享经济的大形势下，越来越多的人愿意将自己的闲置房屋出租给有短期住宿需求的用户。因为从住宿体验来看，短租房与传统酒店相比，拥有更低的价格但提供同等水准的服务，家的氛围还能为客户带来更强的归属感。短租房拥有房型更丰富、租期更灵活、服务型体验更充足等多方面优势。

世界旅游组织的数据表示，2014 年，中国出境游的游客人数达到 1.09 亿人次。自 2012 年以来，中国一直是旅游支出最多的国家。为此，Airbnb 已经调整战略，将发展目标瞄准了中国市场。根据 Airbnb 公布的数据，2014 年 6 月至 2015 年 6 月一年的时间内，通过 Airbnb 实现出境游的中国客户增加了 700%。根据这一关键指标，中国已成为 Airbnb 增长最快的市场。

国内旅游业高速崛起，各种房屋短租平台也发展起来，Airbnb

崛起的两个条件已经因缘际会，它会给中国当前房地产行业带来什么启示呢？

中国楼市高库存已经成为当前经济的痛点。国家统计局数据显示，截至 2015 年 10 月，全国地产开发投资增速出现了 20 连跌，跌幅近九成，而库存面积已接近 7 亿平方米。让人焦虑的是，这一统计数据只包括竣工后未售出的现房，大量已建设未竣工，以及还未开工的潜在库存并未计算在内，一旦计入，中国楼市的库存可能倍增。

如果算上全国各地的小产权房，以及一些没有纳入统计口径的房子，目前中国房地产沉淀房有 2.2 亿套，空置房近 5 000 万套。在国泰君安首席经济学家林采宜看来，现在的库存，按照去年的销售速度好好卖，要卖 8 年才能够卖完。①

楼市库存问题已经引起中央高度关注。2015 年 11 月 10 日，习近平总书记在中央财经领导小组第十一次会议上强调，要化解房地产库存，促进房地产业持续发展。②11 月 11 日召开的国务院常务会议更是指出，以加快户籍制度改革带动住房、家电等消费。

分享经济思维化解房地产库存

途家网 CEO（首席执行官）罗军介绍了两种思路，一是分享经济平台与开发商合作，批量签约销售库存房源，这为开发商提供了增值服务，能促进有管家、带租约和可交换的房产出售。二是分享经济

---

① 延展阅读：http://gz.house.163.com/15/1123/15/B949TERJ00873C6D.html。
② 《习近平主持召开中央财经领导小组第十一次会议》，新华网：http://news.xinhuanet.com/politics/2015-11/10/c_1117099915.htm。

平台发展以租代售，通过连接开发商、业主和消费者，满足各类租房需求，迂回地盘活长期闲置的地产库存。

2011年，途家、爱日租、游天下、蚂蚁短租等短租平台相继创建，标志着国内在线短租的兴起。2012年，中国在线短租市场开始加速发展，据艾瑞咨询数据显示，当年在线短租市场规模为1.4亿元；而根据易观智库统计，2014年市场规模接近30亿元，2015年突破100亿元，4年时间市场规模增长超过50倍。在国内酒店市场普遍面临发展瓶颈期时，在线短租则表现出了强劲的增长势头。

一些细分行业更是通过分享经济而迅速崛起。据统计，主攻城市短租预订平台的小猪短租，平台覆盖200多个城市的5万多个房源，2015年底的业务量较年初增长了4倍；做旅游民宿生意的途家超过40万套房源。

图14-1显示，2015年上半年中国在线度假租赁市场中，途家的交易份额占比达到41.9%，领先优势明显，小猪短租、木鸟短租、游天下分列第二、三、四位。

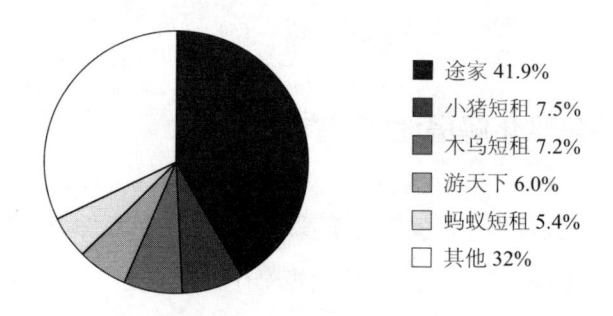

图14-1　2015年上半年中国在线度假租赁市场厂商交易份额
资料来源：易观智库

短租行业蓬勃发展的背后，离不开需求和供给的共同推动。

从需求端分析：旅游火爆带旺民宿短租

据国家旅游局统计显示，2012年，我国国内旅游人数为29.57亿人次，实现国内旅游收入2.27万亿元；2015年，国内旅游接待总人数突破40亿大关，实现旅游总收入超过4万亿元。

越来越多的人将旅行作为一种调节生活、释放压力的方式，而更多的人为了充分享受旅行带来的满足感，会放弃跟团旅游而选择自由行，因此每个城市中出现了很多"背包客"及"穷游客"。据在线旅游门户遨游网数据显示，2014年参团、自由行游客占比约为5.5∶4.5，相较于2013年度的6∶4，自由行游客的占比增长了5个百分点。

出境游的发展则带动了境外短租的兴起。2015年我国出境游人数达到1.2亿人次，较2014年增长20%，平均每天有32.9万人出境。另外，根据《中国出境旅游发展年度报告》显示，2012年我国内地受访出境游客出游消费中住宿所占份额在10%左右。随着人们对旅行享受的要求不断提高，住宿环境的选择也变得必不可少，2013年我国出境游客的住宿消费份额上升至15%。国内的代表企业住百家和游天下均主打出境短租，为出境游的游客提供便捷舒适的住宿。Airbnb则已在全球190多个国家、3.4万个城市提供服务，房客总数已突破2 500万。

选择住处是旅行中必不可少的一个环节，也是决定旅行质量的关键因素。伴随着自由行的流行，民宿短租在年轻人中渐渐兴起。相对于酒店业，民宿短租有以下几大优势：

- 价格优势

相比于酒店而言，短租行业在价格方面有着独特的优势。短租平台上的房源在水、天然气和用电费用上都是民用价格，这个价格一般是低于酒店需要支付的价格的。一般情况下，短租的房屋价格是低于酒店的，这也是吸引消费者的重要因素之一。

从价格层面来看，短租房的优势尤为明显。短租房低于相同档次的酒店价格超过 40%，而每天房价也要 200 元的经济型酒店房间仅可供 2 人入住，但相同地段和档次的短租房则可供 4 人入住。

- **短租能够带来个性化的体验**

短租的特点是它不是一个具有强刚需的行业，它满足的是一种结合多样化、个性化和性价比的住宿体验的需求。而"共享"其实更适合这种长尾需求。此外，住宿相比于出行更具有社交属性，且其非标准化特征更为明显。

在客户出行的过程中，每天在酒店花费的时间要占到一半，千篇一律的酒店布置很难给客户留下深刻的印象。因此木鸟短租将自己的竞争力聚焦于房源的"特色"，选取有特色有格调的房屋布置，争取创造记忆点，让客户拥有更美好舒适的享受。

另外，在文化全球化的大背景下，越来越多的人更愿意与不同国家、不同地区的人进行交流，包括当地文化、当地习俗以及风土人情等等。与此同时，通过这种方式也能结交到不同类型的朋友，扩充自己的朋友圈。

从供给端分析：房产闲置资源丰富

数据显示，截至 2014 年底，我国城镇存量住房达 200 多亿平方米，户均住房超 1 套。根据中国家庭金融调查与研究中心的数据，2015 年，中国家庭总资产中，房产占比高达 69.2%，是美国的两倍多。中国房地产市场的持久繁荣使得房屋对于一部分人来说已成为一项盈余资产。

不仅在中国,对于国外而言也是如此。据英国《卫报》调查显示,欧洲目前闲置的房屋超过 1 100 万套,这些闲置的房产大部分在西班牙、法国、意大利、德国等西欧发达经济体。

小猪短租大区总监刘瑜告诉记者:"国内的住房空置率近 30%,而在三亚等旅游城市空置率甚至达到了 80% 以上。从这些数据看,短租市场还在普及阶段。"

租房市场的发展与当前中国房地产市场的转型升级密不可分。房地产市场居高不下的价格出现松动,从前依靠房屋买卖而获得投资收益的情况开始逐渐转变,积累的房产存量无法进行交易,必然会导致更多的房屋持有者转而将目光投向其他领域,围绕房地产而衍生的租房市场未来也将存在着很大的增长空间。在北京、上海的部分区域,短租的收益会是长租的数倍。因此,随着近些年来经济不断下行,很多人将自己闲置的房屋进行出租,不仅能够补贴家用,而且也为需求者提供了便利。这种现象在北京、上海等一线城市尤为明显。

两大商业模式

以 Airbnb、小猪短租为代表的 C2C 模式

Airbnb 模式在国内的代表是小猪短租、游天下、蚂蚁短租、住百家,该种模式的主要特点是为房源发布者以及租房者提供一个信息发布和房屋交易的平台,平台本身主要依靠运营、收取佣金来盈利。佣金比例 5%~10% 不等。

这种模式的形成依赖于三个角色,即房东、短租平台和房客。

Airbnb 高速的发展显示了房屋分享的价值。如今，Airbnb 的线上房屋租赁服务已遍及全球 191 个国家的 3.4 万个城市，共拥有 4 000 多万套房源，估值已高达 255 亿美元，与全球市值最大的希尔顿酒店（255.2 亿美元，截至 2015 年 8 月 18 日，下同）齐肩，并远远超过了市值约 131 亿美元的喜达屋酒店、92.2 亿美元的洲际酒店和 75.7 亿美元的凯悦酒店。

以 Homeway、途家网为代表的 C2B2C 模式

途家网是 Homeway 模式的国内代表。途家网拥有房源的具体控制权，对合作的房源进行统一的装修和管理。其盈利来源于与房东的分成，和提供其他的增值物业服务的报酬。从这个意义上说，途家网的经营模式更类似于传统的酒店。但是，因为其节约成本的方式是托管而不是租赁，途家网也只有当房客入住时才进行收入分成。

途家以高端旅游度假市场为目标，房源主要来自个人托管、开发商未出售房源，也包括专业酒店公寓、别墅、民宿等。

- 对于租客

提供高品质服务式公寓是途家追求的目标，覆盖全国 200 多个城市的房源，可满足旅行、差旅等人群多样化的住宿需求。与其他短租公寓不同，途家的多数房屋均提供如机场接机、厨房厨具等五星级酒店附加服务，另外，途家网还积极开拓海外市场，现可提供覆盖全球 96 个国家超过 5 万套高性价比度假公寓的住宿在线预订服务。

途家网提供的房屋全部保证为实地验真、图片实拍。同时途家还提供了完善的"房客保障计划"，保证为租客提供可靠放心的住宿体验。

• **对于房东**

途家网不仅是一个免费的房屋推广平台,还为有闲置房屋的业主提供多样化的服务。房东不仅可以在途家免费发布房源信息,还可以选择房屋托管、房屋打理等服务。

凭借着房源数量大、市场覆盖面广等优势,途家迅速成为短租市场中极具竞争力的一员。据统计,截至2015年第二季度,已经有超过4 000万用户下载了途家App,每天有数十万用户通过这款软件进行查询及预订。

短租行业未来的创新

新兴的短租市场还没有发展到构筑行业壁垒的时候。作为住宿行业下的一个细分市场,短租还未获得较高的市场认知,预计未来将有三个发展趋势。

多样化短租场景扩展[①]

无论是Airbnb,还是国内的途家、小猪短租、住百家等短租平台,都是从旅游和度假场景切入人们的短期住宿需求。然而,这个市场正在慢慢饱合,商旅市场正在成为它们的下一个战场。

除商旅之外,以旅游和度假为主的短租不断发展,供给端呈现出了新的特点。包括异地求职、看病等在内的过渡性短租需求日益增多。这类用户通常对价格更为敏感,更倾向于选择小猪、蚂蚁等C2C短租平台。

---

① 企鹅智酷出品的《复制Airbnb太难:中国短租行业"真相报告"》。

社交向非社交发展。例如，Airbnb早期注重社交理念，房东会选择分享单个的房间或床位，以便大家共处一室开展社交。但后来Airbnb发现用户的住宿需求也很多样化，如家庭、情侣、团队等更倾向于选择独居的住所。于是，他们开始调整业务，增加独居的房子和公寓。据小猪短租的CEO陈驰估计，Airbnb上现在已经有75%住宿的场景，房东和租客不住在一起，而且这个比例还在升高。

混合模式发展成趋势

• 轻重结合发展

短租行业的运营模式主要分成C2C的轻模式和C2B2C的重模式。这两种单一模式长期来看都难以发展，而介于纯粹的"轻模式"和"重模式"之间的混业经营或将成为未来趋势。途家已经开始从B2C向包含C2C在内的混合业态发展，一方面弥补开发商房源唯标准化的短板，进一步实现供给端规模化和多元化；另一方面在房东与用户之间搭建了一个社交互动平台。

• 产业链拓展发展

通过战略合作拓展产业链。"途家们"联盟实现了从酒店到短租再到长租的业务模式整合，未来也会涉及房地产、金融、众筹等项目。

二房东问题

随着Airbnb的全球化发展，用户量急增，房源数量也需要急速扩大。很多房主因种种原因并未上网，因而掌握巨大房源的"二房东"就成了合作对象。

美国的二房东，被称作Property Manager，或称物业经理，与中国的"二房东"不尽相同,他们有时候也与 OTA 进行分销合作。

但是,二房东与 Airbnb 的合作却受到了监管的压力。据《洛杉矶时报》报道,由于受到社区和社会团体的施压,美国的房屋管理部门也开始对 Airbnb 不断加强审查,导致后者开始减少一些与职业房东合作的业务。举例来说,Airbnb 在洛杉矶地区最大的两个屋主的产品均在今年 4 月份下架,它们都是拥有几十套公寓的度假租赁公司,这一地区的其他大屋主的房子也相继从 Airbnb 网站上消失了。

此外,还有些相关的法律规定也进行了限制。美国旧金山法律明确规定,转租者须先知会房主,并征得同意。若租房协议禁止,则不得转租。转租价格不得超过原租价,违者按日罚款 1 000 美元。法国的法律规定,业主外出度假的时候可以合法出租其主要居住场所。但是,如果业主有第二个家,其出租房屋的时候就需要支付旅游税。

第十五章　资金分享的光荣与梦想

无风险的分享闲置资金，是人类自古以来的金融梦想。这个梦想催生了金融与分享经济的结合，产生了 P2P 网络借贷和股权众筹等一系列光荣的创新。

然而，资金分享跟其他闲置资源分享略有不同，资金分享具有一定风险。人们为此想了很多办法，尽管人类目前还没有办法实现完全零风险的借贷，却一直在努力降低风险系数。

最近两年的情况却有点微妙，一提 P2P 网贷，就让人想到倒闭、跑路、不还钱等不良现象。这是怎么回事？

回顾国内 P2P 网络贷款诞生以来的发展，似乎跌宕起伏已经变为一种常态：投资者在把钱汇入 P2P 网贷平台的同时，这一模式引发的风险问题却又源源不断。据银率网数据库统计，2015 年中国新出现了 1 862 家 P2P 网贷平台，年末全国累计数量达到 4 329 家。然而伴随着平台高速增长而来的还有各种各样的问题，仅 2015 年的问题平台数量就达到了 1 054 家，与 2014 年相比翻了一番，到 2015 年底，我国的问题平台数量达到 1 439，占据了全部 P2P 网贷平台的 33.2%。

2015 年底的"e 租宝"事件将危机推向高潮。据新华社最新消息，办案民警表示，从 2014 年 7 月 e 租宝上线至 2015 年 12 月被查封,犯罪嫌疑人以高额利息为诱饵,虚构融资、租赁项目,持续采用借新还旧、自我担保等方式大量非法吸收公众资金,累计产生交易额达700多亿元。警方初步查明,e租宝实际吸收资金500多亿元,涉及投资人约90万名。

然而,e租宝的问题到底是P2P行业本身的问题还是我们发展方式的问题?换句话说,P2P的信任危机是不是可以避免的?如果可以避免,我们应该如何做?

"现在出的问题,实际上是伪P2P和变异的P2P出的问题。"中央财经大学法学院教授、金融法研究所所长黄震如说,"真正的P2P是不会出问题的。"

其实,e租宝根本就不是P2P。据新浪科技报道,根据e租宝平台实际控制人、钰诚集团董事会执行局主席丁宁在看守所里的供述,他们虚构融资项目,把钱转给承租人,并给承租人好处费,再把资金转入其关联公司,以达到事实挪用的目的。换句话说,这就是所谓的"拆东墙补西墙"。e租宝的项目是假的,担保方也是假的。从这点来看,e租宝既不是金融信息中介,也算不上是P2P借贷,它上演的是穿着P2P外衣的庞氏骗局。

那么真正的P2P网贷是什么?

P2P网贷类似于民间借贷。全球首家P2P金融平台诞生于英国,于2005年成立的Zopa成为了网络借贷的鼻祖。同年,美国第一家P2P平台Prosper宣告成立,该平台为用户提供小额贷款服务,从中抽取一定比例的收益。上线3年后,平台借贷金额就达到了12.5亿元人民币,三个月以上的逾期还款率也仅为2.83%。美国的P2P平台还有LendingClub等。英美两国的蓬勃发展引领着P2P金融逐渐走向世界的视野之中。

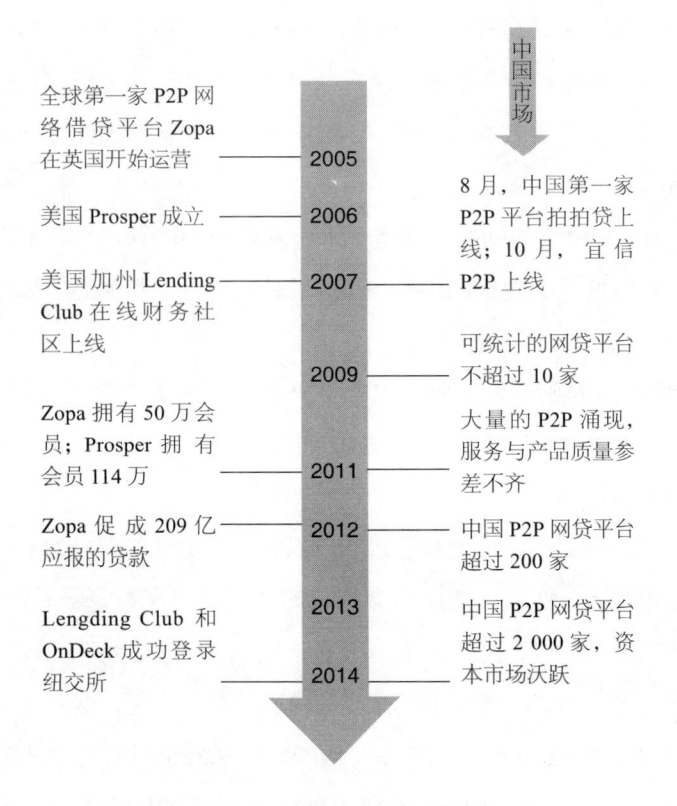

图 15-1 国内外 P2P 网贷发展历程

年份	国外	中国市场
2005	全球第一家 P2P 网络借贷平台 Zopa 在英国开始运营	
2006	美国 Prosper 成立	
2007	美国加州 Lending Club 在线财务社区上线	8月，中国第一家 P2P 平台拍拍贷上线；10月，宜信 P2P 上线
2009		可统计的网贷平台不超过 10 家
2011	Zopa 拥有 50 万会员；Prosper 拥有会员 114 万	大量的 P2P 涌现，服务与产品质量参差不齐
2012	Zopa 促成 209 亿应报的贷款	中国 P2P 网贷平台超过 200 家
2013		中国 P2P 网贷平台超过 2 000 家，资本市场沃跃
2014	Lengding Club 和 OnDeck 成功登录纽交所	

资料来源：《十张图让你了解 P2P 网贷》

2015 年《中国互联网金融发展研究报告》认为，P2P 网贷从 2007 年开始进入中国，拍拍贷是国内第一家注册成立的 P2P 贷款公司，同期还有宜信、红岭创投等平台，2013 年以前 P2P 网贷平台数量不足 200 家。直到 2013 年互联网金融概念爆发，P2P 平台开始如雨后春笋般出现，每年约有 300 家 P2P 平台诞生。

2013 年可被视为"中国互联网金融的元年"，随后 P2P 平台迎来了高速发展的新阶段。平台数量仅在 2014 年 12 月就净增 35 家，成交量达到370.77亿元。截至2015年11月,我国正常运营的P2P平台已达到了2 612家。

表15-1 我国P2P行业规模变化情况

时间	成交量（亿元）	运营平台数量	贷款余额（亿元）	当期投资人数（万人）	当期借款人数（万人）
2012年前	31.00	60	13.00	2.80	0.80
2012年	212.00	200	56.00	5.10	1.90
2013年	1 058.00	800	268.00	25.00	15.00
2014年	2 528.00	1 575	1 036.00	116.00	63.00

资料来源：中信建投研报《银行与P2P携手共进》

从市场份额来看,我国P2P平台在全球范围内也占有一定的市场份额,其中以红岭创投为首。其他网贷平台也迅速发展起来,市场规模日益增大。

目前,国内P2P网贷平台较多,竞争较大,形成了鱼龙混杂的局面,如何在众多P2P网站中甄别较有发展前景的企业,需要我们进行谨慎的分析和思考。

P2P 网贷的优势

如上文所言,真正的P2P是不会出现类似"e租宝事件"这样重大的问题的,而英美P2P借贷的健康发展也向我们证明了这个行业健康发展的可能性。并且,短短10年间,能够在英国、美国和中国快速流行起来,说明这种基于民间借贷的金融模式有其自身特有的优势。具体来看,这些发展优势主要分为如下几点。

第一，投资收益高。

P2P 网贷年化收益率超过 10%，基本上为同期存款的 3 倍左右。"网贷天眼"抽样调查了约 12 200 名投资人，95% 的投资人投资网贷盈利。其中 60% 投资人的投资回报年利率在 16% 至 20%，低于 2013 年 25.06% 的行业平均水平。

第二，投资期限灵活。

与银行理财产品相比，P2P 网贷产品的流动性更高，收益率也更大，用户的投资时限也更灵活，包括 1 个月、3 个月、6 个月、12 个月、18 个月、24 个月等。

第三，借贷便捷性高。

一方面，P2P 业务办理流程相对简单透明；另一方面，网贷缓解了中小企业融资难、融资贵的问题。

P2P 网贷运行

据中信建投证券研究发展部的报告概括，我国 P2P 网贷的运营模式主要有以下四种。

1. 传统平台模式

该模式中，P2P 平台作为纯粹的中介方，为借款人和投资者提供信息通道：借款人通过该平台发布相关借款信息；投资者根据平台选择相关的借款人。其通常采取一个投资者对应多个借款人的形式。借款利率通过投资者竞标确定，并要求还款人采用按月还本付息的方式，以降低投资者的风险。①

---

① 资料来源：中信建投研究报告：《银行与 P2P 携手共进》。

拍拍贷就是传统模式的典型代表。长期以来，拍拍贷采用纯线上交易的模式，通过大数据分析借款人的信用情况，建立起自己的信用体系。这类模式的未来发展将主要依赖于大数据技术的进步和在线征信体系的完善。

借款人 ⇄ P2P 平台 ⇄ 投资者

图 15-2　传统平台模式流程图

资料来源：中信建投证券研究发展部

2. 债权转让模式

该模式中，首先由借款人向 P2P 平台发出借款申请，平台对借款人进行审核；审核合格后，由平台指定的债权人将资金出借给借款人；然后，平台再将该债权推荐给相关投资者，完成债权转让，此时平台对该债权提供担保。

但是，该模式需要大量的线下地勤人员，信用审核成本高，且受地域限制，不利于业务的快速扩展；另外，也存在一定的政策风险，是触碰监管红线最严重的模式。[①]

这一模式的典型代表是宜信公司。鉴于该模式可能存在的问题，宜信制定了严格的线下信用审核机制，采用多个投资者与多个借款人对应的模式，也要求按月还本付息，以分散风险。同时公司还建立了风险准备金，以应对突发问题。

---

① 资料来源：中信建投研究报告：《银行与 P2P 携手共进》。

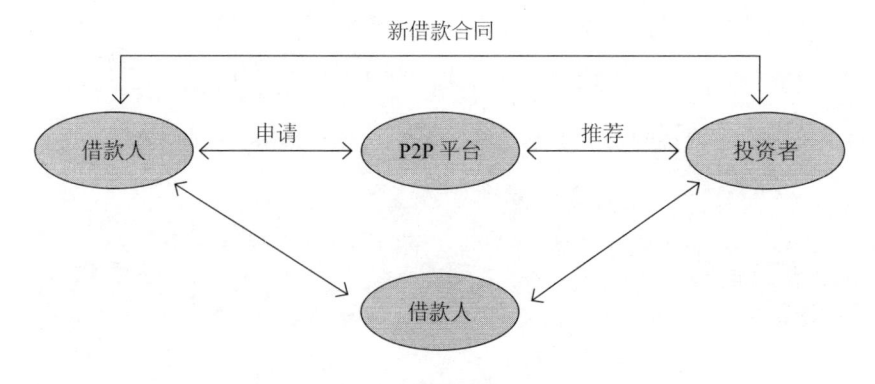

图 15-3 债权转让模式流程图

资料来源：中信建投证券研究发展部

3. 担保模式

该模式又分为两种。

一是 P2P 平台引入第三方机构对平台项目的风险进行审核，并为投资者的资金提供本金保障，P2P 平台给予其一定的渠道费和担保费，但不负责坏账的处理，不承担资金风险，只作为中介提供信息服务。典型代表是陆金所和人人贷等。

二是由 P2P 平台自行担保，主要通过自行提取的风险准备金来为相关的坏账买单，如果出现逾期情况，投资者可将该债权相应的本金和利息转让给平台。该模式在我国发展迅速，大多数网贷平台采取了该模式，因为其更符合我国的国情。[①]

---

① 资料来源：中信建投研究报告：《银行与 P2P 携手共进》。

```
P2P 平台  ——收取风险准备金——>  P2P 平台  ——提供担保——>  P2P 平台
                                        <——逾期可转让债权——
```

图 15-4　担保模式流程图

资料来源：中信建投证券研究发展部

4. 小贷模式

该模式中，P2P 平台与全国领先的小额贷款公司进行合作，由小额贷款公司为 P2P 平台提供优质的借款人，并且与 P2P 平台共同对相关的债务承担连带责任。该模式为小额公司的转型提供了一定的参考，甚至可能会带来小额贷款公司的一场产业革命。[①]

这一模式的代表企业为有利网。该模式的优点在于整合了平台和小额贷款公司的优势，产生杠杆效应，实现优势互补，同时也更具备互联网的特性。

```
小贷公司  ——推荐优质借款人——>  P2P 平台  <====>  投资者
          <——承担连带责任——
```

图 15-5　小贷模式流程图

资料来源：中信建投证券研究发展部

众筹的魔术

除了 P2P 网贷，股权众筹也值得一提。众筹目前有股权众筹、

---

① 资料来源：中信建投研究报告：《银行与 P2P 携手共进》。

捐赠众筹、奖励众筹这三种主要的模式。从资金分享的角度来看，股权众筹更值得关注。所谓股权众筹，公司通过出让自己公司的部分股份，让投资者以入股的方式进行投资。它也是三种模式中能够筹集到最多资金的模式，使用股权筹资模式，超过 21% 的项目能够筹集超过 25 000 美元的资金。我们所熟知的股权众筹的平台主要有天使汇、大家投等。而捐赠众筹则是投资人对于该项目进行的"无偿捐赠"，发起人不需要提供任何回报，该模式多存在于公益类众筹平台。奖励众筹则由投资者进行出资，获得发起人提供的产品或服务作为回报，典型代表有点名时间、众筹网等。

2015 年 3 月，国务院办公厅《关于发展众创空间推进大众创新创业的指导意见》发布，意见提出：开展互联网股权众筹融资试点，增强众筹对大众创新创业的服务能力，成为推动大众创业万众创新的一项重要内容。

根据私募通统计，从投资阶段来讲，参与股权众筹的融资方种子期和初创期企业占比较高。总体来看，天使汇本年度发起项目 2 607 个，为四家知名股权众筹机构之首，已募集金额达 7.69 亿元人民币；原始会发起融资项目 281 个，已募金额 1.94 亿元人民币；大家投共发起 185 个融资项目，已募金额 3 933 万元人民币；天使客仅有 18 个项目上线，但已募集的金额为 2 875 万元人民币。

第十六章　所有权的剩余

很多人持有一种观点：分享经济就是使用权的分享，即租赁。而二手物品交易，让所有权发生了转移，怎么会是分享经济呢？

实际上，从经济学角度来看，当所有权存在剩余的时候，它也是可以分享的。二手物品交易基于所有权剩余，提高了物品的利用率，延长了其使用寿命。补充一点，二手物品交易大致有两种模式：有中介的和去中介的。前者是传统模式，而后者才是我们关注的——点对点的二手物品交易，即买家和卖家通过平台直接交易。前者，因为中介牟利的天性，往往是扩大价差，结果可能是双输。后者是互联网下的蛋，可以降低交易成本，让买卖双方共赢。

传统交易的"柠檬市场"

有中介的二手车交易市场情形如何？那是一个典型的"柠檬市场"。由于中介利用自己比买卖双方了解更多信息所造成的信息不对称，致使整个市场低效——当优质商品来到这个市场的时候，会被归为次品，而损失市场价值，形成劣币驱逐良币的恶性循环。传统二手车交易市场存在信息不对称、交易链繁杂等问题，因此，首先，二手车卖家相比于二手车中间商议价能力较低；其次，买方对于二手车市场鱼龙混杂的局面不敢"淌水"尝试,这便导致了人们设想二手车都是劣质的。因此,卖方只好选择不卖,或者低价卖给车行,或者以30%左右的价格损失卖给汽车中间商。

分享经济为打破柠檬市场提供了合理的解决方法。绕过4S店、车商、车贩,提供买卖双方直接交易的平台,打破信息壁垒,将二手车交易流程进行透明化、标准化,破解柠檬市场的困局,为买家节约至少5%~7%的费用,让卖方多卖10%左右的价格。

二手车电商平台起始于2010年,"车易拍"二手车在线交易平台推出。而从2013年开始,该市场发展较为迅速,风投对于二手车电商市场开始重视起来,车易拍、优信等代表企业获得了多轮投资。一些大型的公司也不甘示弱推出了相应的二手车在线交易平台,如平安集团的平安好车、上汽集团的车享拍等。

到2015年,二手车电商市场迎来爆发期,全国乘用车市场信息联席会统计发现,中国在2015年1—11月的二手车市场累计交易了840.03万辆,交易规模达4 924.21亿元,相比去年同期增加了3.63%。而11月一个月就交易了84.64万辆二手车,环比上涨17.52%,同时交易规模(502.99亿元)环比上涨24.76%。

我国的二手车交易市场规模依旧与发达国家有很大差距。据统计,发达国家的二手车交易量能达到新车交易量的2~3倍,而我国只占1/3。但是,这种差距也能说明我国二手车交易市场继续发展的较大可能性。

经历了这几年的发展、成熟,在线二手车市场的商业模式也越来越百变。包括以人人车为代表的"上门检测+线上成交+送车上门"的C2C模式,以优信拍为代表的"B2B线上线下竞拍+B2C在线零售"模式,以车易拍为代表的"线下车况检测+线上平台竞拍+线下交车服务"的 B2B 模式等。

人人车采用了直接沟通买家和卖家，充当交易第三方平台的角色。卖家不用出家门，人人车派人上门完成拍照定价以及 249 项现场检测评估，并出具书面报告。车辆信息、车况图片和价格信息将在官网上呈现，买家满意可选择看车，人人车负责接送买家。买家现场对车况、价格和检测报告的内容进行核实、同意之后，即可成交。随后，人人车会提供双方一个非常详细的上架检测，如果三方都不存在什么问题，则人人车直接包办之后的过户手续，而如若存在问题，三方还可以再进行协商。

因此，作为交易中介，人人车负责的内容主要有：上门为卖家搜集车况信息、协助卖家制定价格；接送买家去看车、提供买家车况信息、协助验车；为双方包办过户。人人车收取的中介服务费只占成交价的 3%，最低收费 2 000 元，8 000 元封顶，远低于实体二手车商的 10%~15% 的中介费；此外，买家还享有该平台承诺的 1 年 2 万公里免费质保和 14 天无理由退车等服务政策。卖方可以付出最少的时间和精力，车辆售出后也不再承担任何责任；而买方也在车况和价格方面全程得到协助，售后质保也让买家放心。

2015 年 8 月，人人车完成了由腾讯战略领投的 C 轮融资，融资金额高达 8 500 万美元。融资之后，人人车的估值已高于 5 亿美元。此外，人人车也成为国内第二个获得 BAT（百度、阿里巴巴、腾讯）投资的二手车电商平台。

二手交易市场火爆的动因

商品经济时代的消费者，尤其是年轻人，习惯在商家包装出的各种购物狂潮中冲动消费，受价格低廉、节日气氛等因素的影响，累积了很多使用频率不高的闲置产品。二手物品交易的出现便为冲动消费的人们提供了一种出口，将自己的闲置物品转卖给需求程度更高的人，并获得一定的收入。再加上商品高速的更新换代，许多物品都会随着消费升级而变成闲置物品，二手交易使它们能够继续发挥剩余价值，满足不同人群的需要。生活中还存在许多为了应对突发状况，购买后只使用过一次就不再需要的"一次性"物品。二手交易正好增加了这些物品的流动性，提高了物品的利用率，符合"环保节约，循环使用"的理念。

社会观念的更新也使得使用二手商品不再是一件难以启齿的事情，反而日益成为"时尚"。物价水平高居不下，尤其是大城市生活成本的提升，使得高档商品这类需求弹性大的产品需求量下降，二手商品的低廉价格满足了很多消费者平衡产品和价格的需求。

二手交易两类模式

目前，分享经济视角下的二手物品交易平台的运营模式主要有以物易物类和付费获取类两种。

Yerdle 是一个以物易物的二手商品交易平台，用户只需支付物流费用，即可免费购买平台上的物品。该平台上的二手商品交易并不产生货币支付，用户出售商品后会获得信用"积分"。最初注册的用户可获得平台赠送的 250 积分，用户通过平台上的物品买卖行为来获取信用积分，积分的存在建立起了另一种形式的信用体系。Yerdle 建立起分享经济平台的同时，还建立了新的征信体系，形成了完整的商业模式。类似的网站还有 Swaptree 和 Freecycle 等，目前我国还未产生这种形式的二手交易平台。

另一种类型就是更为普遍的付费获取类，即采用付费买卖的方式在网上实现二手交易，我国的淘宝闲鱼、良衣汇、拍拍二手和转转都属于这一类型。淘宝闲鱼平台上，只要你是淘宝用户，你就可以直接登录，直接转卖已买到的宝贝或闲置物品。卖方可自由设置转让地，并在平台上公布自己的所在地以及联系方式等信息。同时平台上用户的淘宝购买情况和信用记录都是公开的，可为闲鱼平台上出现的信用和交易安全提供保障。国外典型的付费获取类平台还有服装交易平台Poshmark、儿童用品交易平台Kidizen等。

二手交易的未来

根据网购产品推荐网站"什么值得买"的估算，美国2013年二手物品交易约占总零售规模的0.8%。若中国2015年的二手渗透率与该水平相同，则根据18.3万亿元零售额数据可估计出2015年我国二手物品市场交易规模约为1 462亿元。再加上多年来二手物品缺少流通渠道的情况，市场的规模可能比估算的更大。

目前，我国的二手交易平台呈现出良好的发展趋势，其资本市场保持着较高的活跃度。据估计，已拥有超过5万交易社区的"闲鱼"在2015年资本市场融资已达30多亿美元，而且平台上每天可成功交易超过20万件闲置物品。此外，良衣汇也已获得了300万元人民币的天使轮投资。而2015年底，作为二手闲置奢侈品交易平台的"胖虎"也获得千万元人民币的天使轮投资。

二手商品的特殊属性也为在线交易带来了隐忧，最核心的就是围绕商品质量产生的诸多问题。P2P模式虽然方便了买家和卖家之间的信息沟通，但是二手商品的质量、品相等诸多条件很难评估，综合性二手物品交易平台的商品类型繁多，仅凭线上信息无法全面了解。一般情况下，消费者需要自行评估二手物品的真伪、质量、来源，再加上卖家和平台都无法提供二手物品的售后服务，购买二手物品还是存在着一定的风险。

未来的二手交易行业需要专注于打造属于自己的平台品牌，积累起稳定的用户群体。此外，产品的来源是二手交易的核心，二手交易平台需要制定更加规范化的流程和方式，严格把关二手商品的来源、质量、类型等各方面条件，切实保护消费者权益。

第十七章　时间剩余的分享：身份崛起

2016年，你可以不再需要找一个朝九晚五的工作，你可以成为身兼数职的自由人，你也可以创业成为"自己的老板"。这一切要归功于"身份"的崛起。

在计划经济时代，通常认为工作岗位和职业身份基本是一体，工作岗位几乎等同于职业生涯的全部；在市场经济时代，有了就业岗位的说法，岗位不再是一个螺丝钉，拧在哪里算哪里，身份和岗位开始脱离，身份往往是岗位的补充；而在分享经济时代，就业岗位干脆让路，职业身份上位。

如果你能够通过互联网，随时随地把自己的劳动、知识、技术、管理经验转换成实际收益，又何须把自己约束在一个朝九晚五的岗位协议里呢？传统的就业理论看来，没有雇用协议，就等同于失业。但是现如今，一个"失业"的你，却拥有了无数新的"身份"，增加收入的同时，实现了自身价值，也为社会创造财富。借助"分享经济"的东风，固定的工作岗位消失了，临时的工作身份崛起。个人闲置资源的分享，对传统的就业模式产生了重大的冲击。

伴随着分享经济的普及，大量的临时性工作需求实现了供需匹配，通过众包、威客等等平台活跃在互联网上。私人大厨、私人外教、私人大夫、私人助理、私人顾问和私人物流等等，快速地吸引人们来到这个新世界开疆拓土。

私人大厨

私厨是指为私人做饭菜的厨房或个人，也可理解为私人定制的厨房。借助互联网平台，私厨文化逐渐走进大众视野，在一、二线城市蔓延。在平台上，私厨们将美食分享给其他人，在增加收入的同时获得满足感，对食客们来说，在享受各种各样美食的同时还能交到朋友。这不仅仅是对劳动力资源的充分利用，也是生活方式的变革。

根据前瞻产业研究院发布的《2015—2020年中国互联网餐饮行业运营模式与投资策略规划分析报告》资料，近两年，中国的私厨分享市场正在酝酿规模，等待爆发期的到来。近年来私厨行业大规模发展的原因有如下几点：

第一，节省时间。

众所周知，大城市上班一族的工作时间基本都超过8小时，他们没有多余的时间用来买菜、做饭，出于中高收入工作节奏快的考虑，一线城市居民请厨师上门做饭的需求正在释放，使得私厨分享平台有机会进入人们的视野。

第二，性价比高。

纵览几家私厨上门的宣传材料，价目大概如下：四菜一汤69~79元，六菜一汤99~109元，八菜一汤129~169元。因此，合理的价位使人们并不排斥私厨这个新兴领域。另外，实现"饭来张口"的愿望也是越来越多消费者进行尝试的重要原因。

第三，更有质量更有参与感的就餐体验。

随着近些年来生活质量的逐步提高，私厨强调的就是就餐氛围及贴心的服务，因此它的出现为人们就餐提供了新的选择，给人们带来了更有质量更有参与感的就餐体验。

第四，随时随地吃上家乡菜。

真正正宗的地方美食一定都是在寻常百姓家的，城中来自五湖四海的异乡人都能在家里做上一桌最正宗的家乡菜来抚慰同为异乡人的味蕾。足不出城，就能品尝到最地道的四川菜、云南菜、广东菜等，还能听听料理人讲他们自己的故事。

第五，扩大社交范围。

中国古往今来的社交场景许多都是通过"饭局"来完成的。现代人工作压力大，社交圈越来越小，通过一场饭局的时间，认识一群志同道合的陌生人，原本完全没有交集的生活圈开始有了交集。从调查数据来看，无论是私厨用户还是私厨主人，都对于社交有着较强的需求，他们对于一个私厨饭局最大的期待便是能够认识朋友，拓展人脉，并且他们也愿意为私厨主人组织的主题性社交承担更多溢价。

私厨市场主要包括社交饭局的到店服务、私人厨师上门的家政服务拓展、美食寄售的电商服务、私厨外卖的 O2O 外卖服务四种模式，整体市场处于培育期，尚无巨头出现。其中以高频＋刚需为主打的私厨外卖服务成为发展的新风向标。

据易观智库统计，2015 年中国互联网餐饮外卖市场规模达到 457.8 亿元人民币，其中百度外卖、饿了么、美团外卖占据市场份额 85.8%，三家处于主导地位。因为市场体量庞大，巨头之外 14.2% 的市场份额也约有 65 亿元的市场规模，可供私厨外卖切入的潜在市场空间巨大。

各类玩家从不同角度切入私厨外卖市场，觅食从 C2C 美食电商切入美食外卖，烧饭饭从厨师上门服务转型到外卖服务"味蕾"，e 袋洗从"小 e 管家"拓展到了"小 e 管饭"，豆果美食上线电商平台"优食汇"，半成品食材销量占比很大。

在私厨领域激烈的竞争中，目前群雄逐鹿的竞争态势下如何拓展新的增量市场，更快地跑出规模，拥有绝对话语权，同时向其他场景延伸，从多个场景覆盖用户需求，都是未来发展方向。

私人教师

互联网有效连接教育提供者和学习者双方，打破原有教育产业信息不对称的局面。分享经济在教育领域产生的新的身份是私人教师。比如，一个住在纽约的教师可以给一个身处北京的孩子上口语课，使在线英语培训迎来颠覆式的变革。

网络教学持续升温，VIPABC 网站就开发了这个新业务。VIPABC 目前有超过 4 500 位英美系外教，遍布全球 60 多个国家、80 多座城市，为学习者提供 24 小时真人在线服务。至今，已有超过 1 000 万人次的英语学习者在 VIPABC 见证了在线英语学习的卓越效果。

VIPABC CEO 杨正大博士表示："我们将率先开放平台供全球使用，未来不论瑜伽、烹饪或任何专业技能，只要拥有任何一种技能，都可以利用我们的平台在全世界任何一个地方和任何一个人分享。'按需所选，专家随点'的随选专家时代已经来临。"

除了其他行业从业者的兼职教学，学校在职教师同样可以实现网上教学。例如阿凡题，引入公立学校老师兼职答疑，打破不同区域教师资源的差异。轻轻家教等提供家教老师的搜索和一对一上门面授服务。跟谁学,线上+线下模式相结合,完成知识获取、答疑以及线下服务的闭环。

分享经济在教育行业,改变了教育资源在时间和空间上的不均衡,传统分享经济模式拓展了教育资源的增量市场,提升供需匹配效率,而新兴的分享经济模式则是关于教育方式的创新。教育领域的分享经济,刚刚起步,正待绽放。

私人大夫

在中国,紧张的医患关系,是社会关注的焦点。随着分享经济与医疗行业的结合,医生不仅可以在空余时间分享基本的问诊服务,还可以选择多点执业或上门服务等新兴模式。同时医院和诊所的闲置资源可以充分利用和流动,缓解看病难、看病贵的问题,打通移动医疗的线下闭环流程,推进分级就诊制度。

传统医疗体制下,医院的设备器材是属于医院的财产,很多精密仪器、设备很大程度上也处于闲置状态。以病床为例,据卫计委统计,2014 年,全国医院病床使用率为 88.0%,其中公立医院使用率为 92.8%,民营医院病床使用率为 63.1%,一级医院病床使用率为 60.1%,农村医疗医院病床使用率为 60.5%,全国社区卫生医院病床使用率为 55.6%,对比之下,三甲医院病床使用率为 101.8%。

私人医生有两种典型模式:

第一种,春雨医生模式。

随着春雨医生、丁香医生、平安好医生、好大夫在线等在线问诊平台的发展,通过众包的兼职医生,可以提供实时便捷的远程问诊服务,对于简单病症进行在线答疑,复杂病症提供转诊途径,未来将极大分流实体医疗资源的门诊需求，用户无须在医院挂号、排队等候，可以直接在网上询问。

对医生而言，可以让医生在空余时间分享医疗知识，建立个人品牌；对医院而言，公司积累的用户资源可以产生巨大的营销价值；对患者而言，医生可以在线解答患者提出的问题并给予相关建议，患者提出的问题趋同性非常强，运用结构化数据，为用户提供诊疗建议。

第二种，上门医疗模式。

国外已经出现了 Medicast 这种上门服务的私人医生。Medicast 能够为用户提供定制化的医疗解决方案，为医院搭建起技术平台，通过网络平台迅速地连接起医生和病人，从而使病人能够及时地获得符合自身情况的上门服务。

国内也有类似趋势。2015 年，阿里巴巴集团旗下"阿里健康""滴滴出行"和"名医主刀"三家公司联合在北京、上海、杭州和南京四大城市进行了两天试水，两天内四座城市共计两千多位用户使用了"滴滴医生"上门服务。

分享经济在医疗领域前景广阔。2015 年 6 月，国务院办公厅印发《关于促进社会办医加快发展的若干政策措施》中明确指出，要促进医疗资源流动和共享，促进大型设备共建共享，推进医生多点执业，加强业务合作，加快形成公立医院与社会办医相互促进、共同发展格局。随着医改的不断深入，私人医生会有更大的发展空间。

私人助理

传统威客服务，主要是面向企业的服务。威客模式的流行，使传统的"全员雇用，场地办公"模式已经过时，企业可以突破地域、行业或专业等因素限制，更加自由灵活地获取所需专业人才，向着虚拟企业的运作模式转变。例如国内专业服务企业猪八戒，已晋升成为独角兽。不仅是威客领域，任何有兴趣和技能的个体都可以通过这种众包服务成为企业的虚拟员工。

而现在这种模式又发生了新的变化。分享经济为更多的个人服务者提供了就业机会，各类聚焦于细分领域的 C2C 私人服务平台，使拥有各类技能和兴趣及碎片化时间的劳动力资源得到有效解放，使用户的专属个性化和便捷化等需求得到充分满足。

代表性的平台如国内的您说我办、国外的 TaskRabbit，都是定位于本地综合性生活服务的众包平台，TaskRabbit 依靠跑腿服务而闻名，日常琐事如排队、遛狗等都可以在这里实现。发布者在平台上公布需求并给出最高报价，接受方通过竞价争取，最后平台综合价格、距离和技能等因素确定最合适的人选。

除了这种主打跑腿服务的私人助理模式，私人养老看护也在逐渐成型。

私人看护

目前，中国已经成为世界上老年人口最多的国家，也是人口老龄化发展速度最快的国家之一，是全球唯一老年人口过亿的国家。按照国际上 60 岁以上老年人口占总人口的 10%，或 65 岁以上老年人口占总人口的 7% 作为国家进入老龄化社会的标准，我国早在 2000 年已进入老龄化社会。据全国老龄办预测，未来 20 年加速老龄化发展，平均每年增加 1 000 万老年人，到 2050 年左右，老年人口将达到全国人口的 1/3。

作为全球老龄产业市场潜力最大的国家之一,中国养老行业仍存在许多亟须完善之处。

据36氪报道,"陪爸妈"团队利用分享经济的方式切入居家养老行业,具体采用的方法是:通过聚合数百名医护人员进入社区,进行属地化"邻诊",即"社区医生上门检查+社区医院陪诊",来解决老人对健康管理的刚需。

除了社区医生外,平台还通过众包聚集了一批养老和护理专业毕业的学生,他们的角色是"健康管家",通常一个区域分布有20~30人。当用户提出服务预约后,健康管家们会先前往家中判断老人的具体需求,决定是否需要医护人员的介入。同时,他们也会提供诊疗咨询、康复护理、健康教育、中医针灸、体质测试、慢性病管理等一系列即时性、无须排队的医疗健康服务,帮助老人做到预防胜于就医,小病不出社区。

私人顾问

"在行"是一个很有意思的网站。你试过跟一个陌生人聊起你的困惑、或者是跟着素未谋面的人在陌生的城市游玩吗,"在行"网站就建立起这样一种社交方式,让你和一个素昧平生的人第一秒就推心置腹、玩得尽兴。

网友有文章这样点评:利用社会化众包完成对普通人的迷津指点,这就是分享经济的最大意义。据虎嗅网报道,"在行"目的是为了解决现有搜索、社区等网络渠道无法满足"个性知识需求"的悖论,是做个性化的经验分享,主打一对一、面对面的交流模式,其特征就是短时间内进行快速大量的信息交流。在行的首批行家乐于分享,擅长沟通,他们是"分享型人格大聚集",以用智力帮助他人为乐趣。这是"认知盈余"理论的又一次印证。跟在行相类似的以知识达人为模式的平台还有许多,比如 Skillshare、自得、榜样等。

私人物流

人人快递 CEO 谢勤在"第五届中国电子商务与物流企业家年会"上说:人人快递在"互联网+"的分享经济体制下诞生,核心就是协调有空余时间的城市居民,利用自己的闲暇时间,顺路捎带,在一定程度上保证了低成本的配送人力需求。未来人人快递要做到全民快递、全民销售,以后每个人都可以成为销售员,满足身边的朋友,以及自身的消费需求,真正实现自己给自己打工。

全民快递,这个理念体现了私人物流的含义。因而,人人快递,主要面向个体,提供"定时取""帮我买"等服务,将社会化物流与社会化销售相结合。此外,达达配送也正在探索另外一种创新——面向中小型商户,配送员基于 LBS(基于位置的服务)进行抢单—取货—送货服务。

不仅在同城配送,在跨城快递领域也有新的突破。

空间客车是一家利用社会闲散资源实现快递当日达的快递 2.0 时代的技术服务平台,采取的就是一种众包物流的模式,是分享经济在快递行业的另一种表现形式。空间客车想要整合闲散的"归人"资源,解决的是远距离、跨城市的快件时效问题,从高铁、飞机的闲置空间切入,小快递件由此见缝插针,让旅行也能赚外快。一般快递公司需要 2~3 天才可以到达,最快的顺丰跨城运送也很难做到当天到达,而空间客车可以做到城际 9 小时内达到。对于那些急需要拿到物品的用户来说，他们愿意支付一部分费用来满足需求。[①]

被称为"最后一公里物流"的同城货运也存在着极大的发展空间。同城货运区别于全国联网的物流服务，而是近提供某个城市内部的短距离物流服务。同城货运的使用能够极大地降低物流成本，提高物流效率，充分利用我国千万货车司机几乎全部空车返程的现实情况。

非标准化的服务才能满足个性化的需求。随着人们生活节奏的加快、工作压力的加大、生活的空余时间趋于碎片化以及对生活品质更高的追求，"代买＋配送"的服务模式正逐渐兴起。分享经济大趋势下，平台对接"有钱没闲"和"有闲没钱"的两大人群，既利用了碎片化时间，又一定程度上减少了社会资源的浪费。

---

① 延展阅读：http://b2b.toocle.com/detail--6292978.html。

第四篇

影响篇:供给侧改革

分享经济与中国当下进行的经济体制改革有着密切的联系。分享经济可以提高存量资源利用率、增加社会总供给、提高消费购买力、扩大消费需求,为宏观经济结构调整提供新的思路。

2015年,中央提出了"供给侧改革",要实现中国经济的"动力转换",把服务业变成经济增长的"主引擎"。分享经济为供给侧改革提供了新的视角,目前已经出现了两大机会窗口,分别是化解地产库存和服务业升级。

从第一个机会窗来看,分享经济以租代售的模式,为化解房地产库存提供了新的解决思路。目前中国房地产沉淀房有2.2亿套,空置房近5 000万套,已经累积了6.86亿平方米的房产库存,以现在的销售速度,至少需要8年才能全部销售完。按照分享经济该怎么做呢?途家网实践了两种做法,一是分享经济平台与开发商合作,批量签约来销售库存房源,这为开发商提供了增值服务,促使有管家、带租约和可交换的房产出售;二是分享经济平台发展以租代售,通过连接开发商、业主和消费者,满足各类租房需求,迂回地盘活了长期闲置的库存房屋。

从第二个机会窗来看,分享经济为服务业增长提供新动能,实质性地推动了结构调整。具体表现为三方面:第一,分享经济通过互联网社会化平台,将社会闲置的库存资源变成新供给。比如个人的房屋、车辆、资金和知识、经验技能等资源,可以在全社会范围内大规模地实现供需匹配，同时还可以降低交易成本。第二，有效地扩大了消费需求。以出行为例，北京有 2 000 多万人口，而满足出行需求的只有 6 万多辆出租车，滴滴、Uber 等平台释放了社会化运力，将之扩大到数百万辆私家车，消费增长数十倍。第三，分享经济促使就业机会大大增加。目前以猪八戒网、人人快递等为代表的新兴在线雇佣、众包快递等平台，已经提供超过 3 000 万的就业机会。总之，各类分享经济平台的发展，带来了各种便利条件，为促进服务业发展提供了新动能。

此外，分享经济改变了传统的雇佣模式和就业模式，开辟了新的就业渠道和机会，有助于缓解供给侧改革的就业压力。

分享经济还可提高资源利用率，减少资源消耗，能够减缓对未开发资源的消耗速度，其在新能源领域的应用也促进着环保产业的发展。虽然分享经济与污染排放之间的关系较为复杂，但在本篇内我们将从辩证的角度来看待这个问题。

就本体论而言，"分享经济"一词的出现，就意味着经济的定义要改写了。英国人对此先知先觉，他们在英国商业部报告《英国的分享经济》（The Sharing Economy in the UK）表达了一个观点，即目前官方的 GDP 并没有将分享经济所带来的经济效益纳入核算，尽管分享经济正处于快速成长阶段，但仅通过官方数据无法追踪其对经济增长的贡献。何止英国，在全世界都是如此，更不必提中国了。

第十八章　扩大供给

扩大供给有两条路，第一条是提高闲置资源利用率，第二条是产生新的供给来源。

提高资源的利用率

从大家最心爱的私家车说起。

没有打车软件之前，私家车大部分时间处于闲置状态。交管部门有数据统计，在中国，一辆私家车的平均使用公里数大约为20万公里，而一辆出租车的平均使用公里数超过60万公里。原因是私家车闲置时间比出租车要长得多。

比如你有一辆车，加盟滴滴出行前后，使用率有什么变化呢？

没有进入滴滴前，每天跑1小时，进入滴滴后，每天多跑了0.13小时，显然，利用率提升了13%。

每天跑1小时，这个数字来源于2015年12月1日的《学习时报》的一篇文章，我国一辆小轿车每天平均闲置时间是23小时，即每天跑1小时。

加入滴滴每天跑1.13小时，来源于推算，《中国智能出行2015大数据报告》显示，滴滴2015年累计完成订单14.3亿单，行驶时间 4.9 亿小时，滴滴平台的汽车总量估计超过 0.1 亿辆，$4.9 \div 0.1 \div 365 = 0.13$，平均每辆车在加入滴滴后每日多跑了 0.13 小时。

据中国 IT 研究中心（CNIT-Research）正式发布的《2014—2015 年中国移动出行应用市场研究报告》显示，现在中国有 13 亿人口，一天约有 4.5 亿人有出行需求，其中 3 000 万~5 000 万人是用出租车和专车。以此来看，人车比 =13 亿/3 000 万≈40∶1

以北京为例，作为一个常住人口已经超过 2 000 万的大城市，按照 40∶1 的人车比来算，至少要 50 万辆出租车。而 2015 年北京市的出租车数量仍维持着 2003 年以来的数量，仅为 6.6 万辆，远远无法满足人们日常的出行需求。

除了私家车之外，我们也能将闲置的客车、货车用于同城物流等领域，例如 G7 货运人、物流 QQ 货车帮、云鸟配送、货拉拉、1 号货的、蓝犀牛等同城货运平台，都提高了机动车的利用率，补充了社会货运车辆的运力，大大提高了资源的利用率。

在其他领域，原理也是如此。

产生新的供给来源

过去，社会供给的提供者主要是以企业为主，现在，供给面扩大到了个人。私家车，仅仅是冰山的一角。

随着个人和企业把闲置资源拿出来分享之后，即使工厂没有生产新的汽车、衣服等商品，开发商没有建造新的楼房，社会总供给也得以增加。

以旅游住宿为例，过去旅游，游客只能住酒店、宾馆，在旺季的时候，常常会遇到酒店客房爆满无法入住的情形。而现在，通过在线短租，可以选择入住民居，民居一下子扩大了旅游住宿供给总量，而且，在某种意义上，这种供给几乎是无限的。根据途家网 CEO 罗军介绍，自 2011 年 12 月 1 日途家网平台正式上线运营以来，目前已覆盖中国大陆 288 个目的地和海外及港台地区 353 个目的地，在线房源超过 40 万套，包含公寓、别墅、民宿等各种房源。目前，途家已与国内 172 个政府机构签约，并与大量国内房地产开发企业达成战略合作，签约管理资产超过 1 000 亿元人民币，签约储备房源超 60 万套，正在洽谈的房源项目超过 1 万个，未来途家网的房子可达到 100 万套。面对这些数字，不由得让人兴奋，这难道不是一种新供给力量的崛起吗？

在房屋短租领域，除了途家以外，还有蚂蚁短租和木鸟短租等创业公司，它们也分别开发了近 30 万套精品房源，覆盖全国 300 多个城市。

据途家网官网数据显示，在目前国务院经济研究所统计显示的 5 000 万套空置房的房东中，约有 6% 愿意将房屋用于在线短租，这就意味着未来至少还有 300 万套房源进入在线短租市场，这将大大增加中国的旅行住房供给。

第十九章　扩大需求

从需求来看，分享经济能够提高消费者的实际购买力和消费者福利，从而拉动消费增长，在经济下行的形势下形成新的经济增长点。

提高实际购买力

一般来说，实际购买力的提升有两个原因：（1）成本降低；（2）收入提升。而分享经济恰恰就能从这两个方面同时提升消费者的实际购买力。

成本降低

成本的降低来自两个方面。第一，直接成本的降低。分享经济是基于互联网的平台经济，在这个平台上，供需直接匹配，减少了信息不对称，同时能够免除复杂的手续和昂贵的中介费用，降低交易成本，相对地提升了消费者的实际购买力。第二，选择成本的降低。比如选择租住民居的成本，显然要比五星级酒店低廉许多。按目前国内经济型酒店的定价，一个标准间每天需要150~300元，一个普通套房每天需要400~700元，而一个总统套房每天需要1 500~3 000元。而在短租平台，我们用每天不到100元的价格，就能整租一个房间，而整租多个房间也不过需要 100~800 元，如果整租别墅（200 平方米以上），每天只要 800~3 000 元。

波士顿大学乔治斯·泽尔瓦斯教授带领的研究团队还发现，面对 Airbnb 的竞争，传统酒店通常采用降价的策略，这在中低端酒店尤为常见。Airbnb 的用户对价格较敏感，相对于传统酒店来，价格折扣策略是有效挽回用户的好办法。这样一来，所有的旅行者（不光是 Airbnb 用户）都因 Airbnb 价格折扣策略受益，因为住宿成本更低了。

可能有人会怀疑，一些分享经济的领域，比如私厨，提供的一顿饭的人均价格要高于某些常见的餐厅。我们要如何断定分享经济确实能够减少中介费用、降低成本的呢？

这是一个需要考虑不同参考系的辩证问题，但毋庸置疑的是，目前共享厨房模式的几个平台，例如觅食、我有饭、回家吃饭等，免去了传统餐厅房租、服务员的工资等费用。与同等的菜品、就餐环境相比，私厨模式的价格优势或许不那么明显，但质量上却比一般饭馆更有保障，当然更不用说它可以带来的社交体验这样无法用金钱衡量的福利了。

收入增加

分享经济面向普通人提供通过身边资源参与经济活动的渠道，进而产生了新的财富流通渠道，消费者自身可以作为分享经济中的分享者获取常规工作收入以外的额外收益，增加整体收入，这在一定程度上（不考虑通货膨胀的情况）又使得消费者的实际购买力得到绝对的提升。

《福布斯》杂志就曾估计，2013 年通过分享经济直接流入分享者的收入，让提供分享的人加起来挣了 35 亿美元，每年增幅超过 25%。

白宫经济顾问吉恩·斯珀林（Gene Sperling）在对 Airbnb 的研究

中发现,这个平台的大部分房屋出租者是工薪阶层,他们将自家的主卧空出来租给旅行者,频率大概在每年 66 天。这项业务每年为中产阶级家庭带来约 7 350 美元的额外收入,可将中产阶级家庭的年收入提高 14%。而据 Airbnb 统计,旧金山的房主平均每年出租 58 天,可获利 9 300 美元。

根据 The People Who Share 网站发布的报告《国家分享经济报告(2013)》(State of the Sharing Economy Report 2013)显示,英国分享经济参与者平均每年赚取 416.16 英镑的额外收入,部分较高的达到 5 000 英镑;美国分享经济参与者 2013 年共赚取额外收入达到 35 亿美元,同比增长 25%。

著名的汽车租赁平台 RelayRides 也曾做过调查,每一个通过该平台出租汽车的私家车主,平均每个月能挣到 250 美元,有些车主挣的钱甚至足以抵消当初购车的费用。

据英国商务部发布的一份名为《开启分享经济》(Unlocking the Sharing Economy)的独立报告,在英国有超过 2 万名业主通过 JustPark 出租他们的车位,平均每年能够获取额外收入 465 英镑(在伦敦为 810 英镑);人们通过 easyCar Club 出租自己的汽车每年能够赚 1 800 英镑。

在国内,虽然没有官方数据显示分享经济使得居民收入提高,但我们可以从几个领域的代表性平台加以观察。

据滴滴出行的调研数据统计,96.5% 的司机在从事专车服务后,每月收入都有了不同程度的提升,其中 78.1% 的司机收入提高了 10% 以上,39.5% 的司机有 30% 以上的收入提高。2015 年 12 月 30 日,滴滴专车司机杨峰(化名)说:"这几个月我一共接了 2 000 多单,加上滴滴的补贴,效益还可以。"杨峰还表示,他只是兼职出来开滴滴专车，平常经营着一家餐馆。"原本我开的是一辆起亚 K2，这辆帕萨特是我新换的，首付款就是我这几个月当专车司机赚的钱。"

在果壳网推出的"在行"平台上，有需求的用户花费每小时 200~500 元的聊天费用，可就互联网、理财投资、教育等方面存在的疑惑进行咨询。我们假设一个"行家"平均每月提供 10 小时的咨询服务，那么一个月即可获得额外收入 2 000~5 000 元。根据对"在行"网站上行家人数的统计，目前该平台上约有 8 000 位行家，其中 56%住在北京。截至 2016 年 2 月 29 日，成功约见最多的是诸葛思远，她已经以 499 元/次等价格共进行了 645 次一对一线下面谈，收入已超过 30 万元。

再来看以回家吃饭、好厨师、小 e 管饭、妈妈的菜、蹭饭等为代表的"私厨"平台，目前好厨师平台上共有 500 多名厨师，而回家吃饭运营总监周统表示"目前在北京已经有上百个小区的 1 000 多人通过自家厨房做饭当兼职"。参照好厨师平台当前统一的定价，在自采食材的前提下，六菜一汤为 99 元，四菜一汤为 79 元，我们假设兼职厨师每天做 4~6 道，每月的额外收入就能够达到 2 000 元左右。据《法治周末》报道，赋闲在家带孩子的张丽（化名），也在网上找到了能让自己忙活起来的事儿。她表示，原本她每天都要做一家人的饭菜，现在只要每餐多做一些饭菜，就能送外卖了，如同做份兼职的工作一样，多少能带来点收入。

新的消费增长点

我国当前积极倡导培育新的消费增长点，靠出口、消费和投资三驾马车来拉动经济增长。在目前经济下行压力不断增大的情况下，拉动内需成为应对经济下行压力的核心手段。

分享经济的出现为中国实现经济结构调整、转变经济增长动力提供了新的可能性。与传统产业运行环境所不同的是，分享经济无须额外的新投入来刺激经济增长。它所做的是现有社会资源的合理再分配，通过最优化配置供给方（产品、服务）和需求方，从而提高全社会的运行效率。

美国行动论坛在研究报告《独立承包商与新兴零工经济》中得出了一个重要结论：虽然分享经济还处于早期阶段，但它将成为21世纪美国经济的重要增长点。

同理，分享经济也会为中国经济的重要增长点。

以短租为例。根据艾瑞咨询《2016年中国在线度假租赁市场研究报告》和易观智库《2016中国在线度假租赁市场C2C模式盘点报告》显示，2015年，中国在线度假租赁市场交易额约为42.6亿元，同比增长122.0%。艾瑞咨询认为，2016年下半年至2017年，因出境游的带动，出境度假住宿市场将实现高速增长。2017年，预计整个中国在线度假租赁市场的交易规模将达到103亿元。

根据2016年1月蚂蚁短租联手搜狗大数据发布的《2015国内出游及短租趋势发展报告》显示，2015年，国内旅游突破40亿人次，中国国民出游率人均超过3次。而蚂蚁短租平台数据则显示，平台用户出游者比例高达80%，用户选择短租，主要为解决旅行中的住宿需求。

报告还显示，艾瑞咨询、速途研究院、易观智库等机构关于"2015年国内短租的市场规模环比增长163.0%，预计超过100亿元"的预测似乎有些保守。

随着短租市场规模的不断扩大，短租必将成为中国一个新的消费增长点。

在出行领域,租车市场的规模正在不断壮大。罗兰贝格战略咨询公司的报告指出,2013年,中国汽车租赁市场规模为340亿元,并将在2018年增至650亿元。

在二手物品交易平台,闲鱼的资本市场估值已超过30亿美元。根据闲鱼官方数据显示,此平台上每天有超过20万件闲置物品实现了成功交易。在闲鱼平台上,主要进行交易的有数码产品、运动器械和衣服鞋子等价值并不小的二手商品。我们假设每件商品均价为100元,那么每天成交额为2 000万,每月成交额为6亿,年成交额达72亿。

同为闲置物品交易平台的"转转"也打出了"每日解救价值560万元的闲置宝贝"的标语,年成交额可达20亿。

普通的商场,例如北京西单大悦城购物中心,2015年上半年销售额约为人民币20.49亿元。两相比较,可见二手物品交易已经达到了不容小觑的市场规模。

也许有人会疑惑,传统经济下与这些需求相对应的新产品的消费交易额更大,为什么分享经济更有潜力拉动经济增长?

我们认为,原本有很大一部分的消费需求因为价格过高被极大地抑制,以短租房屋为例,并不是所有人都住得起酒店,但短租房屋却满足了更多人的需求。人们可以通过较低的价格占有或是使用所需的产品和服务,当这些被抑制的需求得到释放的时候,消费总量也会随之增加。

第二十章 就业机会

根据中央经济工作会议，化解产能过剩将是2016年供给侧结构性改革的五大任务之首，这其中涉及"僵尸企业"合理有序地退出市场。由于国企重组、僵尸企业退出市场等因素，势必会对我国就业形势产生很大压力。

分享经济的发展能够提供多样化的就业渠道和机会，身份的崛起，提供了新的就业机会，缓解了社会就业压力。注意，这里提的是，就业机会，而非就业岗位。就业机会是临时性的，双方可以不签协议，体现为一种"职业身份"；而就业岗位是相对固定的，有老板和雇员的角色分别，一般需要签署雇用协议。

美国人对此最有感触，他们表现出了一种更为激进的乐观态度。美国知名风投基金经理詹姆斯·阿尔托奇是个有趣的例子，他有很多"职业身份"，除了写书、写文章，还是一个创业者，创办以及联合创办了20多家公司，同时还是一名活跃在Podcast上的播客玩家。

詹姆斯在最近发表的文章《2016年，你需要辞职的10个理由》中给上班族们敲了一记醒钟：拿着固定工资的白领，是时候摆脱掉朝九晚五，转而在互联网上实现职业自由人的蜕变了。文章提到，"过剩能力"经济只会发展得越来越庞大，这其中有很多平台可供选择，不仅仅是Aibnb和Uber，还有 阿里巴巴、eBay、Etsy、Infusionsoft

等一系列公司。所以，为了提前在未来赢得先机，那么你现在就应该环顾四周，检视自身，看有哪些富裕的东西可以拿出来当作商品放到市场上去交易。之所以说检视自身，是因为你智力上的"富裕"也是一种资源，千万不要小看你的脑力。我们生活在"想法经济"时代，随时可以让自己成为一个创意工作者。

下一个大事件

硅谷两位著名天使投资人罗恩·康威（Ron Conway）和艾瑟·戴森（Esther Dyson）以及斯坦福大学校长约翰·亨尼斯（John Hennessy）早在2014年彭博社举办的"下一个大事件峰会"（The Next Big Thing Conference）上便讨论了分享经济对员工和创业者们的影响。康威和戴森相信，Uber和Airbnb等公司正在创造就业，分享经济具有改变游戏规则的潜力，在被机器人接管之前，有些工作仍然需要由人来完成。

而早在2013年12月，波士顿大学的研究人员在对778名受访者进行调查之后，发现这些人在闲暇之余从"非正式工作"赚取的收入平均占到他们正式工作收入的4.4%。如果剔除人们出售物品或出租房屋的收入，该比例依然达到1.8%。

我们在之前提到，分享经济有时候也被称为"零工经济"（gig economy），美国行动论坛的研究报告《独立承包商与新兴零工经济》显示，2002~2014年，美国从事零工经济的人口增长了8.8%~14.4%，相较之下，同期美国总体就业仅增长了7.2%。其中，网络分享经济增长迅速，特别是Uber、空中食宿所代表的交通、住宿领域。比如，2009~2013年，交通共享行业为美国做出了5.19亿美元的贡献，创造了22 000个就业岗位。

显然，分享经济催生了一种新型的社会分工方式，改变了传统的雇佣模式和就业模式，人们可以依照自己的兴趣和技能，灵活选择工作机会，以自雇型劳动者的身份参与到经济活动中，而无须依托于相关企业，催生了更多自由人的诞生，就业机会的重要性越来越明显。

从众包物流来看，截至2015年7月底，人人快递网全国平台上的会员已达1 200万，自由快递员将近1 000万，每日产生几万个订单。达达目前已经覆盖了北京、上海、广州等40多个城市，服务超过15万家商户，日订单量达100万。2015年12月31日，达达又完成了D轮融资，融资额度在3亿美元左右，平台估值超10亿美元，成为新一家独角兽。

根据猪八戒网提供的数据，目前该平台上聚集了300万家微型企业和1 100万创意设计、营销策划、技术开发等文化创意人才和商务服务、装修服务、生活服务等服务人才。而另一家兼职类服务平台"微客"也拥有超过800万技术人才。

在拼车市场，根据易观国际发布的《2015年第三季度拼车市场监测报告》，滴滴顺风车、嘀嗒拼车、天天用车、51用车这四家企业目前占据市场份额的98.2%；滴滴顺风车接入司机数量达到550万人，占据市场份额约为69.0%。嘀嗒拼车认证车主数量为150万，其市场份额为20.9%。据此，我们估计拼车市场从业人数约为800万人。

分享经济能够吸纳产业升级过程中的大量冗余人力资源，无论是脑力劳动者还是体力劳动者，无须很高的就业门槛，也无须烦琐的流程步骤，在网络分享平台上，动动手指，就能将闲置资源在全社会分享，并获得合理的收入。

同时，分享经济下，职业自由人、个人、个体商户通过各类平台进行兼职或是服务外包,劳动合同不再成为就业过程中的必需品,短暂的劳务关系成为新兴就业市场中的主流。

2015年6月的麦肯锡报告也显示,全世界有超过2亿拥有各种才能的人可以从自由职业平台上获得更多的工时和收入,大规模业余化成为潮流。

自雇和产销者

从经济学角度来看,自雇型经济(self-employed economy)与分享经济(sharing economy)有很多重合的地方,只不过前者侧重于劳动关系的考察,后者侧重于商业模式的描述,两者有很大的交集。

在我国,存在着庞大的自雇阶层。社科院在《中国的阶层结构与收入不平等》一文中提到,我国自雇阶层人口约占全社会就业人口总数的11.51%,月收入占全社会收入的比重为13.89%,被视为"老中产阶层"的主要组成部分。按就业人口总数约为7.6亿计算,自雇阶层人口达到了8 700万人。该文中的自雇阶层,是伴随着城市化进程而产生的新名词,主要指从乡村或城市底层分化出来的阶层。他们往往技术水平不高,因此无法通过进入企事业单位工作的方式获得收入,很多人目前经营个体生意或家庭式作坊,是拥有一点资本的低层经营人员,以及无法或不愿进入企业上班的家庭经营者。

Self-employed,内地一般翻译为自由职业者。《十六大报告辅导读本》有解释:"中华人民共和国成立之前的自由职业人员,一般是指那些靠个人的知识技能独立为生的医生、教师、律师、新闻记者、著作家、艺术家等。现在,一般所说的自由职业人员,是指那些不与用人单位建立正式劳动关系,又区别于个体、私营企业主,具有一定经济实力和专业知识技能并为社会提供合法的服务性劳动，从而获取劳动报酬的劳动者。"

产消者指的是生产者（Producer）和消费者（Consumer）的结合，在分享经济下，消费者在参与类似 Uber 和 Airbnb 这样的分享经济平台时，很容易集供方和需方角色于一身，因此，自雇型劳动者与产销者密不可分。

在美国，自雇型经济的爆发源于经济低迷。2008 年经济危机之后，美国很多企业日子难过，无论是中小企业还是大企业，关门的关门，裁员的裁员，失业率一度高达 10%，奥巴马政府为此焦头烂额。但与此相反的是，自雇人员数量却迅速增长。《中国证券报》曾报道，现在美国每 3 个工作者中就有 1 人从事自由职业，从软件工程师、艺术从业者到销售人员，遍布各个行业，总数已经达到 4 200 万人，比 2005 年增长了 3 倍。《福布斯》中文网曾惊呼"美国正走向职业自由人时代"。招募机构 MBO Partners 预计，在 2020 年之前，美国职业自由人和独立工作者的人数将攀升至 6 500 万人。职业自由人，一个过去处于社会边缘的群体，如今正日益成为美国经济生活中不容忽视的存在，甚至有人把职业自由人经济称为这个时代的工业革命。

在日本，社会老龄化促进了自雇型经济的发展。据日本总务省公布的统计数据显示，2013 年，日本年轻劳动力人口当中，职业自由人所占比例达到 6.8%，创历史新高，以打工等形式工作的职业自由人人数为 182 万人。日本相关人士分析，日本社会的老龄化趋势加剧，再加上年轻人生育观念的转变，年轻人口的数量急剧下降。很多年轻人没有寻找正式稳定的工作，而是选择短期兼职或临时打工的方式，这一比例的年轻人数量处于高位，从而推动了自由职业者比例的升高。

中国经济发展已然进入新常态，GDP从高速增长转为中高速增长，参考发达国家，未来还可能进一步降低。并且伴随着中国社会老龄化，年轻人的就业观念也发生了变化，网络职业自由人的数量越来越多，这种倾向会越来越明显。

目前在自由职业市场的主要参与者有美国的Upwork和澳大利亚的Freelancer.com，两者都已经完成了多轮融资。Freelancer.com是目前全球最大的自由职业众包平台，覆盖247个国家，有1 700万职业自由人用户和800多万职位信息，整个公司的估值达28亿美元。2014年，Freelancer.com的净收入为2 600万澳元，同比增长39%。Upwork由成立于1999年的Elance和成立于2002年的ODesk于2014年合并而成，并在2015年更名。目前，Upwork的平台商有900万注册职业自由人用户和400万注册包发商，每年公布300万职位，估值在10亿美元，已融资1.688亿美元。

Upwork董事法比奥·罗萨蒂（Fabio Rosati）说："目前世界上有大约2.3亿知识工作者，未来全球的自由职业市场规模将达2万亿~3万亿美元。"职业社交平台LinkedIn也开始利用本身的平台和资源优势，试图切分"分享经济"这块蛋糕，把更多自由职业者和工作机会相连。

现实意义

"互联网+自雇"对中国经济社会有着重要的意义。

第一，促进就业。

20世纪90年代，国有企业的改革使数千万国企职工下岗；2008

年,国际金融危机的冲击力也使得城市就业机会面临寒冬,掀起了超过1 200万的农民工"返乡潮"。;近年来,部分钢铁、煤炭等行业面临过剩的问题,存在一些减员现象;科技的飞速进步推动了机器人的发展,部分机械性工作被机器人代替。近日,中国就业研究所所长曾湘泉认为,由于国企重组等因素影响,我国要准备迎接第二轮下岗潮。对此,央企中国国际技术智力合作公司发布的2015年第三季度聘用指数为–0.79%,同比大幅萎缩。

针对媒体报道企业裁员事件时,人社部部长尹蔚民表示:企业未形成"大规模裁员潮"。同时他也坦言,劳动力总量仍在高位运行。一方面招工难,另一方面就业难。由于服务业一线岗位劳动强度大、工资收入低,新生代农民工不愿意去,造成招工难。同时,每年700万以上的大学毕业生造成了就业难的问题。预计十三五期间每年就业人数2 500万,就业总量压力很大。

对社会而言,自雇型经济的意义在于,可以缓解就业压力,激活传统行业创新活力。能够自我雇用也是对就业市场的一个贡献,如果大批人都愿意这样做,那会大大缓解中国的就业压力。

众所周知,经济增长是决定就业的风向标。近年来,我国经济面临三期叠加的严峻考验,GDP增长逐步由高速增长向中高速增长回落,而全国潜在就业人数则有增无减,增速的放缓对于就业增长带来了一定压力。

自雇型经济为创新创业从另一个角度做了有力的诠释。人们发现,传统行业供需不平衡的现象竟然消失了,无论是脑力劳动者还是体力劳动者,在网络分享平台上,动动手指,就能将闲置资源,在全社会分享,并获得合理的收入。

据北京大学新媒体研究院专项调研显示,滴滴出行通过出租车叫车服务，已直接或间接创造超过 20.06 万就业岗位。

通过网络分享平台，自雇型劳动者实现了隐性就业，对显性的传统雇佣关系形成了有效补充。在经济下行压力下，自雇型经济无疑为就业稳定打了一剂强心剂。

第二，行业创新。

从行业竞争角度来看，"互联网+自雇"还有助于焕发传统行业的活力。

传统行业面临一个困境，日益僵化的市场系统难以满足日益增长的市场需求。比如城市交通出行，按照既有的供给规模和行政管理模式，远远不能满足庞大的消费需求，甚至于衍生出一些灰色地带——规模庞大的黑车市场。

自雇型经济有助于推动这种矛盾的解决。分享平台企业通过使自雇型劳动者和消费者直接对接，打破既有行业和企业禁锢，充分协调潜在的社会闲置生产力，以近似于一种完全竞争的市场模式，最大限度地激发市场创新活力，在为消费者带来更加多元化、便利化和经济性福利的同时，也极大地推动了传统行业的变革和升级，涌现出出租车行业改革、传统汽车厂商以租代买等新的气象。

Uber 号称全球最大出租车公司，但是没有一辆车。酒店巨头希尔顿成立近百年的历史，全球只有 71.5 万间房间，而 Airbnb 于 2008 年成立，短短 7 年时间，注册分享的房间数已经达到 100 万间。

这种创新优势体现在：一方面，分享平台企业以轻资产运营，协调供方不受成本限制，来源广更易满足用户的多元化需求，从而快速获得规模化发展。另一方面，尤为重要的是，平台企业只需为自雇型劳动者实际提供的服务买单，而无须为其承担其他额外的保险和福利支出，显然比同业务领域的重资产企业获得更好的投入产出，因而这种模式在资本市场获得高度认可。据统计显示，在全球 10 亿美元规模的创业公司中，Uber 和 Airbnb 均位居前三。

第三，虚拟企业。

从自雇型经济的角度来看，传统的"全员雇佣，场地办公"模式已经过时，取而代之的是企业组织更加弹性化：企业可以突破地域、行业或专业等因素限制，更加自由灵活地获取所需专业人才，向着虚拟企业的运作模式转变。

在这样的条件下，企业的人力资源将变得更加丰富。如果借助于外包和众包等模式，企业能够更加高效地匹配市场高峰和低谷的供需，构建更合理的企业劳动力结构。例如 Wonolo，面向零售商，提供临时搬货工的按需服务，帮助零售商灵活配置与调遣搬运人力。类似的还有 Zaaly 平台，面向企业提供临时人力服务。

为企业服务的不再局限于单一的受雇员工，还可以有很多顾问型的"外脑"。吸纳更多外脑智慧，能够帮助企业获取更多优质资源，尤其在文化创意服务领域更为明显，例如各类威客平台就为企业和个人提供专业服务交易。

两个挑战

自雇型经济给社会带来了一些挑战，其中最受争议的，集中表现为两点：一是自雇模式引发的社会保障系统风险，二是分享平台的信任问题。

第一，脱离社会保障安全网，自由的背后暗藏成本危机。

自雇型经济下，分享平台与接入的供方为独立承包人的关系，平台免于履行雇主义务，独立承包人为自我雇用，不享受传统雇佣模式下的各类社会保障，例如养老保险、失业保险、工伤保险、医疗保险、退休金、加班费、产假等福利。当劳动争议发生时，例如工伤，难以维权获得保障。如果在缺乏社会保障机制的条件下大规模发展，甚至有可能造成维护社会安全网的社会保障系统失灵的风险。

对于赚外快的兼职人员，本职工作和兼职工作之间的劳工纠纷难以清晰界定。而对于全职利用平台生活的自雇型劳动者，逐步意识到工作和报酬的不相符，例如平台虽然身为中介，但是仍对自雇者提出诸多管理要求，进而引发了大量该领域的诉讼。例如出行行业的Uber、Lyft，家政服务业的Homejoy，众包物流行业的Instacart等都惹上官司。据数据统计，一旦自雇模式被否定，对于创业期的分享平台而言，自雇型劳动者所带来的社会保障成本将增加30%以上，这对于创业型公司的扩张无疑带来重负。

除了面临着对与平台直接关联的供应方的权益保障的挑战，来自消费者的权益诉求也是自雇型经济平台目前正着力思考的问题之一。据媒体报道，2016年1月，南京一名大学生小陈搭乘"专车"发生事故，保险公司以车辆擅自变更使用性质为由拒赔。原来，该乘客小陈喜欢打"滴滴专车"，当事车主刘某在承载小陈途中因避让车辆与另一辆车发生碰擦，小陈也被碰伤。二人希望从保险公司处获得赔偿，然而保险公司在得知事故发生在"专车"运营过程中，认为刘某车辆是按照私家车投保的，而他擅自变更车辆使用性质，造成车辆风险增加，于是拒绝赔偿。车主刘某试图找滴滴公司，却也碰了壁。

这一事件最终经民警协调，乘客和车主双方达成赔偿协议。但值得注意的是双方都没有获得保险理赔，无论是刘某的私家车险抑或是滴滴专车方面的相关保险。这只是自雇型经济在员工权益保障和用户权益保障上存在漏洞的众多案例之一，类似事件在自雇型经济产生之初就不断出现,在全球各地陆续上演,随着社会对于自雇型经济的关注热度不断高涨,社会对身处其中的自雇型经济平台和公司无疑提出了更多质疑和要求,是亟须找到妥善解决方式的议题。

第二,管理模式松散,引发信任问题,影响分享平台长远发展。

分享平台将分享从强关系圈子拓展到弱关系的陌生人之间,信任是分享行为产生的前提,信任保障体系决定着信任的程度,进而影响分享的活跃度和平台的发展。分享平台的供方为自雇型劳动者,与平台之间是松散的管理模式,自雇型劳动者一方面约束力差、不稳定,同时来源广、素质参差不齐。对于平台而言,在急速扩张的同时难以保证面向客户的服务质量,带来各种信任问题,例如安全保障问题和不良的体验问题,平台因此需要投入较大成本进行补贴来维持供需方的黏性,并通过事后的一系列管理规则来规避和补救。

在本书的其他部分分析了分享经济发展中信任的重要性,信任问题也是分享经济当下面临的几大重要课题之一,虽然越来越多的分享平台进行了多种尝试,推进了信任保障体系的建成和完善,但也不得不承认这仍是一条漫长的道路,需要分享平台联合法律监管以及社会公众的共同努力。

第二十一章 环保

全面建成小康社会和改善生态环境是中国面临的历史任务，这种形式为环保产业提供了前所未有的发展机遇，也对环保产业的能力和水平提出了更高要求。很多观点认为，分享经济这一经济模式与环境保护之间是一种和谐并进的关系。例如英国商务大臣萨义德·贾维德（Sajid Javid）认为分享经济通过更有效利用资源，对环境有积极作用；此外耶雷米安·欧阳（Jeremian Owyang）在《一个市场定义报告：协同经济》（A Market Definition Report: The Collaborative Economy）中也将环境压力列为分享经济社会驱动力的一个重要方面。

分享经济与环保之间的关系有哪些？大致可以概括为三点：第一，减缓资源消耗；第二，减少污染排放；第三，促进环保发展。

我们在上文中已经提到，分享经济可以通过对社会存量资源的再分配来实现对已开发资源进行重复和高效地利用，这在一定程度上可以减缓对未开发资源的消耗速度。

减缓对未开发资源的消耗

"资源"可分为自然资源和社会资源两大类。而对于自然资源来说,它并非都是不可耗尽的,最典型的例子如矿物资源,采出一点其存量便少一点,尽管其中有的尚可循环使用。而资源消耗对环境的影响主要有二,其一是自然资源本身是环境的一部分,其耗竭带来的环境价值损失是无法挽回的;其二是资源消耗过程中如果超过了生态系统自身的修复功能,那么生态平衡就会遭到破坏,人类的生存环境也就会恶化,如会产生特大洪涝灾害、沙尘暴等等。

我们可以想象一下,在你需要的时候,如果你去买了一把二手的木椅子而不是买了新的,那么就会减少对木材的砍伐。如果很多人这么做,就会减慢我们对树木的消耗,使得生态系统可以进行自我调节,有利于环保。

除了木材外,还有各种各样的矿产以及水、石油、动物等等。阿克苏诺贝尔全球可持续发展和HSE(健康、安全和环境)部总监安德烈·维尼曼(Andre Veneman)曾说过:"资源将越用越少,人们应该用一种完全不同的思维模式,寻找全新的循环方式来应对这一问题。我们需要看到每一种材料的潜在价值,这不仅是企业社会责任,更是商业头脑。"而分享经济的商业模型恰好体现了人们用一种不同的思维去审视物品的潜在价值。

延长物品使用时间

在分享经济的三种基本商业模型中,二手交易市场最能体现分享经济对资源利用的影响。二手物品从闲置状态通过分享再次投入使用,延长了物品的使用时间(也就是增加了资源的使用次数,实现资源的重复利用)和使用价值(充分发挥了资源的价值,即资源的高效利用),在经济流程中系统地避免和减少废物,走出传统工业经济"拼命生产、拼命消费"的误区。目前,网上二手交易市场发展很快,说明大量的闲置物品重新被利用起来。如美国二手买卖占整个网购市场的10%左右。在中国，网上二手交易平台越来越多，比较出名的有58同城的"转转"以及淘宝二手平台"咸鱼"。与此同时，网上二手物品交易平台上的活跃用户也越来越多。例如，"转转"是在2015年"双11"的第二天上线的，根据"转转"官方数据显示，"转转"上线当天进入的用户发布的闲置商品数超过9000件，日活跃用户量近11万，下单数1 137单。而"闲鱼"近几年也发展迅速，只要是淘宝网的用户都可以直接进入"闲鱼"，无须再次注册，因此"闲鱼"的用户量也非常庞大。此外，据"闲鱼"官方数据显示，此平台上每天有超过20万件闲置物品进行成功交易，广受消费者与运营者双方好评。分享经济下的二手物品交易的成功意味着闲置物品不再局限于废物回收处理，而是变成高质量消费品被再利用，相当于延长了消费者对产品的使用，因此减少了资源浪费和过度消费。

减少资源消耗

以滴滴出行为例，快车、专车、拼车、租车、巴士等交通领域产生的商业模式也减少了对汽油等能源资源的消耗。

英国《经济学人》杂志的研讨结论表明，每一辆共享出来的车可以减少9~13辆在道路上行驶的车，甚至可以减少共享人的行驶里程数的44%，这可以减少人均能耗量。而根据麻省理工学院的研究发现，拼车服务UberPool能够减少55%的交通拥堵以及减少40%的出租车数量。此外，SideCar的首席执行官苏尼尔·保罗（Sunil Paul）也指出："由于创新的出现，我们认为，10年之后汽车的保有量将比现在减少一半。如今人们认为必须拥有一辆汽车，未来的观念将转变，有车坐就行。"

从以上数据可以看出，在出行共享领域中，分享经济可以减少人均能源消耗量和汽车保有量。一方面，汽车的生产量会因此减少，从而减少了生产新汽车的过程中所需资源的消耗；在另一方面，汽车保有量的减少在一定程度上也意味着释放了公路资源，减少了拥堵，而堵车会造成较大的能源消耗。因此，从这一角度来看，分享经济也减少了对资源的消耗。

减少污染排放

与上述两点不同，分享经济与污染排放之间的关系较为复杂，难以定性。从分享经济盛行的领域来看，金融与文化娱乐方面对污染排放量的影响较小；居民服务方面有可能会增加物资和服务流通过程中的交通运输，从而提高交通上的污染排放；与其他领域相比，分享房屋和汽车的发展可能对污染排放造成更为直接的影响。

第一，相关研究表明，与传统租住旅店相比，租用"分享房屋"可有效降低人均碳排放，这是由于公共面积较小，所需能耗较低，房客在家庭房屋中会更节约。Airbnb 在其博客《一个绿色出行方式：房屋分享的环境影响》（A Greener Way to Travel: The Environmental Impacts of Home Sharing）中展示了一个由环境咨询组织 Cleantech Group 编写的调查报告，该组织在 2013 年对全球 8 000 个房客和房东进行问卷调查，数据分析显示，欧洲房客住一晚 Airbnb 提供的房屋，与住酒店相比减少了 89% 的温室气体排放，在北美地区该数字也达到了 61%。从总量上来看，Airbnb 在欧洲和北美洲所减少的排放量分别等同于当地 20 万辆和 33 000 辆小汽车的温室气体排放量。同时，这个报告还说明了 Airbnb 有效地减少了旅客在能源和水资源方面的用量，环保作用十分明显。

第二，共享汽车的兴起能够减少城市堵车造成的污染排放。汽车共享模式减少了人均用车数量，缓解道路交通，同时停车用地的减少也会为城市绿化带来空间。德国不莱梅当地政府的研究结果显示，不莱梅每增加一辆共享汽车，私家车就会相应减少11辆。数据还显示，50%的人在加入汽车共享之前就拥有一辆车，但是加入汽车共享之后，约有37.1%的人放弃了私家车。波士顿咨询2016年2月发布的最新报告《汽车共享新前景：新型出行方式对汽车销量的影响》也显示：2021年预计汽车共享使汽车销量减少约5%，到2025年，中国汽车市场增长率预计将从11%降至5%左右。故从道路拥堵的角度来看，分享经济对减排存在着正效益。

第三，从生产端出发，汽车制造业作为重工业之一，属于高耗能高污染行业，二手车市场和共享汽车的发展也会减少新车的生产量从而减少其生产端的污染。2016年初，乘联会发布了2015年中国汽车销量排行榜，显示广义乘用车累计销量2 058万辆。《搜狐汽车2015年中国二手车交易数据分析报告》显示，2015年，中国整体二手车交易车辆（独立VIN）704.74万辆，实际过户量超过960万辆。如此比较发现，二手车交易量约占2015年汽车交易总量的1/3左右。另外，如图21-1所示，中国汽车流通协会2015年二手车调查报告调查显示，2014与2015两年间月度二手车成交量环比均呈上升的态势，二手车销售市场正在快速发展。

但是，不可否认的是，在同样情况下，二手车与新车相比可能存在耗油量大、污染更为严重的问题，故二手车市场的兴起所带来的最终污染影响，还需要从多方面进行考证。

第四，从消费端出发，分享经济模式对消费者需求的影响比较复杂：二手商品的兴起可能会使闲置物品在一定程度上替代消费者对新产品的需求，这个效应有可能会传导到生产端，减少新产品的产量从而减少生产端的污染。但同时，分享经济也有可能会激发消费者在更多领域的需求量，或者促进产品革新，增加产品更新频率从而刺激生产。再者，新需求的出现可能会增加商品服务的运输，从而增加交通带来的污染排放。所以从目前来看，分享经济在蓬勃发展的过程中对减排来说到底是功是过，还很难下确切的结论。

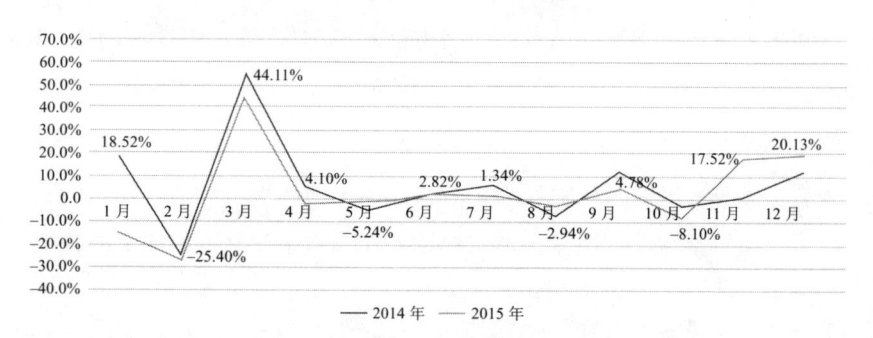

图 21-1　2014、2015 年二手车市场整体表现

资料来源：中国汽车流通协会

促进环保发展

国家高度重视供给侧改革，政策利好明确，对于环保企业而言，关键是如何从服务于过剩产能中解脱出来，寻找自身的产业转型升级路线。分享经济的理念逐步盛行，为环保产业降低了修行门槛，提供了新的发展的方向。

首先，分享经济目前已经被运用在电力行业中。如通过家庭光伏或风力发电，每个家庭就变成了一座小型发电站，自家需要用的时候就用，不用的时候就放在电网上共享。目前，德国已经在这方面开始了尝试，很多家庭用绿色能源（太阳能、风能等）发电，多余的电量就卖给国家或者其他家庭。经济学家以及未来学家杰里米·里夫金（Jeremy Rifkin）说，这使得德国大型的电力生产厂商少生产了7%的全国电力总产量，而大型的电力生产厂商生产电力的方式（一般为火力发电、核能发电等）并没有这些家庭式的分散小型电站环保（新能源发电产生的污染几乎为零）。因此这种小型发电站不仅可为居民带来收益，而且可减少环境污染，因此这种模式在德国受到推广。

其次，新能源汽车、自行车等环保出行方式可以借助分享经济快速发展起来。2015年，"初一嗨"租车还推出了出租新能源汽车业务，首批在北京地区投放华晨宝马之诺1E，在上海则投放了一批荣威550 Plug-in，后续或将逐步推广到其他业务城市。随后，绿狗租车在北京开展电动车分享业务，充电方便，价格实惠。易开新能源汽车共享云平台也在开展新能源汽车分时租赁业务。这些出行方式不仅减少污染排放，更为所到之处吹来环保新风尚。

互联网公司员工李先生就充分感受到了分享经济为现实生活带来的好处。从前他上下班只能费力挤公交或者花高价打出租车，现在只需要打个专车或顺风车，方便舒适还省钱。从前下班后还要愁晚饭吃什么，现在只要在下班前从"回家吃饭"上订好餐，回家时差不多正好拿到，晚饭轻松解决。亲身体验了分享经济的好处，李先生也跃跃欲试，希望也成为分享者中的一员。他正在申请新能源汽车指标，打算以后也加入顺风车行列，既方便了他人，还多了个增加收入的新渠道。

目前，北京几大高校内部，ofo共享单车正在引起校内大学生们的注意。总计 5 000 余辆的小黄车中,除创办起初部分车辆为平台方提供外,后期加入的车辆均为学生自身闲置车辆,通过平台统一粉刷和改造之后上线。由于共享单车使用更加自由,不用承担车辆维修保养成本,校内很多学生已经将使用频率不高的闲置自行车分享至平台,ofo 共享单车因此在较短时间内得到了较为迅速的发展,半年内,其平台共享自行车数量从 2 000 辆增长至 5 000 余辆。共享单车较大程度上提高了闲置自行车的使用频率,也降低了校内学生的出行成本。随着高校之间信息的交流和环保出行理念的进一步普及,ofo 等商业化的公共自行车产品也会有较大的发展空间。

第五篇

转型篇：奔赴新经济

第二十二章　分享主义宣言

分享经济正撼动着传统买卖交易行业的根基。人们不再把所有权看作获得产品的最佳方式，不再注重购买、拥有产品或服务，反而更多地采取一种合作分享的思维方式，更倾向于暂时获得产品或服务，或与他人分享产品或服务。

如果抓住这一点，看现在的分享经济思维，那就成了不是说你给我多少的问题，而是你我如何合作分享的问题。传统经济学的基本理念变了。

《新资本主义宣言》的作者乌玛尔·哈克说："如果那些被正式称为消费者的人消费减少 10%，而对等分享增加 10%，那么，传统企业的利润率将受到更为严重的影响。也就是说，某些行业必须转型，否则就会被淘汰。"

乌玛尔·哈克的预言，已经由传统企业的担心变成现实，分享经济的蝴蝶效应正在持续发酵。IBM 2015 年针对全球企业管理层的调研显示，高层管理者认为，Uber 式颠覆性入侵是即将到来的最大竞争威胁，竞争的边界越来越模糊。

IBM 调研报告指出，美国施奈德物流公司首席信息官朱迪·莱姆克认为："这是'Uber 综合征'，竞争对手以一种完全不同的业务模式闯入行业，你发现自己完全没有招架之力。"加拿大 Tangerine 银行的首席运营官伊恩·坎宁安说:"很难预测日新月异的技术环境。你无法了解自己缺少什么知识,但是却仍要努力保持领先地位。"对于参与调研的全球高管们来说,最大的威胁来自目前还没有被视为竞争对手的新竞争对手。

对于传统产业而言,分享经济是一次涅槃式的重大机遇。尽管某些既定的商业模式和收入来源会随着分享经济企业崛起而受到威胁,但也为企业转向这种可持续性更强的消费模式提供了大量转型机遇和潜在的赢利途径。

那么传统行业面对分享经济,怎样顺势而为,拥抱分享经济浪潮带来的市场效益?已有领军企业做出了表率和示范,在此将代表企业的招式汇总和拆解如下,供在分享经济浪潮下寻求自身突破的企业参考和借鉴。

招式一:拥抱

传统企业可以主动向分享经济领域转型,推出分享经济相关的产品和服务,从卖新和卖多向以租代售和二手交易转型。这种识时务的做法,已在汽车、零售和地产等行业初步成形。

汽车领域的创新业务

借助于分享思维,产生了许多创新业务,号称"生产一辆车,销售无限次"。

- **汽车分时租赁**

汽车分时租赁,类似于商业运营的汽车共享(Car-Sharing)。1948年瑞士苏黎世合作社首次推出了汽车共享方案,随后在90年代出现了大批商业公司。2010年开始，汽车厂商纷纷开展汽车共享业务，使用传统汽车或电动汽车来运营。

汽车分时租赁业务的模式比较相似，主流为依托GPS（全球定位系统）和电子钥匙等技术向用户提供便捷的按需租赁：注册用户通过GPS定位和智能手机搜寻最近的共享汽车，使用电子钥匙打开车辆后就可以享受服务。用完车后可以开回原地或者放在另一个汽车分享地点。这样一辆汽车可以循环高效地交给下一个人继续使用，提高车辆使用效率。

在全球来看，德、美、法等国的车企巨头，均将汽车共享作为战略型业务推向市场。

德国戴姆勒成立全资子公司戴姆勒智能交通服务集团，在2009年率先推出创新的城市绿色出行方案car2go，是最早做汽车共享项目的车企，成为该理念在全球的领导者和执行者。截止到2015年12月，car2go已拥有110万会员，在欧洲和北美的9个国家的31个核心城市成功运营，成为全球最大的汽车共享项目。

2015年12月，car2go在重庆开展汽车共享项目"即行car2go"，开始其在亚洲地区的首次内测，计划2016年正式投运。

宝马的汽车共享项目DriveNow于2011年4月发布，截止到2015年，已经在柏林、伦敦等7个城市落地，拥有超过24万名用户，成为仅次于car2go的车企汽车共享项目。另一家德国车企巨头大众，也于2011年11月在汉诺威推出了名为"Quicar"的汽车共享项目。

法、美等国车企在汽车共享领域的发展也不甘落后。2012年雷诺Twizy电动汽车的自助租赁服务启动，2015年雷诺推出电动车"Bluecar"，专门用于开展欧洲汽车共享业务，计划扩展自身在欧洲电动汽车共享服务领域的版图。在2015年举行的上海国际消费电子产品展览会上，福特宣布在伦敦推出 GoDrive 试验项目。而美国通用汽车公司，则更热衷共享汽车领域。通用汽车于 2015 年 11 月推出汽车共享项目 Maven，旗下的欧宝在德国推出了汽车共享业务 CarUnity。

国内北汽新能源与富士康共同投资成立电动汽车分时租赁公司，2014 年推出名为"GreenGo 车分享"的纯电动汽车分时租赁业务，涉及 B2C、B2B、B2G（商家到政府）等业务模式。其中 B2G 模式已成为国家科技部公务/员工私人用车合作伙伴，开创了公车改革的应用先河。

无论在国内还是在国外，以 car2go 为代表的汽车分时租赁业务，打破了传统租车业按天计费和在门店租车还车的运营模式，开启了"汽车共享"新概念。

汽车共享最大的优势在于，可以缓解城市私家车数量过多带来的道路拥挤、环境污染等一系列问题，同时还能够满足出行者们不同的出行需求。美国加州大学伯克利分校曾就汽车共享进行调查，结果显示一辆分享车辆可以满足相当于 13 辆私家车的使用需要。还有调查显示，已在美国、加拿大、德国等地推广的汽车共享项目 car2go 的用户中，也有 15%~25% 的会员会放弃开私家车出行。

正是由于以上种种好处，众多车企均向汽车分时租赁这一战略方向转型，未来将为整个城市的交通格局带来深远影响。

相对于部分汽车厂商大刀阔斧地推出汽车共享业务，以租代售向分享经济转型，还有一些汽车厂商则相对谨慎，采取了新车"销售+共享"两种模式相结合的中间玩法。这种中间玩法，按照销售和共享的先后顺序，可以分成两种形式。

汽车融资租赁，又称以租代购，是国外非常盛行的购车方式，实现汽车所有权和使用权的分离,让用户先用车后买车。用户可以零首付(缴纳相应保证金),以长租的方式从经销商那里获得汽车的使用权,按月支付租金,待租期满后,通过过户获得汽车的所有权。

前瞻网分析显示,在欧美发达国家,租赁购车模式不仅是汽车金融业务的重要组成部分,也是非常普及的汽车营销手段,对广大客户而言非常便捷。目前美国采用融资租赁方式售出的汽车占到汽车销量的35%,日本每年的汽车租赁销售规模为200多万辆,约占其全国新车销售量的15%,并呈不断增长趋势,德国以这种方式销售的汽车则占本土汽车市场近五成。而在中国,汽车融资租赁模式处于发展初期,渗透率远不及海外。

另一种模式,主要是指汽车购买者通过汽车厂商指定的共享平台出租所购买汽车的闲置时间,背后体现着P2P租车的思维模式。

福特汽车在2015年国际消费电子产品展览会上发布了"智能移动计划",将在全球范围内开展多项试验项目,其中就包括关于P2P车辆分享的分享经济模式。

福特汽车与美国Getaround和英国easyCarClub公司进行点对点汽车共享项目的合作,福特公司请部分贷款购买福特汽车的消费者签约,出租他们的汽车以供借车人短期使用,通过分享获得收入以减少还款压力,当然该项目中的借车人需要经过驾车资质的审核。

无独有偶,2016年,宝马允许顾客在购买MINI时,可以选择通过宝马的分时租赁平台DriveNow来出租他们的汽车。这项服务最初将在美国推行,随后会扩展到伦敦等DriveNow布局城市。

国内也有企业开创了类似服务的先河。2015年,汽车租赁公司易海出行,联合易到用车、特斯拉汽车等企业推出"极车公社",用户只需要交纳10万元入会费,每月支付一定使用费,即可拥有一辆全新的特斯拉汽车。在汽车闲置时，也可以交给易到公司作为专车运营，还能获得一定的共享补贴。等协议期满，用户可以自行选择是否买断该车产权。这种模式，是在汽车融资租赁的基础上，叠加了P2P租车的新元素。

这种新型的"购买+共享"模式，以灵活多样的方式和低廉的分期成本，惠及更多的汽车购买人群，也无疑有助于汽车行业的整体发展。

在这个Uber和Airbnb的时代，社会和汽车业正在发生根本性的变化，汽车厂商正以警惕的目光关注着汽车共享这一新生市场，并采取行动力图确保自己在这一趋势中不被边缘化。生产一辆车，分享无数次，正是汽车厂商在分享经济风潮下孕育出的商业新范式。

创新型的房屋出租

住房和城乡建设部于2015年1月中旬发布《关于加快培育和发展住房租赁市场的指导意见》，旨在鼓励、支持大力发展住房租赁市场。政府关注地产市场，向以租代售业务模式转型，背后无疑是我国房地产市场去库存的巨大压力。

到了2015年，据国家统计局12月数据显示，全国商品房待售面积已增至71 853万平方米，同比增长15.6%。按照我国人均住房面积30平方米计算，待售住房可供2 390多万人口居住，这已经超过2015年末北京市常住人口总和。

随着分享经济的兴起，长租公寓、众创空间、短租平台，为住宅市场、非住宅市场等各类房地产市场去库存提供了有效路径。而这背后的逻辑是依托房地产市场存量，以分享经济的方式，盘活散落的各类闲置资源，满足用户及企业的多元化需求。

地产商在获取项目、改造运营方面占有天然优势，因而已出现领军地产商变身包租公，以租代售，进军长租公寓或众创空间市场。

• **跑马圈地的长租公寓市场**

据投房研究院研究，目前我国长租公寓行业处于指数级发展的初期，国内青年租房的市场规模已达到近 8 000 亿元，长租公寓行业所处的时代环境推动当前众多优质公寓企业（如自如友家、YOU+、优客逸家等）在这一时点爆发。

面对长租公寓的潜在市场，包括万科、嘉华、阳光城、招商等房企纷纷加入长租公寓市场，通过多样化的运作模式，实现存量房的去库存化，亦是一种有效的盘活资产的方式。

2015 年，万科的租赁公寓品牌"万科驿"落地，首家由村屋改造而成的万科驿——广州万科驿天河软件园店于 2015 年 2 月开张。同年 10 月，广州的第 4 个分店，万科驿金融城店开业，这是由工业厂房改造而成的长租公寓。

在万科驿的介绍中，有这么一句自我描述，"它不会是你奋斗的终点，但却可以成为你梦想的起点"。

万科驿的模式与常见的长租公寓平台运作模式相近，从业主手中租赁整栋或分散的闲置房源，进行统一的改造和装修，再加上社区物业式的管理方式，统一冠以万科企业的名义对外出租。

其他地产商的玩法却不尽相同，嘉华地产将自有物业的部分房源设计为服务式公寓，以"尚臻"的品牌对外出租，包括上海静安和徐汇的住宅项目都保留了部分可出租的公寓。

阳光城则采取与长租公寓"寓见公寓"合作的模式，阳光城负责提供房源，寓见公寓负责长租公寓的整体运营和管理。

无论是哪种变身包租公的玩法，地产商进军长租公寓，总体上改变了之前开发商建房卖房的"一锤子买卖",试图以租代售,建房、卖房之外,在租房这一领域探索可持续的赢利之路,背后正切合分享经济"使用而不占有"的思维内核。

- **共享办公的创业浪潮**

众创空间切入的是非住宅市场。据国家统计局统计显示,2015年商品房待售面积中,办公楼和商业营业用房的非住宅待售面积达17 940万平方米,占总待售面积的25%。不仅仅是住宅市场存在库存,非住宅市场也面临着严峻的库存压力。

地产商除了以长租公寓切入市场去库存外,还有另一条路,就是以SOHO中国为主打的共享办公模式。

2015年初,SOHO中国看准"碎片化办公及移动办公存在巨大市场空间",推出了移动办公产品SOHO 3Q,该项目被定义为"移动互联网时代的共享办公空间",是SOHO集团业务由"开发–散售"转型为"开发–持有"的实验之举。目前主要布局在北京和上海两地,未来会在二线城市布局扩张。

SOHO 3Q项目是典型的O2O模式,将SOHO中国的写字楼办公室,灵活对外出租,预订、选位、支付等所有环节都在线上完成。按照潘石屹的定位,"SOHO 3Q既不是孵化器,也不是普通的商务中心,它为创业者提供交流的场所和平台,但核心能力还是在于写字楼本身,对接资本、孵化创业企业应由更专业的机构来做"。这一点,与腾讯众创空间打造立体化全要素创业孵化器的定位截然不同。

由众创空间扩大而成的产业地产和产业园区,是地产商对于闲置房地产市场的打造利用形成的更加整体的解决方案。

南海意库位于深圳,总占地面积为4.5万平方米,建筑面积约10万平方米,是招商地产力图打造的创意产业园区。最早是蛇口的"三洋厂房",后经过改建成为深圳市文化产业基地之一。该园区目前有6栋独立建筑,已经吸引了超过100家创意类企业入驻,园区的创意文化集聚效应日益凸显。

招商地产的这一"意库"模式,已受到部分地市政府重视,未来有可能被复制到更多城市,盘活当地荒废的产业园区。

经济结构的调整往往与产业升级并驾齐驱,我国当前经济下行压力大,未来5年经济将保持新常态发展,加快经济转型升级迫在眉睫。地产行业的转型也已经走向纵深,无论是工业用房还是商业用房,各类待售的和闲置的库存压力倍增,亟待有效激活存量市场并赋予其价值。在这样的背景下,地产商选择业务模式转型,变身包租公,以长租公寓、共享办公或者产业园区等多种形式,主动盘活散落在社会的闲置房源已是大势所趋。

推陈和出新并不矛盾

英国设计师奥尔索拉·德·卡斯特罗认为"过度生产和廉价服饰的兴起让我们忘了保留衣服和纺织品,给它们找到新用途的价值"。据美国国家环境保护局统计,每年美国要扔掉260亿磅的衣服、纺织品和鞋子。2009年美国消费者扔掉的东西比1999年增加了40%,预计到2019年还会再增加40%。

近年来,随着互联网行业的发展,在线二手交易也逐步发展,势必对传统零售业产生一定的影响,尤其是耐用消费品和奢侈品行业。但是,这种影响带有两面性,对于新品市场不一定是威胁,反而有可能产生协同效应。

传统家具用品商宜家2010年在瑞典推出在线分享平台,宜家的会员可以免费在平台上出售宜家的二手商品。表面来看,这个平台并未为宜家带来任何财务收益。然而在其背后，这种分享经济的理念，有助于提升宜家品牌的忠诚度，因为宜家二手物品交易带来的环保效应与宜家的经营理念相契合。同时，消费者如果很容易卖出旧的宜家产品并得到现金支付，就获得了更多流动资金可购买新的宜家产品，又有空出的空间来存放。通过扶持二手市场，宜家成功践行了间接推动新货销售量的策略。

另一个支持在线二手交易的零售业代表公司是美国巴塔哥尼亚户外用品公司。据麻省理工学院《斯隆管理评论》发布的因斯布鲁克大学的研究显示，2011年9月，巴塔哥尼亚宣布与eBay合作，这在当时让业界困惑不已：此次合作最初是要降低服装销售量。的确，初看的话，这种想法很不合理。哪家公司会通过降低客户的产品购买量来促进发展？

后来巴塔哥尼亚给出了清晰的答案：顾客购买越少、分享越多，就越能降低消费造成的环境压力。为将这一理念落实到行动上，巴塔哥尼亚和eBay合作建立"共同衣物纤维伙伴关系"平台。该平台旨在方便所有人出售和购买二手巴塔哥尼亚产品。它为公司带来最直接的收益是品牌化效应。客户如有不穿的旧的巴塔哥尼亚衣物，现在大多会将其转卖，从而在公众之间的流传度增加，无论在互联网上还是在实体店中。另外一点同宜家的效果类似，可以间接推动新品销售量。

二手销售的理念已经是一个存在很久的概念，并不具有开创性。然而巴塔哥尼亚的独特之处在于，它将减少购买新产品作为说服消费者完成的目标。此外，它还认为，这样的行为可以为自身带来收益。

对于零售商而言，巴塔哥尼亚和宜家家居的成功案例已证明，支持分享经济可以吸引注重环保的客户，提高公司声誉，同时开拓新的市场和消费者群体。

鼓励消费者参与在线二手交易,与消费者购买公司新产品不一定矛盾。国内网络零售商看得更加清楚。

随着历年"双11""双12"网络购物节引爆电商市场,物质逐步由稀缺到富足,中产阶级消费升级,闲置物品增多是趋势。传统二手交易面临着商品的真伪、商品的物流和售后等一系列问题,很难建立明确的交易规则和商品评估标准。当前随着互联网的发展,支付手段、信用体制和物流机制等流程环节的完善,已经涌现了BAT的身影。

平台具备各类二手资源潜在用户的流量基础,例如网购交易信息、二手发布信息等,依托用户黏性,从综合性二手市场切入二手交易领域。阿里2014年推出二手物品在线交易社区闲鱼,主要用于解决剁手党们冲动消费之后想要转手卖出的需要。用户通过淘宝账户可以直接登录,一键发布在淘宝上购买的闲置物品或者其他二手物品,形成交流到支付等闭环,2015年由淘宝拆分独立运营,足见其在阿里的重要作用。

类似地,58转转依托58同城的在线二手信息发布网站,从信息切入交易。京东推出拍拍二手交易平台。

不仅国内网络零售业巨头有这样的觉悟,国外零售业巨头亚马逊也是英雄所见略同。

据TECH2IPO报道,风头正劲的数字零售商亚马逊推出一项专利,允许消费者像转让二手书、二手电视那样转让二手电子书、音乐、视频和应用程序等数字文件。根据对该专利的描述,用户所拥有的数字产品将存储在用户的个性化数据存储空间,即云端。当用户将自己拥有的数字文件转让给其他用户时,系统就会将该文件复制到受让用户的个性化数据存储空间中,并且会把该文件从它原来所有者的存储空间中删除。

对于零售商而言,转变卖多和卖新的思路,通过在线二手交易,间接促进新货销售市场,打造品牌效应,延长二手资源的使用价值和使用时间,无疑是拥抱分享经济的一个新方向。

招式二:借力

如果企业没有上述汽车厂商、地产商或零售商那么大的魄力和资源,自身推出分享型业务,也可以循序渐进,在现有的业务领域和运作模式下,小试牛刀,借助分享经济的思维,以社会化力量开展企业运营和筹集资金,例如众包运作或者股权众筹,尝鲜分享经济。很多企业已经这样开始,而且走得很远了。

众包下的虚拟组织模式诞生

无论是劳动密集型还是知识密集型企业,都可以与众包平台合作,借助于虚拟员工,满足人力的临时性需求,使企业不再依托全职员工的重资产组织模式,形成更合理的企业劳动力结构,更加有弹性地匹配市场高峰和低谷的供需,从而能够更加高效地响应市场。

劳动力密集型公司已经向市场众包更多工作,一方面可以节省成本,另一方面,也可以解放更聪明的全职员工,专注于可带来最多价值的领域。例如制药公司 Pfizer(辉瑞)中,员工把自己 20%~40% 的时间用于辅助性工作(打印记录、操控数据、安排会议等),而只有 60%~80% 的时间用于知识工作,现在 Pfizer 已经将这些工作众包。

因为需方企业的这种变化,服务于此领域的众包服务平台也越来越多。例如 CrowdSource（众包）是一个第三方的平台式机构，它的主要任务是帮助客户（大中型企业）管理劳动密集型员工。如果企业需要大量劳动密集型人力时，就可以通过 CrowdSource 平台实现。它于 2014 年夏天上线，目前已经拥有 200 多家客户，其平台的数据库中已经录入了 50 多万名工人的信息。与传统第三方机构最大的区别是，CrowdSource 在劳动密集型领域非常专业，如在线零售和出版业。

如果企业对于用人的时效性要求比较高，可以与提供急需用人服务的分享经济平台 Wonolo 合作，据 TECH2IPO 报道，该公司 2013 年由两位旧金山的企业家创立，是一个临时工即时招募平台。

企业职位信息发布以后，使用 Wonolo 应用程序赚钱的用户可以认领，然后在数分钟或数小时内开始工作。假设一个在线零售商突然意识到自己缺少一些订单确认人员来巡视仓库、定位需要打包和运送的货物，他就可以在 Wonolo 上发布招聘信息，当天就可以招到工作人员了。

劳动力众包的趋势在国内也逐步明显，更多的是集中在生活服务众包圈，企业通过整合利用分散闲置社会资源的分享经济新型服务模式，打造大众广泛参与、互助互利的服务生态圈。例如老牌洗衣连锁机构荣昌洗衣，成立互联网洗衣产品 e 袋洗，招募社区兼职人员为众包 "小 e 管家"。用户可以通过 e 袋洗平台随时下单，附近 "小 e 管家" 按预定时间上门取件，交给临近外包洗衣店完成清洗。今年，e 袋洗将众包服务从 "小 e 管家" 拓展到了 "小 e 管饭"，充分整合社区的私厨资源，提供外卖服务，开始 O2O 布局拓展。

简单的重复劳动力外包，只是服务众包的一部分。分享经济下，越来越多的由传统雇员完成的专业性工作，逐步从外包公司转移到众包个人手中。这种众包服务模式，不受地域、行业或专业等因素限制，能够使企业获得相比之前信息不对称条件下的更优选择，在创意服务产业尤为常见。

例如宝洁开创"创意集市"众包平台；Quirky众包模式"创意电商"。

通用电气和Local Motors公司共同成立众包平台FirstBuild，进行众包设计和生产。召集全球各地优秀的设计师、创客、工程师和学生，帮助通用电气提升现有的家电设计水平。FirstBuild将采用线上全球共同创造，联合线下微工厂现场制造的并行模式，试图以更快的速度将新产品推向市场。

国内创意众包服务平台，以猪八戒网为代表，服务涵盖平面设计、开发建站、营销推广、文案策划、动画视频、工业设计、建筑设计、装修设计八大主打类目。自2006年成立以来，有超过500万家中外企业通过猪八戒网平台开展服务众包。2015年平台交易额75亿元，市场占有率超过80%。

除了创意服务的相关企业积极通过众包平台收罗各类创意外，其他专业领域的知识众包服务平台也层出不穷。例如咨询领域，就出现了HourlyNerd和Eden McCallum等代表企业，位于洛杉矶的Business Talent Group为公司提供临时高管。

服务众包模式的背后，是分享经济对于传统企业组织运作模式的颠覆。分享平台上的需求企业，不再单一利用有限的正式员工资源，以轻资产模式运行。整合全球无限量潜在的兼职／职业自由人资源，就像Uber整合海量私家车一样，更高效地满足自身业务需求，更快速地撬动市场，从而在分享经济下，创新性地重构了组织的运作模式，快速发展壮大。

以众筹点燃创业的火焰

目前,创业创新蔚然成风,2015年3月发布的《国务院办公厅关于发展众创空间推进大众创新创业的指导意见》中指出,开展互联网股权众筹融资试点,增强众筹对大众创新创业的服务能力,成为重要内容。毫无疑问,这种新型的投融资模式,将深刻地影响中国经济。

对于创业企业而言,股权众筹集合社会闲置资金,融资效率远高于传统金融渠道,除资金外,还获得了消费者对该产品的评价报告,项目一旦融资成功,就相当于做了一个大众广告。多方利益兼得,成为未来创业企业融资的趋势。

据《中国众筹的十个经典案例》研究显示,3W咖啡通过众筹模式筹集股东会员。通过向社会公众募集资金,每个人10股,每股6 000元,相当于一个人6万元。很快3W咖啡汇集了一大帮知名投资人、创业者、企业高级管理人员,其中包括沈南鹏、徐小平、曾李青等数百位知名人士,股东阵容堪称华丽,3W咖啡引爆了中国众筹创业咖啡在2012年的流行。几乎每个城市都出现了众筹的3W咖啡。3W很快以创业咖啡为契机,将品牌衍生到了创业孵化器等领域。

正如国务院《关于加快构建大众创业万众创新支撑平台的指导意见》中明确指出的,全球分享经济快速增长,基于互联网等方式的创业创新蓬勃兴起,众创、众包、众扶、众筹(以下统称四众)等大众创业、万众创新支撑平台快速发展,新模式、新业态不断涌现,线上线下加快融合,对生产方式、生活方式、治理方式产生广泛而深刻的影响,动力强劲,潜力巨大。

企业可以借助众包模式激发创业新活力,借助众筹模式拓展创业创新融资，无疑是迎合分享经济大趋势，拥抱分享经济的又一有效途径。

招式三：合作

除了自身转型和社会化运作外，传统企业可以通过与分享经济企业进行商业模式合作，分享业务资源和客户群体，无须过多的资本投资，即可实现品牌推广和市场盈利双赢。

OTA 与短租竞合同在

对于短租行业，人们往往研究的是其与酒店的竞合关系。摩根士丹利最新发布的研究报告显示，Airbnb 对 OTA（在线旅行服务公司）的冲击更大，希尔顿、万豪等连锁酒店不必太担忧。摩根士丹利对 4 000 名游客进行调查，结果显示，Expedia 和 Priceline 等在线旅行服务公司因 Airbnb 的崛起遭受的损失更大。

OTA 平台的主要业务之一是为用户提供旅游攻略，但是当用户使用像 Airbnb 等短租平台的时候，这种场景化消费延伸拓展的旅游服务潜力较大，因为房东是本地人，房东的介绍更加具有针对性和真实性，比商业化的旅游攻略要强太多。因此，有些短租平台已经在着手规划订门票、租车等旅游服务。例如住百家、木鸟短租等不仅提供短租，还提供租车、门票等旅游周边服务，力图打造一站式旅游服务平台。

而这种冲击只是业务场景逐步趋同的一个方面，OTA 与短租企业也存在着协同双赢。例如 2015 年，中国最大的出境旅游一站式平台穷游网与分享经济领军企业 Airbnb 结成战略联盟，Airbnb 已与穷游网在全球 20 个热门城市进行房源对接，用户可通过穷游网上的 Airbnb 房源展示，进入 Airbnb 网站并完成预订。双方的合作涵盖了线上及线下活动、联合营销推广，以及全球特色旅游目的地专题展示活动等。

在这种合作的背后，是双方优势资源的互补。穷游网作为 OTA 网站，信息搜集、数据分析和需求分析等线上能力是优势，线下房源则远不及拥有海量线下特色房源的 Airbnb。两家联盟，正好实现了线上和线下资源的优势互补，整体打通了旅游 O2O 闭环。

酒店业与共享办公整合

传统操作方式下，在酒店预订一个会议室比较麻烦，需要反复电话沟通和确认。同时，和挂在 Airbnb 上闲置的房间一样，酒店里的许多会议室一天里大部分时间也都闲置着。

LiquidSpace 正是从这一市场切入，帮助自由职业者及其他寻找办公空间的人找到符合其需要、时间要求和地理偏好的工作场所，虽然类似于星巴克的咖啡连锁店可能为这类人群的工作地点提供更多的灵活性，但过于开放的环境不符合创造性的工作环境要求。

为此，LiquidSpace 与万豪酒店达成合作协议，万豪酒店将闲置的会议室提供给 LiquidSpace，LiquidSpace 再按小时出租给有需要的创业者和小微企业家，为其举办会议或者集体讨论提供更多的选择空间。

类似的还有喜达屋酒店与共享办公平台 Desks Near Me 的合作。这类合作的酒店往往坐落在市中心，交通便利，服务设施适合个体和群体办公需求，并提供网络接入和视频会议等服务设施，更加容易满足移动办公人士的专业性需求，同时也通过共享模式提升了自身物业的利用效率。

众包物流逐渐成为零售业 O2O 的标配

众包物流,以基于 LBS 的社会化众包方式,解决传统配送速度慢、成本高、配送不到家等弊端。线下零售机构和电商平台,纷纷与众包物流平台开展合作,打通物流配送的最后一环。

美国有机食品零售商全食超市与众包百货电商 Instacart,在全美 15 个城市开展合作,用户在 Instacart 上下单,众包采购配送员提供一小时送货服务,客户平均采购量迅速上升到之前的 2.5 倍,每周销售金额也增加了 150 万美元。

私厨行业,起初配送环节是交送私厨自身完成的,但是由于接单任务繁重,配送的效果并不是很好,有时候甚至会影响到食客的体验效果。因此,越来越多的私厨共享平台选择众包物流,就近配送食物,以确保食物的口感和用户体验。

电商平台也逐步推出开放性的配送平台,作为自建配送队伍的社会化运力补充,主要服务自身电商业务,例如百度外卖、美团众包、饿了么蜂鸟、京东众包等。这些电商众包平台,依托自身订单体量,快速领跑市场。饿了么蜂鸟,上线一周后日订单突破 50 万。美团外卖众包,上线一周日订单突破 10 万。

对于零售业而言,物流配送是 O2O 闭环的重要环节,通过与众包物流平台合作,提升配送效率,为消费者提供最大程度的便利,也是在共享模式下业务创新的一种表现。

巨头跨界合作成生态

大多数分享经济行业处于起步期或成长期,市场格局尚不清晰。

对于分享经济平台来说,率先在市场中跑出规模,拥有话语权,就可以基于现有的业务逻辑和平台规则形成一个完整的生态。Uber 就是个很好的例子,构建了以闲置私家车等为运力的城市运输和物流系统。

对于国内出行行业而言,共享出行借助"刚需+高频"的应用场景,以按需出行的方式颠覆了传统出行市场,成为仅次于共享金融的第二大共享行业,同时造就了以滴滴为代表的现象级企业,2015 年占据市场份额 80% 以上。

滴滴作为出行巨头,围绕出行场景,以专车、拼车、代驾、巴士、试驾等一站式出行平台为核心。众多跨界的合作伙伴与滴滴一同参与出行共享的多样化场景建设,以营销跨界、业务跨界和平台跨界三种模式,构建跨界生态体系。

例如与乐居、觅房等地产平台合作"打车看房";与马蜂窝合作"胡同专车",上门接驾,也提供胡同写真;与阿里健康、名医主刀合作"一键呼叫医生上门";与招行合作汽车金融,为滴滴司机提供购车分期服务;入股饿了么,并与餐饮业合作"一键叫小龙虾";与河狸家合作打造"万圣搞鬼造型专车"活动。

滴滴还推出开放平台,目前接入的应用总数已达 300 家。又例如滴滴与华住酒店集团达成战略合作,在酒店 App 平台上增加"专车优享"入口。

除了出行领域巨头跨界合作外,在分享经济的其他领域,跨界合作也非常常见。

麻省理工学院《斯隆管理评论》发布的因斯布鲁克大学研究显示,百事集团与跑腿网站 TaskRabbit 合作,宣传其新款软饮料 PepsiNext 并吸引新客户。"额外时间"是百事赞助的一项竞赛活动,赢家会得到TaskRabbit一小时的免费劳动时间。该竞赛活动每次持续4周，每周会给出50个任务。其中值得注意的是，像百事这样的大型跨国企业会与初创公司TaskRabbit合作。这是因为PepsiNext的目标客户"特别热衷技术事务，年轻且有抱负"。而TaskRabbit的客户就包括这类年轻、有抱负的技术热爱者，通过与其合作，百事能将其品牌与TaskRabbit提供的放松式服务精神有效结合起来。从而达成有可靠的人替你完成生活中的琐碎小事，你可以将节省下来的时间投入专职工作的营销场景。

跨界已经成为国际潮流，跨界合作的形式和领域也在不断拓展和深入，传统企业与分享经济平台开展多样化的合作，彼此借力，善用热点和创造话题，不失为品牌宣传和市场开拓的双丰收。

招式四：并购

传统企业可以依据自身战略需求，通过收购或投资分享经济创业企业，快速进入分享经济市场。通过分享经济的差异化产品服务来完善自身产品体系，一方面避免与分享经济模式的正面竞争，提升存量客户的保有，吸纳分享经济潜在客户；另一方面通过收购或投资，能够快速布局，获取在分享经济领域较大的话语权。

传统企业收购分享经济企业，海外已有案例出现。最典型的就是2013年，租车巨头安飞士·巴吉集团以5亿美元的价格收购号称全球首家分享经济企业的ZipCar公司，顺利切入分享经济领域。

无独有偶，2016年，通用汽车5亿美元注资打车应用Lyft之后，当月又收购旧金山共享用车公司Sidecar的技术和资产。据车云网报道，Sidecar其实是全球最早提出P2P汽车共享概念的公司，早在

2012年便推出相关功能,而当时Uber和Lyft还未在此领域有所动作。

通用汽车收购Sidecar,注资Lyft,推出汽车共享项目Maven,彰显了它在汽车共享领域的布局和野心。

除了像通用、安飞士·巴吉集团这样大刀阔斧地收购分享经济外,传统企业也可以采用投资或控股的方式,与分享经济平台共同发展,共享分享经济的发展红利。

宝马集团投资共享停车初创公司JustPark,后者现在是全球共享停车领域的龙头老大,超过50万名司机使用其服务。宝马后来在其新MINI系列中集成JustPark公司的移动应用,便于车主方便地找到停车场所并进行支付。通用汽车还控股RelayRides,RelayRides属于P2P私家车短租服务。

除了共享出行领域,酒店业也意识到短租公寓有可能会分流其客源,开始资本运作切入短租平台。凯悦酒店集团参与豪宅版Airbnb-Onefinestay的4 000万美元融资。新加坡雅诗阁集团入股国内的途家网,宣布成立合资公寓管理。

凯悦等酒店品牌对短租行业的投资表明,短租业务对于大型酒店品牌而言,是潜在的创新业务领域。位于纽约的酒店咨询公司Lodging Advisors LLC的首席执行官肖恩·亨尼西表示"酒店品牌与短租企业开始合作只是时间问题,其他酒店很可能会跟上凯悦酒店的步伐"。

在医疗共享领域,代表企业名医主刀宣布,公司已完成由复星医药领投、高榕资本和真格基金跟投的6 000万元人民币A轮融资,这也是复星医药在分享经济领域布局的重要一环。

无论是投资控股,还是兼并收购,这些传统企业已经意识到进入分享经济可以获得的实质利益,尤其是客户参与一个令人兴奋的新模式而引发的巨大关注。

回过头来看,分享经济通过互联网方式重组分散在各个角落的社会资源,增量市场的补充,能使无数分散的即时性供求信息同步透明化,使得供应方和需求方直接通过平台进行高效合理的匹配。把不同人群的不同动机同步连接起来,就变成了一个充满生机活力的交易集市,更大程度上提升全社会的经济运营效率。

传统企业一直在追求规模扩大带来的"规模经济",而分享经济下,"规模可以更加经济"。分享平台降低了信息不对称,移动互联网的实时定位服务能够迅速找到身边的产品或服务,供需双方可以高效便捷地连接,如果每个人都可以提供服务,提供价值,整合起来的大量独立个体能够发挥长尾效应。

无论是前面提到的转型、借力、合作抑或资本运作,对于传统企业而言,进退有据,可激进可谨慎,用多样化的方式去拥抱分享经济。传统企业及时响应新形势的挑战,快速适应当前及未来的商业模式,进而在不断发展的经济领域内创造新的收益增长源。这才是拥抱分享经济的正确姿势。

第二十三章　分享主义的新经济实践

在 2016 年两会期间，马化腾提出一个大胆的预言：分享经济将成为促进经济增长的新动能。随着科技的发展，生产力和社会财富快速提升，经济过剩成为全球新问题。经济过剩带来了经济剩余资源，在企业层面体现为闲置库存和闲置产能，在个人层面则表现为闲置资金、物品和认知盈余。分享经济，恰恰是一种通过大规模盘活经济剩余而激发经济效益的经济形态。

在大众创业、万众创新的新经济浪潮中，分享经济该如何施展身手呢？

产业生态资源的分享

创业经济是一种新经济。它建立在创新事业基础上，从制度结构、政策和战略上支持并保证经济创新，从而促进中小企业的不断创新与发展。早在 20 世纪 80 年代，彼得·德鲁克把创业经济定义为"新经济"，并称之为"近代经济和社会史上发生的最重要、最有希望的事件"。

这个结论是在研究了美国 70 年代经济大萧条期间的创业活动之后得出的。1973—1975 年，世界性经济危机爆发，美元与黄金彻底脱钩，美元一统天下的局面被打破，美国经济连续两年出现负增长，处于风雨飘摇之中。然而，德鲁克发现了一个有意思的现象，1970—1980年，2 000多万个新的就业机会中，大多数是由小企业和新企业提供的。经济虽然低迷，但创业经济日趋活跃，而且逆势上涨。

这个趋势完全与"二战"过后的情况相反。1950—1970年20年时间里，美国每4个新就业机会中有三个是由大企业或政府创造的。每逢经济衰退，失业集中发生于新企业或小公司。

到20世纪80年代，里根政府开启了美国经济的供给学派改革。这个时代也正是美国IT产业全面创业、全球扩张的时期。诸如微软、苹果、思科等"小"公司均成长于这个时代。伴随着美国IT产业起飞，里根经济学落地，美国经济滞胀问题得以解决，整体经济开始复苏，个别年份发展特别强劲。

当前，创业经济成为中国经济增长的引擎。中国正在上演通过供给侧改革解决宏观经济问题的大戏，以"互联网+"为驱动的创业经济正是这个时代最强劲的节奏。我国正处于投资驱动向创新驱动过渡的阶段，创业创新日益活跃，创业经济逐步升温。

众创空间在创业经济中扮演着重要角色。

"众创空间"这一概念最早于2015年1月28日在国务院常务会议上提出，之后科技部等部门相继下发文件推进众创空间政策的建设和落实。

国务院《关于发展众创空间推进大众创新创业的指导意见》指出，众创空间是顺应网络时代创新创业特点和需求，通过市场化机制、专业化服务和资本化途径构建的低成本、便利化、全要素、开放式的新型创业服务平台的统称。这类平台，为创业者提供了工作空间、网络空间、社交空间和资源共享空间。

从具体商业模式来看,众创空间以初创企业、创业者、成熟企业的内部创业部门等为服务对象,基于自身的核心资源和引入的第三方资源,通过线上线下平台,汇聚投资者、传媒机构等,为创业者提供集约化、一站式配套服务,以及低成本办公环境、软硬件设备,使创业者可以集中精力专注于产品研发和运营等核心事务。

在创业的创意形成、产品开发、团队建设、融资、市场推广等各个任务阶段,众创空间提供相应服务,帮助企业解决成长中的各种问题。

资源如何分享

2014年全球合作伙伴大会上,腾讯开放平台提出"以百亿资源扶持百家创业企业"的"双百计划"。依托腾讯系各大平台核心资源,以资源扶持优秀创业团队,加速项目成长,始终致力于成为中国创业领域最优秀的加速器。

在2015年腾讯全球合作伙伴大会上,腾讯集团首席运营官任宇昕表示,腾讯开放平台5年来,接入应用数已超过400万。至2015年4月,腾讯开放平台上合作伙伴的收益分成就已超过100亿元,相当于诞生了50个亿万富翁,孵化上市或借壳上市的公司已经超过20家。

腾讯众创空间负责人侯晓楠介绍说:为了帮助创业者解决募集资金、人才招募、辅导培训和品牌宣传等方面遇到的难题,腾讯众创空间推出了"开饭、开工、开学和开麦"四方面的资源分享。

针对创业团队的融资需求,2015年,腾讯众创空间正式推出创投联盟服务,该项目简称为"开饭",英文"OPEN FUND",通过搭建创投联盟合作平台,为创业者和投资人提供投融资对接服务,如"开饭融资专场培训"、"腾讯开放日"等,超过 40% 的参与团队拿到了下轮融资意向!针对创业者不同阶段的融资需求,腾讯众创空间连接行业顶级天使投资人及风投机构,打通"天使轮 – 孵化成长 – 融下轮"成长闭环,结合投前辅导能力及结构化精准对接。

针对创业团队普遍存在的招人难题,腾讯众创空间推出人才招聘资源分享。该项目简称为"开工",英文为"OPEN TEAM",旨在为创业者和高端人才搭建一个互相交流和认识的服务平台,通过内外部合作伙伴建立核心人才库资源,同时以双周一次的高频节奏,在腾讯众创空间各城市基地内组织线下分享、配对服务落地。腾讯众创空间通过与内部腾讯大学、人力资源招聘管理线,外部 BAT 离职社群、人才网站、猎头等联盟合作渠道建设核心人才库,并引入优质项目源创始人现场互动、亲聘,满足创业者对各类人才招募的需求。同时腾讯众创空间通过与各类知名人才机构合作,为创业者提供不同层次的人才输送服务,其中包括南极圈、智联招聘等。

创业辅导资源分享,核心是为创业者提供包括创业知识和业务技能在内的多维度、全方位的知识能力提升辅导。该项目简称"开学",英文为"OPEN CLASS",旨在通过短期(为期 2~3 天的一次性培训)的产品、技术、运营、营销等专业技能类辅导,帮助早期创业者迅速具备优秀创业者的专业能力。众创空间通过与腾讯大学、腾讯应用宝、广点通、腾讯云、腾讯地图等合作,组成腾讯专家团,输出腾讯精华的产品思维、技术、运营、营销等专业技能,并引入行业内知名创业辅导机构或个人组成导师 / 辅导联盟,满足创业者各类学习提升需求。同时众创空间也与行业知名机构合作,为创业者提供不同层次的创业辅导服务，其中包括长江商学院、南极圈、优米网等。此外，我们还在"开学"项目基础上推出了"开赢"（OPEN CLUB）项目，针对高增长性 A 轮后的企业创始人提供封闭式创业营服务（每次 2~3 天，为期 3~6 个月的长期培训）。

营销传播资源分享，专注于为创业者提供品牌曝光和公关传播服务，该项目简称"开麦"，英文为"OPEN VOICE"。其核心主旨是让品牌自己发声——学会营销，能够自我营销，有渠道营销，通过营销能得到媒体、投资人、求职者对品牌的关注，同时获取流量资源。媒体服务包括创投媒体曝光和营销机构推广两部分，其中创投媒体联盟包括 TechWeb、TECH2IPO、猎云、创界、科技先生等科技类媒体，雷锋网、雷科技等智能硬件媒体，亿欧网等 O2O 类媒体，以及三分微视、蛋解创业等音频视频媒体，为创业项目提供采访报道服务。营销机构联盟包括开干、胡说七道、口袋专家/加速会、创业最前线、新知百略等，为创业公司提供不同价格、不同类别的产品包，涉及外脑服务、稿件撰写、媒体投放、广告设计、广告投放、新媒体传播等。

众创空间激活剩余资源，加速创业经济的模式得到了各地政府的积极欢迎。2016 年 1 月 6 日，腾讯众创空间旗舰示范基地正式开园，随着与会嘉宾按下启动魔方，"第一弹""衣见如故""独立日"等 6 个上海本土的创业项目作为第一批入驻新园区的创业者代表，接过了正式入驻园区的钥匙。

这个示范基地位于上海市杨浦区五角场核心区，由腾讯与上海市杨浦区人民政府合作共建，总面积近 5 万平方米的产业园区示范基地将分三期建设，预计于 2016 年底全面建成。根据腾讯众创空间规划，在未来三年内，众创空间将与上海的创业者分享腾讯创业

17年来的产品思维和务实创业经验,力争实现优质孵化50~100家企业,并将通过互联网精品项目的孵化,带动上海市的互联网产业链发展。

重构分享组织生态

分享经济,是"互联网+"与传统产业融合的创新产物。分享经济借助于"互联网+"的先进技术,以更低成本和更高效率连接整个社会的经济剩余资源,使无限的闲置资源被激活,重新赋予价值。而这其中,高效而低成本的连接是分享经济的关键。分享经济企业除了自身平台形成了对于供需双方的连接外,像滴滴快车、爱大厨这些分享经济企业都不约而同地选择了微信企业号来作为自己的连接工具。

- **滴滴快车案例**

滴滴快车平台管理着海量的司机群体,需要做到能快速将乘客需求细分,在不同的时间点,对不同的需求信息进行快速反馈。

在运用企业号之前,滴滴快车尝试过QQ群、邮件、微信群、App来反馈信息,但信息碎片零散,产品发展早期使用尚可,规模一大后各种问题就暴露出来。

基于企业号,滴滴快车开发出帮助司机快速熟悉滴滴出行App以及城市交通的滴滴课堂;还有福利专区、人工客服等应用,实现司机之间分人群的精准沟通,日常推送打开率甚至高于40%。相当于提供了一个永不离线的点对点的沟通工具。

目前,滴滴快车企业号被越来越多的司机关注,将内部管理信息系统与企业号集成后,已开通即时通信、知识共享、公文发放、福利建设、订单管理、培训服务、客服等诸多功能,后续还将建立自助查询功能。平台更加自主,也让交易成本更低,效率更高。

- **爱大厨案例**

爱大厨做专业厨师上门服务,也曾考虑过给厨师们专门搭建一个 App 客户端用于沟通管理,但客户端每年光维护、开发的技术员工资就要数十万。最后爱大厨选择了微信企业号,"企业号的运营成本大概是 App 的 1/10"。

用企业号将厨师和用户连接起来后,用户下单,爱大厨的系统就会自动匹配厨师或者用户指定厨师,并将下单消息推送给厨师。还可以通过分析厨师服务数据和用户订单数据来挖掘和提升更多的服务细节。同时,用微信自带导航功能帮助厨师找到用户。而企业号的 IM(即时通信)功能,实现了厨师与客服、用户无阻沟通的需求,支持图片、语音、文字,有效提升服务质量和用户体验。

不仅是分享经济企业,像美的电商,基于企业号建立分销平台,让渠道真正扁平化。改变了过去传统的线上、线下渠道成本过高的局面。

在这个分销平台上,经销商通过企业号来招募、管理分销员,一线的分销员用企业号为消费者提供商品推荐、答疑、成交的一对一的服务。在分销平台上,分销员可以打造自身的专业形象,将手机端和实体店面结合起来,并在企业号中进行日常管理,查询订单、物流信息息及提佣情况。

最终,通过企业号,分销员的销售门槛降到了最低,而用户的体验也因为能一对一服务,得到了大大的提升。

我们可以看到,作为连接企业内外部运营管理的移动应用入口,自 2014 年 9 月正式上线以来,微信企业号快速发展,截至 2015 年

11月底，微信企业号企业账号数达到60万，企业号内总用户数达到1 000万，日活跃用户数200万。整个11月份日消息总量平均达到1 200万条。

在企业号蓬勃发展的背后，根据腾讯研究院《互联网+重构组织生态——微信企业号白皮书》，微信企业号从重构企业的IT系统入手，为互相割裂的软件平台提供了一个统一轻量入口，利用微信在社交领域的优势，重构工作场景中的人际互动，连接企业内外的实体和虚拟关系。这些微观机制的改变，正是"互联网+"对各类机构的组织微革命、管理微创新，也正是企业号在分享经济下大放异彩的原因所在。

微信企业号，为微信的机构用户提供了一个撬动微信大生态中内容资源、关系链资源的杠杆。系统梳理工作社交这一复杂场景，旨在打造连接企业、员工、上下游和IT系统之间的移动应用入口，建设"互联网+"时代的企业生态。

与传统企业软件相比，微信企业号一则在功能性上对外开放高级接口，大量使用第三方软件，丰富用户选择。二则顺应办公社交化潮流，不再局限于传统的企业级IT市场，而是以打通企业内外关系链条为立足点，帮助企业构筑自身的移动互联生态。

与服务号、订阅号不同的是，企业号有现实中正式社交关系的背书，因此获得了更大的控制权、更多的自主空间。

紧密型关系圈

微信企业号面向机构用户，致力于增强机构内部沟通、机构内部与相关方的沟通。这些沟通需求的背后往往有现实中的紧密型关系圈支持，企业号因此具备一些区别于微信订阅号、服务号的特殊设定。

例如微信企业号可以对连接对象划范围。在范围内，企业可以根据沟通需求的不同对消息内容、传递方向、发送次数做自由组合，几乎没有限制。达成的效果就是信息的定时、定点、定向发送。这一功能只有在办公场景中才会经常使用到。

总体上看，注册企业号将获得更高的管理权限和更多的应用接口支持。通过这样的设定，微信企业号可以帮助企事业单位在微信的大社交生态中聚合出一个紧密、层次分明的小关系圈。在这个紧密联系的小关系圈中，不仅有自己的员工，还有需要密切协调的其他关系，如供应商、客户等。

功能型生态圈

微信企业号集成了微信强大的原生功能，如支付、语音、视频。这些功能在企业号中发展出丰富变化。

一方面，依托紧密型关系圈，这些功能有了更多的玩法。例如支付功能，用户可以通过企业号发起支付，款项直接进入企业账户。企业可以利用定时、定点、定向发送信息的特点，派发微信红包，进行微信转账，使用企业号对成员进行付款。

另一方面，微信企业号还向企业软件的第三方开发者开放 SDK（软件开发工具包），后者可以将微信原生的图片、语音等功能整合进自己的应用当中，着力打造实用、适用、好用的企业号办公软件生态。

可以说，微信企业号自身已经形成一个动态演进、互相竞争的生态圈。站在使用者的角度，微信企业号好比一个有无限空间的工具架，用户可以从工具架上方便地取用、更新。在此基础之上，微信企业号平台形成了一整套较为完善的解决方案体系。

不仅服务于企业的"企业号"

微信企业号不仅仅服务于企业，只要是在现实中确有紧密联系需求的各类组织，如学校、机关单位，甚至是没有营业执照的协会、公益组织、网络社区、企业架构中的一个部门，都可以申请微信企业号。

在申请通过后，组织内部的成员可以在没有互加好友的情况下搜索对方微信，实现微信通话。组织内部的各个系统也可以实现统一入口，方便对接。

连接组织生态

借助工作社交的高黏性、强需求，微信企业号顺理成章地成为办公场景的移动中枢、连接企业内外各相关方的核心平台。

由轻到重，深度整合内外资源：站在办公与社交重合的起点，微信企业号提供了一个轻量的总入口。通过这个轻量的总入口，为后续功能复杂的重量级办公应用导流。

由一般到个别，量身定制的 B 端软件系统：入口内部，是微信企业号日益丰富的第三方开发生态。围绕微信企业号进行开发的服务商，不仅可以为企业号用户提供模块化的功能套件，还可以根据不同用户的不同需求进行定制化开发。用户可以依照自己业务模式的不同、需求的不同采购最适合自己的办公软件组合。

"互联网+"时代，组织机构管理的理想状态，就是利用微信企业号针对紧密型关系的强力连接力，以自身为平台构建一个紧密相关的社交网络，在相关方的频繁互动和交换中沉淀数据，在迭代分析中不断升级，创造价值。让每个机构都成为平台型、生态型组织，都成为大数据公司。

连接一切的生态布局

2015年，腾讯宣布公司未来的发展方向：腾讯只做两件事，第一是连接器，第二是内容产业。

连接，是一切可能性的基础。腾讯致力于通过微信、QQ通信平台，成为连接人和人、人和服务、人和设备的一个连接器。腾讯自身并不会介入到很多商业逻辑里面去，而是通过大量投资腾讯生态周边的伙伴，实现最大限度地连接各个传统行业，成为最好的连接器。

近些年来，腾讯也在分享经济领域进行了一些布局。

历经十余载的发展，腾讯已逐步成长为目前中国最大的互联网综合服务提供商之一。作为战略投资者，也开展了一系列"优势互补、前瞻布局"的投资。分享经济是促进互联网创新的重要的一环，我们愿与所有投资人一起，把握未来发展趋势，促进产业长远的发展。

表 23-1　分享经济领域平台

分享经济领域	投资企业代表	简介
出行共享	滴滴出行	共享出行巨头,独角兽企业
	Lyft	美国排名第二打车应用,现累计完成融资 10 亿多美元
空间分享	腾讯众创空间	自有业务,国内最大的创业平台
金融分享	人人贷	中国最早的一批 P2P 信用借贷服务平台,服务 2 000 多个地区
二手交易	58 转转	58 赶集旗下个人闲置物品二手交易市场,超过 300 万注册量,日成交额 560 万
	人人车	汽车二手交易网站,准独角兽企业,2014 中国互联网年度十佳 O2O 企业
	天天拍车	互联网二手车竞卖平台,为个人卖车提供上门检测、无线竞拍、成交办理的一站式卖车服务
物流众包	物流 QQ 货车帮	专业的物流配货手机 App,其中"物流 QQ"针对货主端,"货车帮"针对司机端
	人人快递网	自有业务,成立于 2013 年,国内首家众包物流企业
	G7 货运人	针对货运运输和大宗物流,以车库和人脉为核心的在线运力采购平台
专业/个人服务	荣昌 e 袋洗	准独角兽企业,O2O 洗衣产品,提供"小 e 管家"上门送取服务
医疗分享	挂号网	独角兽企业,国内互联网就医服务平台
	妙手医生	移动健康领域移动 App,提供医患沟通,药品到家和健康档案管理服务
教育分享	疯狂老师	国内大型 O2O 中小学课外辅供应商,已完成 B 轮融资
自媒体	微信	自有业务,即时通信免费 App,用户量已突破 6 亿,功能涵盖即时通信、移动支付、公共平台等多种业务
	喜马拉雅 FM	国内知名音频分享平台,定位为 UGC(用户原创内容)模式,2014 年中旬曾成为国内第一音频分享平台
	斗鱼 TV	弹幕式直播分享网站,以游戏直播为主,涵盖了体育、综艺、娱乐等多种直播内容。已获 B 轮融资
	企鹅 FM	自有业务,新潮网络电台 App,提供在线试听小说、音乐、新闻、娱乐八卦等音频服务

第六篇

治理篇：看不见的推手

分享经济之所以席卷全球，必须要归功于一个看不见的推手——政府。

为应对分享经济带来的新消费浪潮，各国政府因地制宜地推出了不同的政策。尽管分享经济在全球的发展体现出区域间不平衡的样态，尽管各国分享经济又存在着自身发展的内在逻辑，但就目前各经济体的政策来倒推其目的来看，又会发现其目的具有高度的一致性：推动分享经济的发展。

以上内容便构成了如今全球分享经济政策的"基本面"，即在推动分享经济发展的目的引导下，通过差异性与同质性的政策，为本地区、本国的分享经济起步、持续发展提供动力，也即当今分享经济政策发展的"一点两面"：促进分享经济发展中心点，体现出政策的同质面与差异面。

如何分析基本面？我们可从以下三个层面入手来解读一下：国家战略层面、具体促进措施层面以及监管层面。

第一，国家战略层面能够直接反映出国家对分享经济的态度。往往宏观战略的提出与相关地区、国家经济、政治利益密切相关，也与相关领域的发展态势高度关联，而分析这种战略就能看出分享经济在该地区、国家的发展概况。经过分析，目前全球主要国家在分享经济方面主要采取积极应对的战略，打战略组合拳。

第二，具体促进措施层面。具体促进措施是该地区、国家在处理具体问题时候的具体办法,也是"一点两面"中差异性与同质性的集中体现,分析具体的促进措施可以更好地明确各地区、各国的具体办法,具象化地展现政策的区域与国别属性,同时也能为政策制定者提供直接的借鉴样板。目前可以看出,各国在分享经济的促进措施上采用了"五连环"的方式,大力推动分享经济发展。

第三,监管层面。监管问题一直是新经济形式出现后的焦点,是否应该监管、如何监管等问题也是政府需重点考虑的。而目前监管层面出现的是"一体两翼"的特点。

第二十四章 国外政策经验

国家战略层面

从战略层面观察各地区、各国的政策,总体表现出积极推动分享经济发展的趋势。欧盟通过其单一数字市场战略,希望抓住分享经济机遇,在数字经济时代弯道超车;美国利用其先发优势,宏观战略上呵护分享经济发展;日韩等国也在积极探索,战略上为分享经济发展保驾护航。

积极战略部署,打出"组合拳"

欧洲诸国、日本、韩国等积极进行分享经济的战略部署,利用战略定位、长远规划等方式,发展分享经济,在战略上打出"组合拳"。

从战略定位角度看,欧盟将分享经济列为欧盟单一市场计划的重要组成部分,是欧盟内部资本要素、人员要素等自由流动的重要一环,也与欧盟单一数字市场战略遥相呼应。从战略部署上看,分享经济受到了极大重视。自 2015 年起,欧盟核心机构,如欧洲议会、欧盟委员会相继通过关键性文件对分享经济的发展进行部署。例如 2015 年 12 月,欧洲议会发布对数字市场战略的立场文件,其中提到大力支持分享经济发展。

在欧盟诸国中,英国对分享经济的重视以及定位显得更为突出。2014年,英国政府提出了一项雄心勃勃的计划:成为分享经济的全球中心。紧接着,2015年3月,英国商业、创新和技能部发布了"一揽子"分享经济扶持政策。英国对于分享经济战略的重视用"雄心勃勃"形容并不为过。英国期望将分享经济作为开启第二次大航海时代的契机,而第一次大航海时代的英国正是全球经济的中心。此次英国如此庞大的战略意图正能印证分享经济的重要。

除了战略上对分享经济进行重要定位,对分享经济进行时间规划也是如今各国的重要战略举措。

2016年,欧盟委员会宣称它计划出台一份"欧盟分享经济议事日程",为分享经济的发展设定路线图。欧盟路线图的规划可以类比为欧洲的"五年计划",反映了欧盟对分享经济的渴求,以及分享经济在欧盟发展较为滞后的现实。一方面,分享经济在今后的经济发展中将会扮演更重要的角色,抓住分享经济有助于在后危机时代驱动区域经济发展;另一方面,相较于已经具有成熟分享经济企业的美国市场而言,欧盟分享经济显得相对匮乏,如何后发制人、赶超美国也是欧盟目前从战略上重视分享经济的原因。

对分享经济进行战略上的时间规划并不是欧盟的"专属",同样地,韩国政府也对分享经济进行了详细的规划。2015年12月,韩国企划财政部首次宣布拟将分享经济纳入制度层面管理,并研究出台"2016年经济政策方向",其中涵盖分享经济相关政策方案。2016年2月17日在青瓦台召开第九届贸易投资振兴会,政府将分享经济纳入4大新服务市场的开拓方案。2016年,韩国政府计划将分享经济在釜山、济州岛等自由区进行试点,到2017年,韩国计划修改国家住宿业相关法律，使之合法化。

日本也进行了规划。日本总务省在最新发布的 2015 年《信息通信白皮书》中明确将"分享经济"列入"生命、信息和通信技术的未来"一章。白皮书中提到，在信息时代，分享经济已经成长为全球创新的起点。日本将会进一步整合信息技术和社交媒体，在国内建立更安全的信用体系，进一步开发分享经济的潜在市场。

上述国家和地区将分享经济置于战略高度，并且采用的是积极部署各种战略措施的方式去推动分享经济在该国家和区域发展，体现了各国在促进分享经济发展方面的战略思维，希望能抓住分享经济的浪潮，在数字经济时代实现弯道超车。

具体观察各国会发现，虽然分享经济已经在上述国家萌芽，并开出一定的成果，但是，如要我们列举结出的果实，发现并没有如 Uber、Airbnb 之类发源于美国，进而影响世界的分享经济公司。这意味着分享经济在上述国家和地区的发展已经展现出足够的潜力，但是还需要更多的"推手"。因此，从多个维度出发，以打出战略组合拳的方式去推动分享经济发展最为妥当。

平稳战略应对，呵护发展

基于分享经济市场发展的不同，美国的战略应对与以上诸国有所不同。其中美国比较突出的战略表现，就是美国贸易委员会向外界传达的对于分享经济的基调——以一种不会妨碍创新却能保护消费者的方式，监管这类新的商业模式。美国的战略上的平稳是以其市场发展作为基础支撑，如今排在世界前列的分享经济企业中大多数都是美国公司，战略的定位应当从积极推动转为理智呵护为主。

和其他国家、地区不同，美国的战略定位看似稍显"薄弱"，实则不然。究其原因，在于美国的分享经济发展阶段与其他国家、地区不同。依然可以从 Uber 和 Airbnb 等公司的发展中，窥出美国目前分享经济发展的端倪。在市场竞争的基础上，美国已然发展出数量众多、质量优秀的分享经济企业，分享经济的发展需要的是呵护与引导。因为市场——这才是看不见的推手——已经使用其自由竞争的法则为分享经济的发展疏通了道路。因此，目前美国分享经济战略上的应对就主要站在呵护的立场上，"清理道路上的石子"，并且对相应的风险进行防范。

总体而言，在制定战略时，需要和本国分享经济发展阶段相结合，因地制宜地制定分享经济战略。不过，也应当看到上述战略的通性，即无论是积极推动还是战略呵护，其立足点都是促进分享经济发展。此点应当始终作为战略措施的基本点。

具体促进措施：五连环

具体促进措施是各国政府在推进分享经济发展中采取的具有普遍共通性的、能够有效带动分享经济发展的措施。当然有些措施也具有本国特色，显示出国别的差异。同时，即便是相同的措施，在具体实施的过程中也存在差异。但无论是共同的还是有差异性的措施，都为分享经济的发展起到了推动作用。

在此选取其中有典型意义的 5 个举措进行分析。这 5 个措施好比推进分享经济发展的"五连环"，共同促进了对于分享经济的认识，并以试验的态度探索分享经济发展，最终实现经济发展的同时惠及公民的利益，其措施一环套一环，层层递进，为分享经济发展提供较大的动力。

积极调查研究

分享经济有着自身的发展特点，对症下药、量体裁衣才能更好地促进分享经济的发展。在这个角度上，相关国家有着高度的一致性。

2013年欧盟经济和社会委员会召开听证会，就分享经济展开讨论，目的就是为了更加了解分享经济。此外，作为此次听证会的另一项成果，成立了分享经济的行业组织，即欧盟分享经济的联盟。该组织存在的一个重要目的就是市场调研，参与成员国相关政策制定的多边会议以及提供行业政策建议。

英国自提出要成为分享经济全球中心后，就采取了大量行动，这包括2014年9月英国商务部专门成立了一个调查小组，该小组主要对分享经济进行全方位的分析，包括分享经济给英国带来的价值、传统行业可能面临的风险、分享经济领域里的相关法律法规以及消费者权益保护等内容。

美国主要由联邦贸易委员会来分析分享经济，从2015年开始联邦贸易委员会就举办研讨会，主要邀请美国知名学府相关领域的专家，听取学者对于分享经济的看法。

除了联邦层面的调查外，美国地方政府层面，由美国国家城市联盟自我开展对于分享经济运行状况的调查，积极探讨分享经济在各城市的发展状况。

同理，韩国由政府主导，也对分享经济进行深度研究。由韩国的企划财政部引导，开始和汽车共享、住宿等产业形式比较明显的部门接触，并对如何完善规制展开研究，目的在于能够推动相关地域的示范产业。韩国企划财政部不仅自主调研，也领导相关机构对分享经济进行分析，例如2015年11月，企划财政部和韩国开发研究院举办了主题为"分享经济的扩散：争论焦点与解决办法"的论坛，由韩国与国际上的分享经济专家参与，探讨了包括住宿、车辆、金融等分享经济产业发展概况。

正如之前所述，分享经济作为新生事物，其发展具有自身特点。为了更好地促进其发展，在制定相关政策前需要对分享经济做出更加深入的分析，"没有调查就没有发言权"。显然，传统的分析方式包括向专家、学者、产业部门等了解经验，多方参与的讨论显得尤为必要。

创新政府管理，推动公众参与

分享经济的发展注定会惠及百姓，例如交通类的分享经济平台就是以更合理的价格、更贴心的服务便利了民众出行。因此了解民众对于分享经济的意见至关重要，这也是参与式民主的重要形式。对此欧盟和美国选择一致。

欧盟于2015年9月展开公众咨询，并于2016年3月将咨询的结果公布在网络上。咨询内容涉及分享竞技平台、公众对于现有法规的意见以及对于个人隐私的关注。

美国对于民众意见的了解主要是通过联邦贸易委员会，由联邦贸易委员会提供相应网络反馈渠道，通过网络来了解民众对于分享经济的看法。

当然，相关国家政府也会认真参考通过咨询得来的公民意见，在推进分享经济发展过程中，使经济发展的果实能够进一步惠及公民。

由于人人都是分享经济的参与者，分享经济成果和公众的关联十分紧密，因而，想要更加充分地了解分享经济，了解民众对分享经济的意见，保障民众决策过程的参与权也十分重要。对分享经济"望、闻、问、切"才能对症下药。

鼓励行业协会的发展

这里表现最为突出的就是欧盟。

分享经济归根到底是市场经济的产物，通过行业协会管理与自律，不仅能更有利于分享经济的发展，而且更能够适应分享经济自身的特点。这里表现最为突出的就是欧盟及英国。

2013年后，欧盟成立欧洲分享经济联盟，该联盟的作用重大，媒体公关、市场调研、组织公共辩论等，尽力发挥对分享经济的促进作用。

2015年3月，在英国政府推出分享经济扶持政策的同时，由英国商务部组织，全英国最有影响力的20家分享经济企业成立了一个分享经济行业组织——Sharing Economy UK（SEUK），该组织的目标有三：第一是倡导分享经济。通过传统和新兴媒体，统一发声，大力宣传分享经济的益处，并与政府紧密合作，游说立法机构，推动分享经济成为主流商业模式，助力英国成为分享经济的全球中心；第二是制定标准。会员企业通过一份行为准则，从维护分享经济信誉、员工培训和保障安全等方面着手，以期为所有英国分享经济企业树立清晰的、需要遵从的价值标准和行为原则；第三是寻找对策。协会通过支持研究项目、总结企业成功实践等方式，努力解决分享经济企业共同遇到的问题和挑战。

"春江水暖鸭先知"，行业协会处于行业第一线，对于相关行业的了解最为密切，加强行业自律最能体现该行业领域的利益。分享经济归根到底是市场经济的产物，通过行业协会的管理与自律，不仅能更加有利于分享经济的发展，而且能够更加适应分享经济自身的特点。

发展试点城市

由于全球对于分享经济的认知尚不完善，除了采取理论探讨，实践也是获取有关分享经济知识的一种重要渠道。因此各国都采取划分"试验田"的方式，对分享经济的运作以及监管等其他事项进行实验，好比划出分享经济的"特区"。

欧盟鼓励各国对分享经济展开试验，并愿意在各国试验的基础上进一步做推广。更进一步鼓励各国对国内城市进行试点，例如2016年2月2日，荷兰阿姆斯特丹加入分享城市的行列，创业公司、社区中心、公立图书馆等多方主体参与，开展从知识、资产到技能的分享活动。此外，鼓励通过借助欧盟市长之约或欧洲智慧城市创新合作伙伴等城市之间的平台机制，地方城市总结和交流分享经济的经验。

英国政府认识到分享经济能够以创新方法帮助城市解决社会和经济挑战，并推动当地发展。为此，英国政府决定2015~2016年在利兹市和大曼彻斯特区设立两个实验区，重点支持在交通、住宿和社会保障领域的分享尝试，如利兹市成立一个网络分享平台，分享资产和服务，包括闲置的空间和设备，以及居民的各项专长和技能。

在美国，由国家城市联盟自行开展合作，反馈各城市在分享经济发展过程中的状况，并且制作成报告供各城市进行学习。

日本政府已经公布，从2016年1月开始，以东京都大田区为战略特区，开始实行Airbnb合法化，即一般的民宅可以直接"有偿"租借给其他人住宿。

面对新生事物，各国政府都采用划"特区"的方式获取相应信息。这种方式既能保证不落后于实际，也能保证将可能的不利影响控制在一定范围内。

利用"软法"推动分享经济

法律的制定要经过严格的程序,因而效力较高,具有很强的执行力,但也有不易更改、容易落后于实践的问题。因此面对新兴事物,往往不会运用国家强制力保证实施,这种方式也叫作"软法"。在面对分享经济如此新的事物时,欧盟便十分明智地采用"软法"进行管理,十分契合分享经济。

欧盟即将出台的分享经济政策没有采用条例、指令的形式,而是采用指南的方式,可谓深思熟虑之后的明智之选。一方面,分享经济正蓬勃发展,远未到成熟定型的时候,这意味着分享经济仍处于不断快速变化发展之中;另外一方面,分享经济的崛起对传统经济形态已经产生一定影响。因此,如果采用条例和指令的方式,虽然法律效力层级更高,但过于刚性,缺乏调整和回旋的空间,既难以满足分享经济不断变动的需求,容易造成"一刀切",也容易引发传统经济业态的反弹。

采用指南形式的好处在于,在划定底线的同时,给予各国自由发展分享经济发展的弹性。比如在 2015 年 9 月,欧盟启动关于分享经济的公共咨询之时,欧盟委员会就明确表示,在该公共咨询结果公布前,排除出台法规来规范如 Airbnb 和 Uber 等分享经济企业的可能性。

英国目前采取的也都是政策类的方式,并非采用成文法律对分享经济进行规制,并且这些政策都是鼓励性政策。英国政府逐步更新其政府采购框架,让分享经济成为政府采购的选项之一,如从 2015 年秋季开始,英国政府官员履行公务时,可以选择分享经济中的住宿和出行服务。与此同时,英国政府增加政府办公资源的分享程度,如从

2015年春季开始，英国税务及海关总署开展了一个实验项目，通过数字平台分享其闲置的文具、办公用品、家具和IT设备。

同之前的试点一样，想要既促进相关领域的发展，又将分享经济的安全等风险问题控制在一定范围内，"软法"治理无疑也是一种不错的举措。

上述5个具体措施的立足点皆为促进分享经济的发展，构成环环相扣的"五连环"。同时在一定程度上符合促进一项事物发展的一般规律，即首先认识，然后实践，再通过实践得来的认识进一步完善认识，指导实践。能够灵活、机动地运用这5项措施，对于分享经济的发展具有重要的作用。

监管层面：一体两翼

普通意义上理解的监管，即对事物进行管制，多带有控制、约束的意味。然而也可以从另一种角度理解监管，即政府对待事物的处理策略。本节便是从这个角度出发看待各地区、国家的监管策略。具体来讲，包括一体两翼三个方面的内容：市场准入、消费者保护以及从业者保障。

市场准入

就市场准入而言，无论是美国还是欧盟，都遵循了一个路径，即采取"底线"策略。所谓的底线策略就如同用政府行为为分享经济的底部划定一条线，在这条线之上的事情，分享经济都可以去做。这无疑是对分享经济的一种极大的鼓励。

欧盟通过两个措施，将分享经济的准入环节打通：其一，将参与分享经济的企业划入平台企业的范畴之内,有助于从根本上理清一些困扰分享经济发展的法律争议,如专车公司与司机是否属于雇佣关系等;其二,《欧盟服务业指令》全面适用于分享经济,这大大有助于消除现有法律对分享经济设置的准入门槛和壁垒,比如指令要求欧盟各成员国确保其服务市场的自由准入和非歧视待遇,最重要的是取消了跨区域经营企业需在营业地设立独立分支机构的要求,取消了对企业在其他成员国进行服务性经营需向当地政府报批的要求。

美国在准入环节上的表现多体现为地方政府的底线策略。科罗拉多州州长约翰·希肯卢珀(John Hickenlooper)已经签署法案授权出行分享类服务的运行;加州公共事务委员会通过了一个法律框架,使得出行分享类的公司可以在该州境内合法运营。而奥斯丁、西雅图、华盛顿等市政府也出台政策明确允许出行分享类平台运行;奥斯汀和旧金山市政府还允许房屋分享类的平台运作。这种形式表现为在分享经济运行的道路中,清扫掉一切路障,允许分享经济驾着快车迅速行驶。

市场准入是企业能够开展业务的前提,如果市场准入条件非常高,那么能够进入市场展开竞争的企业将少之又少。当前全球分享经济发展中,市场准入障碍是一个核心障碍。目前世界上主要国家和地区都意识到传统市场准入制度对于分享经济的障碍,在市场准入方面不断调整相关制度,以适应分享经济发展。

消费者保护

分享经济自诞生以来引起的比较重要的一个关注就是安全性问题,而且是集中在对于消费者的安全保护上。为了解决该问题,包括欧盟、美国都采取从平台与从业者入手,解决该问题。

欧盟借助监管平台中介的条例指引，鼓励分享经济保险的发展，为分享经济确立最低限度的安全和质量标准，从而让消费者放心参与P2P分享活动。

以交通领域的分享经济为例，英国和美国以监管来保护消费者的方式值得学习。例如英国将专车纳入《约租车法案》管辖，同时对专车的车辆进行详细的规定，包括车辆运行年限、年检等。对专车平台进行管理，要求其商誉良好，公司无破产等负面信息，公司管理层也无不称职之处。对于司机也有严格要求，包括年龄要求、驾驶能力要求、身体健康要求以及是否有违法、犯罪记录。同样地，在美国芝加哥，也有相关条例对专车做出类似监管，间接保护消费者，包括车辆上要有显著标识，驾驶员年龄、驾照符合规定，驾驶员无犯罪记录、无吊销驾照记录并且完成平台培训。另外，专车平台应当对驾驶员信息进行公示，并且应当方便残疾人士使用。美国加州为了应对网络约车这种分享经济类型，从"管车、管人、管平台"三方面入手保障消费者权益。具体而言，加州公共事业委员会创设了一种新的公司类型，称之为"交通网络公司"（TNC，此类公司不允许拥有用于开展服务的车辆）。网络平台在加州运行仅需一个牌照；允许私家车接入；司机及车辆审核由TNC完成，TNC对于司机的年龄、驾照、培训情况、背景调查、驾驶记录、保险等都有特殊要求，从而保障消费者安全。

总之，分享经济消费者保护核心问题是安全问题。目前采用的监管模式是间接的事前的监管，通过规范从业者和平台，保证消费者接受的服务或者产品的质量，从而保护消费者。消费者保护方面应摒弃"泛安全化"思维，应通过具体的制度设计解决相关安全问题，促进分享经济发展。

从业者保障

如何监管分享经济的从业者，同时保证从业者的相关利益也是分享经济政策的重要一环，而在这一环节中，比较有代表性的举措有两个：保险制度以及税收优惠制度。

欧盟首先就提出要鼓励分享经济保险的发展。依然以专车为例，在英国以及美国芝加哥，都要求平台在经营时提供保险，其中芝加哥要求强制保险。保险的目的在于，若发生交通事故，该保险能够对驾驶员进行赔补；或者针对驾驶员提起的诉讼或仲裁做出赔偿判决，该保险能够先行赔付。从风险分担层面对从业者提供了一层保护。

经济的发展必然带来大量自雇劳动者。美国有自雇纳税人个人所得税减免政策，我国台湾地区对自雇劳动者有社会保险政府补贴制度，此类制度让分享经济从业者享有与其他劳动者同等的权益和保障。

"市场准入""消费者保护""从业者保障"，"一体两翼"反映的本质监管思路是给分享经济放行，即无论分享经济发展的样态如何，尽量使分享经济能够在现今的体系下运行，同时抓住市场运行中可能出现问题的关键点，扫除障碍，为分享经济发展铺路。

第二十五章 中国的应对部署

宏观的政策环境

"分享经济"概念首次在中央文件中被提出,是在 2015 年 9 月 26 日国务院发布的《关于加快构建大众创业万众创新支撑平台的指导意见》(国发〔2015〕53 号)中。该文件指出,在当前全球分享经济快速增长的大背景下,我国要壮大分享经济,培育新的经济增长点,以把握发展机遇,汇聚经济社会发展新动能;同时,要推动整合利用分散闲置社会资源的分享经济新型服务模式,以激发创业创新活力。

2015 年 10 月 29 日,党的第十八届五中全会进一步指出,我国要坚持创新发展,实施网络强国战略,实施"互联网+"行动计划,发展分享经济。同日,发展分享经济,促进互联网和经济社会融合发展被纳入《中共中央关于制定国民经济和社会发展第十三个五年规划的建议》。

2015 年 11 月 19 日,国务院在《关于积极发挥新消费引领作用加快培育形成新供给新动力的指导意见》(国发〔2015〕66 号)中指出,我国要完善分享经济,调整完善有利于新技术应用、个性化生产方式发展、智能微电网等新基础设施建设、"互联网+"广泛拓展、使用权短期租赁等分享经济模式成长的配套制度,以加强助推新兴领域发展的制度保障。

2016年3月5日,李克强总理在《政府工作报告》中提出,我国将把发展分享经济作为"十三五"时期的重大举措,要推动新技术、新产业、新业态加快成长,以体制机制创新促进分享经济发展,建设分享平台,做大高技术产业、现代服务业等新兴产业集群,打造动力强劲的新引擎。同时报告称,充分释放全社会创业创新潜能是我国政府2016年的工作重点,政府将着力实施创新驱动发展战略,促进科技与经济深度融合,提高实体经济的整体素质和竞争力,为此,我国需要发挥大众创业、万众创新和"互联网+"集众智汇众力的乘数效应。打造众创、众包、众扶、众筹平台,构建大中小企业、高校、科研机构、创客多方协同的新型创业创新机制。支持分享经济发展,提高资源利用效率,让更多人参与进来、富裕起来。

从2015年中央文件中首次出现"发展分享经济"概念,到2016年《政府工作报告》中提出要促进和支持分享经济发展;从2015年中央清楚指明发展分享经济对我国培育新的经济增长点具有重要意义,到2016年中央进一步提出分享经济对实施"互联网+"行动、创新驱动发展战略,提高实体经济的整体素质和竞争力的推动作用,都表明发展分享经济已经上升到了国家发展战略的高度。

地方政府的政策措施

目前,已经有相当一部分地方政府将发展分享经济的促进政策纳入本地区政府未来的工作重点,其主要着力点表现为在市场准入监管和配套制度完善上为发展分享经济营造宽松的制度空间。

在市场准入方面鼓励融合创新

对于发展分享经济涉及的市场准入监管，主要涉及对于可能的新的市场主体的监管和新的入市交易客体的监管两个方面。

从目前地方政府所推出的发展分享经济的思路和具体指导性政策看，地方政府发展分享经济的一个重要目的是促进传统产业的转型升级、利用创业创新培育新的经济增长点，因此对于市场主体的监管主要还是立基于在原有市场监管框架上进行适应发展需求的创新。具体而言，不少地方政府将发展分享经济与实施"互联网+"行动并列，要求通过促进互联网与经济社会融合发展，构筑发展新优势和新动能，拓展发展新空间。这包括加快发展云计算、大数据、物联网、移动互联网等与现代制造业、现代农业、现代服务业深度融合，促进电子商务、工业互联网和互联网金融健康发展，发展分享经济。许多地方政府将分享经济模式视为一种以互联网思维为支撑的新技术和新知识，认可其在推动传统产业的转型升级、激励经济社会新潜力发展方面将能够产生积极影响。例如，北京市和南京市政府分别要求推进基于互联网的产业组织、商业模式等创新，推动互联网新理念、新技术、新模式与经济社会各领域深度融合发展，以发展分享经济、激发经济增长新潜力。

另一方面，不少地方政府认识到分享经济模式可能表现为各类资源的使用权短期租赁，因此很可能为新的入市交易客体提供相对宽松的监管环境，配置相应的市场准入制度。河北省、安徽省政府和大连市政府制定的相关经济政策都明确提出，分享经济模式的一个重要方面在于"使用权短期租赁"。甘肃省政府和无锡市政府指出发展分享经济的要义在于"整合利用分散闲置社会资源"。另外值得注意的是,无锡市政府将"分享经济"的定义写入《无锡市国民经济和社会发展第十三个五年规划纲要》,即不同人或组织之间对生产资料、产品、分销渠道、处于交易或消费过程中的商品和服务的分享,这从某种程度上反映出可能参与租赁的"使用权"和闲置的社会资源,既可能包括有形的生产资料和产品、商品,也可能包括无形的分销渠道或服务;既可能包括静止的生产资料或产品,也可能包括那些正处于交易或消费过程中的商品或服务等。

一些地方政府提出了重点或优先支持分享经济发展的领域,主要集中在能够改善人民生活的服务行业领域。例如,福建省政府提出在设备租赁、交通出行、旅游、房屋出租、体验评价等领域提供新服务,以培育"互联网+"新业态。无锡市政府提出拓展分享经济新领域,重点支持快递物流、家政服务、教育培训、媒体创意、租赁服务等领域。在这些被列举出来的行业领域中,涉及的大多数交易客体(例如机器设备、交通工具、房屋、旅游服务等)都已经受到一定程度的市场准入监管制度的规范,如何充分让这些已经在首次交易活动中完成分配的资源顺利进入二次或多次交易活动,需要政府对已有的市场准入制度进行适度调整。

从支持创业创新和升级消费结构刺激增长

发展分享经济需要调动分散闲置的资源,因此相应地,需要通过宏观政策引导大众将手中的社会资源投入到新的生产环节中,同时也需要引导消费者接纳这种新的产品供应来源和产品形式,形成健康良性的生产消费循环。为此,地方政府积极鼓励大众创业创新和升级消费结构。

具体而言，为激励群众汇聚智慧、互利共赢，积极分享手中的闲置资源，从而推进大众创业、万众创新，甘肃省政府提出要最大限度地利用大众力量推动整合利用分散闲置社会资源的分享经济模式，发展以社会服务为核心的电子商务平台，积极发展线上与线下联动的知识内容众包，促进形成智慧汇集分享新模式。

在激励广大消费者接纳分享经济下新的消费模式、为分享经济健康发展营造良性经济循环方面，不少地方政府将促进消费升级、增加中高端消费作为分享经济发展的主要目标之一。而实现这一目标的主要途径，在于利用分享经济优化生产供给结构、实现供需双方高效对接的特点，打造群众广泛参与、互助互利的服务生态圈，拓展服务性网络消费领域。

积极制定配套制度进行监管

在市场秩序监管方面，许多地方政府将自身在促进分享经济发展过程中的职能定位为为分享经济成长提供配套制度、积极为强化产业模式创新提供制度保障，在划定政府监管和市场机制的边界上表现出了克制。例如河北省政府要求下属各责任单位调整完善有利于新技术应用、个性化生产方式发展、智能微电网等新基础设施建设、"互联网＋"广泛拓展、使用权短期租赁等分享经济模式成长的配套制度。

无锡市政府提出建立健全行业标准规范和规章制度，构建以信用为核心的新型市场监管机制，营造更加宽松的政策环境。建立健全各类互联网分享平台，完善网络信息安全体系，为分享经济发展提供新动力。提出建立健全行业标准和规范以监管分享经济的发展，这就提高了各类市场经济主体对政府政策和措施的预见性，有利于分享经济参与者积极投资和消费，而政府提出完善网络信息安全体系，又进一步表现出政府将自身市场秩序监管职能限定为保护网络通信安全等最重要的社会秩序价值，有助于市场交易成本的降低和信任机制的建立。

同时，无锡市政府还提出构建以信用为核心的新型市场监管机制。表现出政府对利用自身权力监管分享经济市场秩序表现出克制的同时，积极推动市场声誉机制的建立，试图利用市场自律对分享市场秩序进行更及时和有效的监管。

市场监管中的问题

当前中央和地方政府都出台了多项政策支持分享经济发展，并对其发展的内容和形式给予了较大自由。然而，分享经济在实际发展中面临较大的市场监管法律适用上的障碍，具体可以概括为"一体两翼"三个方面的内容："一体"指的是分享经济的市场准入存在障碍；"两翼"指的是适用于分享经济发展的消费者权益保护和从业者保障这两方面的配套制度。

市场准入

设计合理的市场准入制度是分享经济取得繁荣发展的前提条件，然而现行的市场准入框架体系不适用于分享经济许多具体形式的发展。这是因为分享经济通过社会化平台消除了市场供需双方的信息不对称，使得经过第一次交易从而退出流通渠道的资源或资源上附着的某种权能得以再次或多次进入经济循环。资源重新进入经济循环的过程直接或间接冲击着传统的市场准入规则，尤其是对那些实施特许经营的产业或领域产生了较大影响。

以专车为例，分享经济产生前，私家车只能为车主个人或家庭使用；分享经济产生后，本已退出流通领域的私家车通过打车平台能为任何有需要的个人租用，这就直接冲击了实施特许经营的出租车行业。对于是否允许私家车进行"专车"服务，目前存在两种观点：支持观点认为，对专车进行市场准入监管应当严守"法无明文禁止即自由"的原则，尊重技术和市场发展的客观需求，专车作为更有效的资源配置方式应当被认可；质疑观点认为私家车从事专车服务的合法化将降低出租汽车的市场准入门槛，使原有的出租车特许经营制度归于无效，可能导致出租汽车行业陷入无序经营的风险。

这两种不同的观点反映到具体实践中出现了两种不同的对于专车市场准入的监管态度和措施。2015年10月10日交通部发布《网络预约出租汽车经营服务管理暂行办法（征求意见稿）》（以下简称《网约车管理暂行办法意见稿》）并向社会公开征求意见，这部意见稿将网络预约出租汽车（即"专车"）界定为出租客运性质，并试图沿用监管出租车市场准入的方式监管"专车"，要求专车经营者必须在服务所在地拥有固定营业场所并登记分支机构，同时应当根据经营区域向市级或者县级道路运输监管机构报批等。而另一方面，在《网约车管理暂行办法意见稿》出台之前，上海、义乌等城市就已经开始了专车运营合法化的试点：上海市向滴滴公司颁发国内首个约租车平台的许可证，并试行"政府管平台，平台管车辆和司机"的监管模式。

消费者保护

完善消费者权益保护相关的配套制度能在分享经济发展过程中起到保障交易安全的作用。完善网络时代下的征信制度能够较为有效地保护分享经济中的消费者权益。这是因为分享经济实现了陌生人之间个人对个人资源交换，交易双方对对方履约能力的信任是交易能够达成的直接原因，因此信用制度是分享经济规范发展的前提和必要条件，也是分享经济模式下消费者权益保护的第一道防线。分享平台通过审查交易双方的资质并对其履约情况进行累计评分，能够建立相对完善的征信体系，保护消费者。

然而目前中国最完善的征信信息系统，包括以人民银行征信中心为代表的金融征信，商业征信以及各类行政监管征信（包括公安、工商、税务、海关等），无法为分享平台所分享，大部分的征信信息主要依靠平台企业在运营过程中自行积累，这无疑将给分享平台在消费者进入交易前提供风险预警信息带来障碍。

从业者保障

分享经济催生出了许多新兴的劳动关系，制定适用于分享经济的从业者保障配套制度能有力助推分享经济的发展。分享平台提供供需信息，为从业者创造了就业条件、扩大了就业机会，同时平台上供需双方互评机制有利于实现就业平等，这调动了人们的劳动积极性和创造性，因此越来越多的个体从业者选择自主创业，利用自己的知识和技能，通过接入网络平台提供服务来获得收益，成为新型的自雇劳动者。但是如何对这类从业者权益进行保护，仍有待进一步探讨。

全球分享经济几个政策趋势

经过对目前世界上主要国家在分享经济中重要政策的分析，对于未来的政策走向，我们形成了如下判断：

第一，未来将有更多国家将发展分享经济上升为国家战略。

中共十八届五中全会公报明确指出发展分享经济，这是我国第一次将分享经济写入党的全会决议中，标志着分享经济正式列入党和国家的战略规划。此外，欧盟、美国、英国、法国、日本、韩国等也出台了多方政策，支持、鼓励发展分享经济，作为一项国家战略规划。《第三次工业革命》作者杰里米·里夫金曾经做出关于未来世界的三大预测，其中之一就是"协同分享经济将颠覆许多世界大公司的运行模式"。因此，可以预见，将会有越来越多的国家出台相关政策，推行改革，鼓励分享经济推动经济发展，将其上升为国家战略。

第二，创新监管思路、调整法律法规适应分享经济发展。

分享经济从住宿、出行等行业，扩展到了诸多传统行业。但是，以 Uber、Airbnb 等为代表，在全球发展过程中，均遭遇了市场准入、安全等方面的障碍。Uber 在其发展过程中，因平台、司机的资质和证照以及安全等问题，多次遭到限制、取缔甚至封杀；Airbnb 在美国多个州引发了税收方面的争议。造成分享经济与制度冲突的一个主要原因就是，一方面是面对新兴事物政府监管思路传统，另一方面是既有法律法规设定的准入门槛、合规要求、劳动保护等不利于分享经济进入相关行业并做大做强。因此，创新监管思路、调整既有法律法规，就成为各国推动、鼓励分享经济发展的必然选择。

第三，从单一监管走向协同治理。

从各国对分享经济的管理来看，一个大的趋势就是从单一监管向协同治理演变。虽然治理与监管表面相似，其理念却大不相同。监管更多强调的是政府单方面的管理，而分享经济根植于网络平台，更强调多元化的参与，不仅涉及政府最低限度的管理，也涵盖企业、行业自律、消费者意识提高、公众参与、社会监督等诸多因素。不仅如此，与一味强调政府监管相比，治理的理念更加强调市场的力量,通过市场的充分竞争,可以实现监管的目的。因此,将针对传统业态的监管规则继续用于分享经济,显然是不可取的。在分享经济发展初期,采用协同治理的模式就成了一个必要的选择,一方面需要确保最低的安全和质量标准,另一方面需要为分享经济创新发展提供空间。政府监管的介入需要以市场和平台的失灵为条件,当平台可以通过自身政策合理控制相关风险时,就没必要进行过度干预和规制。

第四,新型劳动关系亟待制度建设。

劳动者权益问题是分享经济平台面临较多的一个问题。比如,2015年6月,美国加州劳动委员会认定Uber的一名司机是该公司的雇员,而非Uber一直主张的独立合同工。我国《网络预约出租汽车经营服务管理暂行办法(征求意见稿)》第十八条也规定,专车经营者与接入的驾驶员签订劳动合同。这一政策引发了业界一片质疑和反对。事实上,平台和供应方、需求方之间的关系,不同于传统的雇主、雇员、消费者之间的关系,雇主需要和雇员签订劳动合同,并为雇员的职务行为向消费者承担责任。如果继续将传统劳动关系用于分享经济平台,必然导致分享经济平台向传统商业组织回归,导致分享经济丧失赖以生存的土壤。比如,有的网络约租车公司有超过100万专车司机,如果要求其和所有司机签订劳动合同,无疑会成为全球雇员最多的公司,而雇员最多的互联网公司亚马逊也不过10万员工,相应的强制性劳动保障和福利将会让其承受巨额经营成本,这对创业公司而言是致命一击。因此,探索、创设新型劳动关系成为各国政府大力推进分享经济的当务之急。

建议与对策

结合未来趋势，我国可以如何应对？结合调研，我们内部进行了探讨，初步思考如下：

第一，从宏观政策层面上，实现"监管"向"治理"转变。

我国分享经济要实现大幅度发展，必须有与之相适应的政府管理的新理念。"监管"理念强调的更多的是政府单方面的管理，"治理"的理念更加强调市场的力量，通过市场的充分竞争，可以实现监管的目的。政府监管部门应该充分吸纳市场参与者的意见，政策立法需要"开门立法"、"科学立法"、"民主立法"，更多遵循市场主导思路，对分享经济持更包容、鼓励和促进的态度，站在更高的战略高度看待分享经济对中国发展和转型的意义。

以细分行业政策和行动计划推动细分行业发展，建立分享经济的"负面清单"制度。在分享经济、"互联网+"等宏观方面，中央政府和地方政府已经出台了很多政策文件和行动计划，但是在分享经济比较活跃的交通、食宿、服务和劳动、零售、金融等领域，相关的扶持和鼓励政策并不多见。例如，在监管障碍最多的出行行业，应当通过优化相关政策、法律法规等，建立分享经济的负面清单，明确分享经济的"敏感"领域。在清单之外的行业，允许分享经济企业自由进出，清除平台在准入许可、劳动关系等方面面临的障碍。

第二，在配套制度层面加强完善贯彻。

分享经济的快速健康发展，离不开其他配套制度的支持。

首先，完善征信制度等配套制度，采用公众咨询、软法治理等灵活制度，共同推进分享经济发展。分享经济建立在信任的基础上，并且可以重塑社会信任。信用是分享经济的"硬通货"，市场的供需双方必须建立互信关系，才会发生分享行为，才能达成交易。因此，一方面应大力发展征信市场，加快社会征信体系建设，推进各类信用信息平台无缝对接，打破信息孤岛；加强信用记录、风险预警、违法失信行为等信息资源在线披露和共享，为经营者提供信用信息查询、企业网上身份认证等服务。

其次，需要进一步完善社会保障和福利机制，有关机构应为分享经济参与者提供必要的保险和福利，提供分享经济就业指导，以帮助求职者提高经验、技术和收入。鼓励分享经济平台与保险机构合作成立赔付基金，或双方合作提供保险产品等。

可以通过完善知识产权保护、引导资本市场予以资金扶持、鼓励行业自律组织的组建等方式，共同促进分享经济在我国的生根发芽，茁壮成长。

第三，在监管层面，创新监管方式和手段。

长期以来，我国政府监管的理念深入人心。虽然治理与监管表面相似，其理念却大不相同。监管强调的更多的是政府单方面的管理，而互联网治理更多强调多元化的参与，不仅包括政府管理，也包括行业自律、企业参与、消费者意识提高等诸多因素。不仅如此，与一味强调政府监管相比，治理的理念更加强调市场的力量，通过市场的充分竞争，可以实现监管的目的。

差异化监管和适度性监管。差异化监管要求监管者具体问题具体分析，根据被监管对象本身的特点，尤其是面对新生"商业物种"的商业模式、经营方式等与传统不同，不能削足适履，强迫新事物符合旧的监管框架，而应在监管中鼓励创新，宽容试错。至于适度性监管，实质是监管机构要保持权力的谦逊，对于市场的创新，更多应该交由市场规律来处理。

合理界定和解决安全问题。作为新兴的经济业态和商业模式，分享经济存在一些安全问题，但空泛地谈论安全问题意义并不大，正确的解决思路可以是：第一，分享经济的商业创新是否比传统商业模式带来更多安全问题；第二，新产生的安全问题是否可以通过配套制度加以解决。

第四，通过多种形式为个体赋能。

分享经济是以个体为中心的经济，平台的中心化地位只是表面现象。只有个体在其知识、技能、信用等方面强大了，分享经济才有未来。因此，政府需要通过多种方式为个体赋能。首先，需要完善包括版权、商标、专利等在内的知识产权制度，切实保障参与分享经济的个体的智慧成果。其次，分享经济将个体从公司等传统商业组织的束缚之中解脱出来。最后，要普及互联网教育，消除数字经济鸿沟，实现真正的全民共享分享经济。

第五，加快分享经济所需的基础设施建设。

进一步加强宽带基础设施建设，提速降费，使更多人融入分享经济平台，参与分享经济服务。推出分享经济示范城市，以城市为单元，通过统一分享平台，整合城市现有公私资源，有效调节供需矛盾。将分享经济纳入政府采购范畴，政府可以身作则，鼓励各级机构使用分享经济平台选择合适差旅住宿和交通方案等服务。

第七篇

趋势篇：一切，皆可分享

关于分享经济的未来，一直是众多研究者关注的热点。

我们认为，它将按照以下几大路径发展：

目前分享经济处于个人闲置资源分享阶段，是以个体为基本单位，个人通过平台进行闲置资源的分享。对于传统服务业，分享经济正从交通出行和住宿领域，拓展到个人消费的多个领域，将会助力服务业成为我国经济增长的新动力。在服务业之外，C2C个体分享拓展到能源、农业等领域，凡有剩余，皆可分享，已逐步实现。

在3~5年内，会全面进入企业闲置资源分享阶段，企业为基本单位，整合企业之间的闲置资源进行分享，包括闲置产能和设施的共享。通过消化过剩产能带来的生产革新也逐渐萌芽。

再往后看，未来5~10年，会进入公共闲置资源分享阶段，目前已在局部萌芽，主要由政府牵头，主导公共服务资源开放共享。例如政府采购分享型服务，政府闲置资源分享，分享型公共交通等。

未来10~20年，会进入整个城市的闲置资源分享阶段，目前海外已经有试点出现。以城市为单位，由政府统筹整合整个城市的闲置资源和分享主体。除公共服务的分享之外，还会统一规划各行业分享企业的布局。

目前世界各国高度重视发展分享经济，许多政府出台鼓励政策促进分享经济发展。美国是分享经济发展的源头,作为产业源头,美国有非常多的创业公司,政府也在致力于推动分享经济的发展。英国政府 2014 年制订分享经济计划,旨在打造分享经济的全球中心。韩国政府也在放松市场管制,提出发展分享经济"示范城市"。

第二十六章　个人分享的再创新

短短三五年间，国内分享经济风潮，已经席卷出行分享、空间分享、美食分享、金融分享、二手交易、物流众包、专业/个人服务、医疗分享、教育分享、自媒体 10 大主流行业，超过 30 个子领域，创新了原有的商业形态，形成分享经济的新玩法。

而纵观全球，分享经济除了这 10 大主流行业外，在其他服务领域，创新频出。同时农业、电力等传统产业的阵地也出现出了分享经济的星星之火。分享经济强调去中心化，人人都是产销者，个人的服务是最小的载体，但整合起来，能够发挥最大的镜面效应。

这是一种新型的社会生产关系，正在诸多新兴领域里生根发芽。

新兴的服务分享

高科技设备租赁

一家名为 KitSplit 的初创公司试图在科技设备的租赁服务市场寻找机会。

产品制造者、工作室和个人都可以将设备短期租赁。网站上租赁的产品，以摄像类的设备为主，也包括其他的高端设备。目前网站上已有价值超过 100 万美元的相机、无人机和其他的高端设备。相比购买设备的高额价钱，150 美元用于租赁一个 DJI 幻影无人机 24 小时，高端的 RED Scarlet-X 摄像机是 395 美元，而一副谷歌眼镜是 30 美元，能够低成本地满足使用者的临时性需求。

平台主打社交模式，在平台首页上能够直接看到几位物主的人物简介，就像个传统的社交平台一样。同时也会有协议保障和社交账户绑定等机制，来保障这类高端设备租赁的安全性。

出租教科书的公司也能上市

Chegg 被誉为"图书租赁界的 Netflix（网飞）"，是一家靠出租教科书起家后来上市的美国公司。

2003 年，3 个美国大学生创办了 Chegg 的前身 Cheggpost，并在 2007 年正式更名为 Chegg。美国大学生在教材购置上可谓费时费力又费钱。首先，由于美国版权费用的高昂，平均一个学生一个学期在新教材上的花费要将近 1 000 美元。而学期结束后，大学生会将这些已经失去价值的旧书转手卖给回收旧书的书店或是之后几届需要用到教材的学生。

而通过 Chegg 平台，学生以原价 50% 的价格租赁他们所需的教科书，然后在学期结束的时候将书寄回。一方面使旧书的沉没成本获取收益，另一方面也降低了大学生的购买成本。因此，Chegg 的成功实际上是看准了美国的教科书市场。起初 Chegg 的业务增长非常快，2008 年到 2010 年，收入就从 1 000 万美元增长到 1.5 亿美元，并于 2013 年上市。

随后，Chegg 也在不断进行业务的转型，试图摆脱单一的教科书租赁模式，以图书业务为入口，打造一站式学生服务平台，例如数字化学习服务、实习就业服务、学生中心等等。

你的东西存我家

国外自助寄存服务已经很常见，通常是传统的 B2C 业务，当然租金较贵，且位置偏远。而 Roost 则通过 C2C 的方式开展，用户可以将家里的闲置物品以一种更好更轻松的方式来寄存，甚至可以放入邻居家的闲置空间内，包括地下室、车库、阁楼或者其他空间。

Roost 网站提供按照地区、空间大小搜索合适的存储空间，也可提供两种存取权限：一种是用户有钥匙可随时拿取物品；一种是用户没有钥匙，但可以提前 48 小时告诉空间主人需要里面的物品。

为保障将物品存放在陌生人家里的安全，方便租户判断出租者的安全性和信任度，网站上会公布出租者的部分信息，包括个人简历、评价信息和信用等级等等。此外，为了防止发生如损坏、丢失等情况，双方也会签署保险协议。Roost 也会控制交易过程和支付环节。

Roost 将用户闲置的空间利用率进一步提升，如果不能用来住人，没关系，也可以出租用以仓储，同样可以获取收益。

靠 Wi-Fi 自动赚钱

Wi-Fi 这种虚拟资源共享，在国外已经很常见。早在 2007 年，社会化 Wi-Fi 共享平台 Fon 就开始在欧洲运营，并于 2013 年进入美国市场，包括最近出现的 Griggi，采取了与 Fon 类似的运营机制。

用户只需购买 Fon 的定制 Wi-Fi 路由器（Foneras），就可以成为 Fon 公共热点的运营者，并将自家 Wi-Fi 的一部分带宽隔离出来用于 Fon 会员之间免费分享，非 Fon 会员的用户则可以付费使用，所得收益由 Fon 与会员分享。在这过程中，Fon 负责背后的计费系统等基础设施，实际上扮演着 Wi-Fi 网络虚拟运营商的角色。

对于国内而言，根据 CNNIC 发布的《中国互联网络发展状况统计报告》中数据显示，截至 2015 年 6 月，我国网民规模已达 6.68 亿，手机网民规模已达 5.94 亿，其中，83.2% 的网民曾通过 Wi-Fi 接入过互联网，在单位和公共场所 Wi-Fi 无线上网的比例分别为 44.6% 和 42.4%，Wi-Fi 已成为网民重要的接入方式。国内也已经出现了平安 Wi-Fi 合伙人、Wi-Fi 万能钥匙等分享 Wi-Fi 热点的应用，整体上还处于起步阶段。

个体手工艺者的新出路

美国手工艺品电商 Etsy 成立于 2005 年，于 2015 年 4 月上市，公司市值一度超过 35 亿美元。截至 2015 年，Etsy 拥有 140 万卖家和 1 980 万买家。Etsy 自称"我们不仅是一个集市，更是一个艺术家、收藏家、创造者、思想者和实干者交流的大社区"。据统计，Esty 上的店家绝大多数为兼职工作者或自由职业者。

而 Etsy 与淘宝类大型电商网站的区别，核心在于其主要面向个体手工艺人，进行手工限量制作的要求。Etsy 最大的特点是对于手工艺品有着高标准的要求。每件商品都是由设计者亲自设计、亲手制作，并签署姓名的。成批量生产的商品绝不会出现在 Etsy 的商品中。

这种规定绝不仅仅是理念，Etsy 在流程上，同样这样实践：Etsy 也会追究手工艺品的历史来源、制造商、原料，甚至是制作流程。如果商户没有参与制作，而是代理产品或工厂批量生产，则会被 Etsy 拒绝。Etsy 专门成立了一个部门对这些信息进行审核，确保产品均由手工制作且不侵权。

此外，对于设计者来说，Etsy 也是值得尊重的合作伙伴。他们尊重设计者的意愿，肯定其价值。

农业分享萌芽

新时代的经济模式分享经济，正在进入世界上最古老的行业——农业，分享经济在农业领域的变革才刚刚开始。

水资源也可以分享

美国加利福尼亚州不仅是高科技、娱乐业的热土，同时也有着高度发达的农业，有近 8 万个农场，2013 年农业产值达 464 亿美元。全美超过 1/3 的蔬菜和 2/3 的水果及坚果是在加州生产。但是加州大部分地区正在经历严重的干旱，有可能引发消费价格上涨、农业的萎缩，造成不可逆的环境问题。

按照联邦法律和加州地方法律中对于水资源的规定，个人、团体或机构均不拥有水。人们只有通过合法登记、申请许可证或执照等方式才可以获取适量的水。此外，由于加州法律对用不完已分配水量的农户有相应的处罚措施，这会导致农户为了避免受到惩罚而浪费水资源。

SWIIM 公司与美国农业部、科罗拉多州立大学、犹他州立大学合作，经过 5 年的研究和开发来创建这个系统——使农民可以通过平台出租多余的水。这套软件首先帮助农民更有效地管理水资源，根据特定环境中的农民经营情况量身定制灌溉技术、作物清查等具体方案。农民遵循指导成功地节约水量后，可以通过向邻居出售剩余的水来增加收入。

"对农民来说，水是实实在在的产权，是最有价值的资产，"

SWIIM 的 CEO 凯文·法兰西（Kevin France）说，"我们是在保护愿意节约用水的农户，在不浪费水的同时保证他们的用水权不被削弱。"

SWIIM 平台目前在科罗拉多州投入使用，但不久将被扩展到美国的其他地方，包括加州。公司与西部种植者协会达成协议，来进行 SWIIM 系统在加州少数地区的试点。

闲置农业设备的分享

专注于农业技术转型领域的 Farmlink 平台，于 2015 年推出 MachineryLink 分享项目，是基于网络的农业设备共享项目。

根据美国农业部 2012 年的调查显示，农民拥有 2 000 多亿美元的机械设备，但是农业生产通常具有季节性，设备经常在一年的其他时间闲置。直到下一个农作物季节——就像全国大多数农民拥有的其他设备一样。

然而，随着大宗商品价格下滑和农场的利润下降，2015 年 8 月发布的一份美国农业部报告，显示 2015 年农场的利润是 583 亿美元，创下 2006 年以来的最低，农民渴望能够更高效和经济地利用农业重型设备，因为购买和维护这些设备花了成千上万美元。

"MachineryLink 是农业市场的 Airbnb，"FarmLink 的主管杰夫·杰马（Jeff Dema）认为，"农药喷雾器一年的平均操作时间不到 60 天，但对于零售商和农民来说是一个昂贵的投资。分享经济模式将为设备带来更丰厚的利润，来提高农业行业的现金流和投资机会。"

平台致力于帮助农民利用收获季节峰值的差异性在淡季向数百公里之外的种植者出租闲置设备。平台还提供重型设备的运输服务，消除了设备共享的一个主要障碍。

平台应用本身很简单，农民把想要出租的设备信息和照片放入网站上。其他农民可以在网站上申请在特定的时间租赁该设备，所有者可以批准或拒绝租赁，并通过网站来管理预订、运输和计费。所有者可以设定价格，一旦交易确定，平台收取交易价格 15% 的费用，由所有者和租赁者分摊。

除了美国之外，欧洲也开始关注农业设备领域的分享。2015 年 AGRISHARES 平台在欧洲的塞尔维亚成立，旨在建立一个农业的分享经济市场。

平台可以在线匹配租赁者的需求和所有者的闲置资源，不限于物理资产或机械，它还可以提供服务，或纯粹的资源（人力或物力）。

通过农业设备共享模式，承租人将按需租用设备，同时减少了所有权负担；对于出租人而言，可以增加投入的灵活性，提升现金流和收入。整体上增加现有的农业机械、设备和其他资源的使用情况，优化效率和降低双方的成本。

正如 FarmLink 的主管杰夫·杰马所说，"提高生产力的机会在这个行业是巨大的"。

向你的邻居买电已经实现

除了农业 C2C 之外，在能源领域，关于分享经济有很多设想，比如新能源电动车的充电桩共享。将自家闲置的充电桩分享，来解决整个电动车充电不便捷的难题。在海外，关于能源领域的分享，已经有企业付诸实践。

Yeloha，成立于 2015 年 4 月，是一家美国波士顿的初创企业，让太阳能共享成为可能。

Yeloha 商业模式为匹配"太阳主人（sun host）"与"太阳伙伴

（sun partner）"。太阳主人免费提供他们阳面的屋顶，进行太阳能发电面板的安装，太阳能产生的所有电量会送入正规的电力网络，仪表会跟踪生产了多少太阳能电力。太阳主人获得一定比例的免费电力使用，剩余的电力会分享给太阳伙伴。

太阳伙伴需要订购太阳能电费，Yeloha的订购价是一个太阳能面板每年65美元，保证产生336千瓦时的电力。如果一个家庭每月电力账单是120美元，每年需要购买20个太阳能板，来覆盖所有的电力成本。而20个太阳能板，一年的账单为1 300美元，相比普通的电力费用，大约节省10%。

这个项目4月份正式启动以来，Yeloha将在数百个城市的成千上万的人与太阳能相连。"这听起来很疯狂，但我们真的需要太阳能电池板无处不在，"Yeloha的联合创始人阿米特·罗斯纳（Amit Rosner）说，"没有借口今天不会使用太阳能。"

美国能源部的国家可再生能源实验室（NREL）认为，虽然目前共享太阳能仅占太阳能市场总额的一小部分，但这种商业模式变得越来越受欢迎。在美国已经有更多的项目在实施，国家通过法律来支持共享太阳能，公共事业部对于这种模式也变得越来越有兴趣。

未来Yeloha将继续向家庭屋顶之外的各种场所扩张。"我们生活在同一个太阳下。"罗斯纳自信地说。

而另一家荷兰创业企业Vanderon则选择了另一种经营模式：它支持客户不通过公用电力公司，而是直接向独立发电者（例如安装发电机的农场主）买电。目前这个平台上有12个生产商，一共能产生够20 000个家庭使用的电力。

Vandebron的创始人创办这个平台的最初目的只是想让消费者能够绕过公共电力公司，而直接向拥有风力发电能力的农场主购买能源。

举个例子,卡迪克夫妇是一对位于荷兰北部的农场主。他们的发电机能够产生供 600 户人家使用的电力,他们便可以选择将剩余电力信息登记到平台上,如果有买家觉得价格合适(目前他们的价格是 28 美分每千瓦时),就可以在平台上直接购买电力。

Vandebron 并不会通过买卖交易来收取费用。具体的电力交易价格是由买家和卖家自主决定的,而平台只会按月份收取注册费用。而对于卖家来说,他们也可以按照自己的要求自主选择买家。

全球的 3D 打印分享

3D 打印是制造业分享经济的重要一环,以 3D 打印设备为核心的众多"微型工厂"使数百万小型参与者聚集到一起,形成全球性协同分享系统。

3D Hubs 成立于 2013 年,总部在阿姆斯特丹。它建立了 3D 打印机共享服务平台,目标就是通过连接 3D 打印机所有者和需要设备的人们在全球范围内打造一张 3D 打印的共享网络。目前 3D Hubs 网络包含超过 27 500 个全球 3D 打印服务地点,向超过 150 个国家 10 亿个用户提供离家 10 英里(16.10 千米)范围内的 3D 打印服务,服务范围将近世界人口的 15%。在中国也有多家 3D 打印注册了该网站。

3D Hubs 的操作流程十分简单,用户只需要上传 3D 打印模型,选择打印的材料,及按需选择可用的本地设备,填上收货地址并付费,作为出租者的打印机机主就可以接受订单,并打印产品,寄送给用户。

相比集中式的 3D 打印服务商 Shapeways,3D Hubs 作为全球领先的分布式 3D 打印社区，对于交货速度非常自信："我们的速度很快，从获得订单到送至运输，这段平均交货时间只需要 1.2 天。而像我们的竞争者 Shapeways 则需要一周时间来准备打印的材料，而特殊的材料甚至需要更长的时间。"

3D Hubs 的脚步并没有停止，于 2015 年 10 月推出了一项名为 3D Hubs HD 的新服务，它将联网世界各地的工业级 3D 打印机，满足用户更广泛的 3D 打印需求。

3D 分布式打印不仅在国外成为一种风潮，在国内也有初创企业开始进入这一市场。

3D 打印代表着制造业未来的一大核心发展方向，据 Gartner（一家信息技术研究和分析公司）预测，全球的 3D 打印市场将从 2015 年的 16 亿美元增长到 2018 年 134 亿美元，复合年增长率达到 103.1%。

分布式 3D 打印这种分享经济的理念，使 3D 打印机拥有者可以提供遍及各地的可选 3D 打印机，有助于收回机器成本，减缓机器折旧。需求者在下单过程中，可以就近选择自己身边的打印机，并让打印的过程变得更加透明、可控。

奥巴马也在 2014 年的国情咨文演讲中强调了 3D 打印技术的重要性："制造业在经历了 10 多年就业人数不断减少之后，过去 3 年就业人数增加了 50 万。这一发展趋势值得庆祝。去年，我们在俄亥俄州扬斯敦成立了首个制造创新中心。一间曾经关闭的仓库现在成了一流的实验室，许多新人在这里研发 3D 打印技术，3D 打印有为我们制造产品的方式带来新的革命。这在其他地方也可实现。"

第二十七章　企业端分享新风向

分享经济新的商机出现，除了C2C的如火如荼，B2B也开始悄然发展，跨越多个领域，从办公场所到闲置的机器设备都有B2B分享的身影。企业闲置资源分享，主要指企业分享其闲置资产（包括空间或流水线上的设备），或者分享产能、营销等资源，实现生产共享和协作双赢。一方面帮助供方企业在资产闲置期间提高收入，另一方面帮助需求企业"以租代买"降低生产运营成本，更加促进了企业虚拟化运作。

一直都有公司向企业出租设备，可以是任何东西，从复印机到推土机。但这里的新机遇是指企业利用自己的闲置设备或产能开展租赁业务，目的是为了提高它们的利用率。在过去，使闲置设备产生额外价值的主要方式是出售它，而分享经济平台出现，则提供了其他的选择。

对于分享经济模式下的供方企业而言，本身不拥有资产，企业是通过协调海量的社会闲置资源作为供方来满足需方。在这种情况下，企业提供服务的边际成本很低，当交易无限次增加时，边际成本最终会趋近于零。

如果某一家企业一个季度不赢利，他们可以轻易地减少其临时性劳动力的规模，或者减少购买一些设备的新合同。对于企业而言，分享经济能够按需为企业提供服务与资源，防止不必要资源的花费。企业只需要支付他们所需要的成本即可，同时也有助于提高效率，企业可以专注自己的强项，然后把其他弱项外包出去。

分享经济的这种轻经济特性，能够促使参与其中的企业玩家，具有因"轻"而拥有的一系列优势：快速领跑市场的潜力、贴合市场需求的柔韧性及丰厚的资本回报性。

从概念上讲，在工业 B2B 模式的使用方面，类似的模式一直存在。从本质上来说，B2B 都是隐藏在"合同制造"以及各种外包形式（如设计、维护方面）下的核心理念。

对于 C2C 的分享而言，个体之间的信任非常重要；而对于 B2B 的分享而言，分享设施或产能，则是关注于分享质量及所带来的最终用户体验。

目前，企业级分享经济已深入到企业价值链的多个环节，包括采购环节的设备以租代买，生产环节传统的代工厂线上化，发货环节的运力和仓储共享及营销环节的营销活动共享、办公空间共享、专利共享及将 C2C 运用到商旅市场服务等多个领域。

生产设备共享起步

Floow2 成立于 2012 年初，是企业级共享市场，针对一些建筑、运输、农林业企业经营中可能出现的机器闲置状况，Floow2 提供网络平台，给企业间租用器械和人力提供便利。平台会在供应链的各个方面，帮助企业提高效率和可持续性。

Floow2 在荷兰和德国首次推出时主要关注重型设备。目前该公司的网站上提供了 2.5 万项产品，目前处于全球化快速扩张进程中。

通过和 Floow2 合作，可以使企业闲置的机器被利用起来，利用沉没成本获取收益。这也给了其他公司以租赁价格获得所需设备的机会，从而无须投资和拥有该设备。

另一方面，企业间的租借费用也比一般租借公司的便宜，能够降低企业的生产运营成本。帮助初创公司减少市场上的进入壁垒，创业公司可以全力投入核心业务的运营中，而不必过多投资于所使用的设备。

Floow2 企业 CEO 威尔·罗本曾指出："我活跃在重型设备的生产领域多年。我注意到，客户不断购买新设备，而相同的设备却在几英里外闲置。原材料被浪费了，公司资金也浪费了。供给和需求可以在网络平台上聚集。Floow2 主要解决了三大问题：（1）我们帮助出租的企业增加收入；（2）我们帮助租赁的企业以共享替代拥有，减少投资成本；（3）我们停止消耗世界的原料来源。自平台 2012 年成立以来，我们受到很多国家和国际媒体的注意，越来越多的建筑和农业公司加入我们的平台。"

医疗设备共享萌芽

号称"医疗设备领域的 Uber"的初创企业 Cohealo 成立于 2012 年，CEO 斯劳特（Slaughter）自己曾经卖微创机器人和腹腔镜手术设备。Cohealo 的想法源于他的经历：看到昂贵的设备只是放置于医院存储壁橱。

Colealo 允许分布广泛的医院之间可以分享它们昂贵的医疗器械，如核磁共振仪、CAT 扫描仪等其他器械。这种 B2B 分享经济的模式，将医院临床资产的闲置能力转化为利润，平台提供了一个集中化管控的云平台来跟踪注册医院的设备，使医院的临床运营团队可以基于平台搜索、预订所需设备，并保障设备运输的安全性，同时能够提供设备的数据分析报告，以便医院更有效部署资金和设备，来解决真正的临床需求，从而使医疗机构可以更经济地管理资源，最大化地使用他们最昂贵的医疗设备，给临床医生更多的技术支持，为病人提供更好的体验。

在 Cohealo 公司的网站上，清晰地展示着公司使命——

"我们把注意力集中在周围的大量低效医疗设备上。卫生系统通常每年花费数千万美元用于设备的购买和租赁。然而，平均利用率 42% 意味着大多数设备处于闲置状态。一家医院的新脊柱外科手术台可能布满灰尘，而附近的一个医院由于设备问题取消手术，或者送走患者。我们的解决方案结合了技术平台和物流支持，提供医疗设备随时随地按需服务。有些人称我们的做法为分享经济或协作消费。对我们来说，将最好的医疗技术提供给每一个病人是我们的使命。"

建筑设备共享出现

YardClub 成立于 2013 年，是旧金山初创公司，允许承包商彼此租赁机械设备。建筑设备租赁已经是每年近 400 亿美元的产业，但是 YardClub 正试图建立一个更成熟的在线平台。

建筑承包商必须在业务前期做大量投资，且不确定多少设备将用于未来。因为承包商的工作经常不稳定，可能某几个月有很多项目，其他月份就处于闲置状态。因此，在建筑业，重型机械，如挖掘机、推土机在项目之间往往是闲置的状态。

YardClub 旨在帮助承包商和建筑公司最大化他们的设备价值，

提升其利用率，使承包商可以出租他们的闲置设备，而当自己的生意比预期要好时，租赁其他承包商的设备。

"这是一场完美风暴，"创始人兼首席执行官认为，"我们看到分享经济在 C2C 的产业已经立足，但我相信它可以在 B2B 领域产生更大的影响，如建筑、农业和制造业等任何前期在重型设备投资的领域。"

2015 年，大型建筑设备生产商卡特彼勒在美国宣布向 YardClub 提供战略融资。卡特彼勒公司负责分析和创新部门的副总认为："点对点技术改变了交通和住宿等其他行业，而 YardClub 开发了建筑设备行业类似的创新解决方案。为什么我们自己的客户不能进行所有权的共享，提高效率和降低成本？"

建筑设备经销商可以将分享模式作为加强客户关系的另一个途径，通过增加重型设备的利用率和降低设备所有权的总成本——与前面提到的传统企业转型是一个道理。

物流业共享平台化

仓储和运输构成了物流的核心环节。物流的分享经济模式早已存在，因为物流受季节性波动影响较大。丰收时节，农民外租仓库进行存储，果农外包车队运输售卖等等。而分享经济模式下，B2B 的运输和仓储可以向平台化发展。

运输运力共享

Cargomatic 号称货车界的 Uber，致力于连接运货商与资格认证的货车司机，其建立初衷就是要解决货车载货不满、运货商耗费大量成本寻找货车以及无法追踪货物等问题。

运货商只需登录 Cargomatic 官网，登记所要运输的货物、所在地、运往地以及要求何时到达，平台就会给出价格，一旦运货商接受了该价格，该订单就会出现在平台上。当货车上有多余空间，货运司机就可以在平台上选择符合自己货车运输力且同方向的订单，充分利用货车闲置空间，同时运货商可以实时监控货物状态。

目前该平台主要是在旧金山、洛杉矶和纽约市提供服务，因其短途货运的定位，所以该平台仅接受商业区的短途订单。为保障运输质量，运货司机必须以公司名义进行注册，这个要求是要保证司机具有保险、货运执照和相关许可。

这种共享运输运力的模式，不仅可以帮助卡车司机赚更多的钱，还能提高整体货运效率。国内类似的货运共享平台也已出现。

仓储空间共享

除了运输环节，仓储环节同样可以开展 B2B 的共享。Flexe 公司表示，企业业务总是处于动态变化中，而传统的仓储空间却保持不变，一些企业仓储空间短缺，一些企业却有太多闲置，就像 C2C 的 Airbnb 和 Uber 一样，Flexe 是 B2B 的仓库资源共享平台，连接有闲置储位的出租者和有额外仓库空间需求的承租者。

Flexe 分享美国 200 个仓库，覆盖 45 个主要市场，平台上共 40 万个的仓储位占地面积超过了 1 000 万平方英尺（92.90 万平方米）。对于买方来说，当企业需要仓库来仓储货物时，就可以登录平台按照自己特定的需求来搜索最为合适的仓库，从而方便而高效地解决企业库存问题。而对于卖方来说，只需登录平台，注册仓库的具体属性和仓储信息，并且接受平台统一提供的报价，操作非常简单。这意味着他们能够以较低的成本提高私有仓库的利用率，并且赚得额外收益。

营销共享开始发展

英国商务部的调研报告指出，B2B 是分享经济的发展方向之一。Brand Gathering 是一个在线平台，它连接企业开展联合的营销和品牌活动，不仅帮助企业减少投入，还可以互相借用网络和客户。

Brand Gathering 公司设立的目标是为了帮助初创公司免费获得新客户，提高销售量。免费的意思是，初创公司推广自身品牌不是通过传统的耗费大量成本的广告形式，而是通过与其他品牌进行合作营销，既节省营销成本又成功达到营销效果。

新品牌通过 Brand Gathering 进行品牌推广，需要以下三步：

第一步，寻找合作伙伴。通过 Brandmatch 工具，根据会员信息匹配与之具有相同客户定位的品牌合作方。会员也可以在网站上浏览其他品牌发布的近期活动计划，寻找适合自己品牌推广的活动。

第二步，联系潜在合作方。利用 ProposalBuilder 回复潜在合作方发布的活动公告，或者直接联系想要与之合作的品牌公司将自己的营销方案告知对方。

第三步，开始合作。双方合作进行具体活动时可以向 Brand Gathering 寻求建议，其 ControlPanel 工具帮助会员跟踪活动任务，并帮助规划活动安排、提供品牌营销建议等。

专利共享不是难题

知识产权、人才和品牌，共同占全球公司大约 80% 的价值。然而，在美国申请专利最多的公司——宝马、三星、佳能、索尼和微软等——仅在 2013 年的专利申请就超过 21 000 项，但由于投资成本过高，只有一小部分制成产品并推向市场。

传统企业之间也可以开展无形资产的共享，例如通用电气与创业邦（Quirky，现已关闭）曾牵头合作了一项在线社区发明共享，创业邦（Quirky）的发明家有权使用通用电气的专利和技术，生产合资产品。例如智能遥控窗户空调，可以设置为跟踪运动、声音和光线的家庭监控器、Pivot 变形插座等。

B2B 共享进驻商旅市场

商旅市场，正成为分享经济的下一个征途。2014 年，分享经济的两大代表 Uber、Airbnb 纷纷将业务范围扩展到商旅市场。对于企业而言，除了成本之外，还可以迎合出差人员的喜好和考虑办公便利方面的因素。

美国明尼苏达州的旅游领导组织（Travel Leaders Group）最新调查数据显示，商务游客正比以往任何时候，更多地使用分享经济服务。超过 40% 的代理商表示，客户对标准住宿以外的备选住宿供应商感兴趣。2/3 的商旅代理表示，客户已要求使用按需服务的运输服务。

Uber 公司 2014 年推出一项专门针对公司用户的打车服务 Uber for Business，是与专业的差旅管理服务提供商 Concur 的合作项目，Concur 的解决方案涵盖了《财富》100 强 70% 的公司。企业在 Uber 网站上注册，员工可以同时拥有私人 Uber 账号和公务账号，因公出行时切换为公务账号，和 Concur 账号实现对接，打车消费的账单能够直接进入报销程序，完全不需要先垫付、再报销。

除了 Uber，Airbnb 公司 2014 年中旬也与 Concur 开展合作，向商旅业务进军。当商旅用户在 Airbnb 上搜索住处时，提供给他们的将会是更有针对性的住宿服务，例如一整套公寓，配有 Wi-Fi 等设施，并且符合公司在差旅方面的费用政策。

这显然是双赢的局面，商旅客户不必再面对标准化的商务酒店，可以在 Airbnb 按需选择个性化和便利性的住宿，Airbnb 的房东，将迎来一个更大的租客群体。

在国内，滴滴出行也于 2015 年初推出企业版。企业版上线半年，已有 5 011 家企业开通了滴滴企业版账户，超过 60 万人次使用滴滴企业版提供的出行服务。"下车不付钱，月底不贴票"是最受员工欢迎的功能。

携程商旅市场部负责人表示，分享经济进入中国的差旅管理体系，要满足三个条件：政策完善、技术成熟和客户有需求。目前最大的障碍是政策壁垒，国内对于分享经济的法规政策还处于探索阶段，发票、合规问题等尚未解决；在技术方面，相信这对于大部分专业的差旅管理机构而言并不困难；分享经济的确给效率至上的商务人士带来了便利，但企业的差旅政策是否允许，也是很重要的一个因素。如果以上条件都能被满足，相信国内的商旅管理行业很快也能成为分享经济的受益者。

B2B 企业之间的共享，代表了一种商业范式的转变，企业不再一定拥有，不再单纯依赖与大型供应商的关系，而是按需获取许多小供应商的资源，以一种虚拟企业的方式来协同工作和运转。事实上，B2B 正要迎来发展的黄金期。目前 B2B 行业领先的企业有 Floow2 等企业，而在未来，B2B 平台必定会迎来更多的企业，这些企业能够提供更为多元化的经营项目和服务，无论是有形资产还是无形资产都可以通过 B2B 的方式进行分享。同时企业数量的增加也会促进企业之间分享更多的资产，可以说 B2B 的前景十分广阔。

正如 Floow2 创始人之一基姆·特乔亚（Kim Tjoa）所认为的："我预见到分享经济成为未来的一个组成部分。世界上任何业务脱离资产共享都不能前行。Floow2 是可持续的，它在带来经济利益的同时加强了组织和人们之间的社会凝聚力。这将会创造多重价值。"

第二十八章　公共分享萌芽

公共分享其实离我们不远，身边早就有。段永朝老师推荐过一个案例：上海有个平台，汇集全市 400 余家高校、企业、科研院所 7 000 余台大型科学仪器设备设施，向社会开放共享使用、提供仪器信息展示、检测测试服务等服务。

加盟研发平台的大型仪器设施向社会开放共享服务的单位，每年还能够依据《上海市促进大型科学仪器设施共享规定》领取"共享服务资金奖励"。

这个平台名叫上海研发公共服务平台，运行好多年了，效果非常好。在上海注册的中小企业，如果使用加盟研发平台的大型仪器设施，进行科技创新活动，产生具体费用，可享受市财政给予的资金补贴。

这是公共资源分享的典型案例。建设上海研发公共服务平台是《上海实施科教兴市战略行动纲要》明确提出的一项战略任务。在该平台的简介中可以看到资源分享的范围：研发平台是运用信息、网络等现代技术构建的开放的科技基础设施和公共服务体系，由科学数据共享、科技文献服务、仪器设施共用、资源条件保障、试验基地协作、专业技术服务、行业检测服务、技术转移服务、创业孵化服务和管理决策支持十大系统组成。

从城市建设角度来看，公共分享显然大大有利于提升城市的国际竞争力。

分享经济同样会渗透到政府和城市公共服务领域，尽管进展仍旧比较缓慢，但是政府已经纷纷开始拥抱分享经济。无论是政府革新采购框架，还是积极推动政府机构闲置资源的分享，抑或主导城市公共服务资源的共享，都意味着分享经济从个人到企业，离整个城市的分享型系统又近了一步。

政府采购里的机遇

国家公车改革正在循序推进，据统计显示，截至2015年11月底，目前中国27个省（区、市）的公车改革方案已经得到批复，取消公车73.9万辆，改革前公车总数是163.3万辆，压减比例达到45.22%。

在这种趋势下，地市政府积极响应政策号召，以节能减排、经济高效为前提，借助移动互联网的渠道找寻解决方案。而分享经济，为政府公车改革，提供了有效路径。利用分享经济平台代替传统服务，国内外已经有许多典型的实践。

例如，2010年，英国克罗伊登区理事会通过决议，开始与Zipcar合作，让汽车俱乐部成员代替政府车队，并在工作时间为其开辟专用车道。其余时间则允许当地居民参与使用。

美国达拉斯市政府主导与租车应用Zipcar、停车应用ParkMe以及支付应用PayByPhone达成合作，三家公司在平台上共享资源/用户/数据，为当地居民提供智能出行的环境。

在中国，2015年6月29日滴滴平台正式宣布，将在"滴滴企业版"的基础上，根据政府机关客户的不同需求，推出"滴滴政府版"，为取消一般公务用车的政府机关提供出行用车解决方案，收费将采用单位统筹与个人支付相结合的模式。政府机关用户可以自主通过管理后台，为不同部门和级别的公务员设置不同的车型、时间等用车权限。地方政府车改后的剩余的车辆也可以纳入滴滴平台进行管理，优先保障公务用车需求，闲置时服务民用市场。

长期致力于推动公车改革，有"公车改革第一人"之誉的湖北省统计局副局长叶青曾对媒体表示，政府机关原先配备的司机也可以纳入滴滴平台，成为专车司机，既可接公务出行订单，又可利用滴滴平台接民用订单，解决再就业问题的同时，亦能提高收入。

不仅是滴滴一家，政府公车市场的巨大前景，让多家专车公司争先进入。据财政部公开的 2015 年数据，仅中央级"三公经费"财政拨款预算就达 63.16 亿元，其中公务用车购置及运行费占一半以上，达 34.59 亿元。将这样大量的公务用车需求陆续释放到市场，对于正高速发展的共享出行平台来讲无疑极具吸引力。

易到用车与人民数字（人民日报社旗下公司）在 2015 年合作推出政务用车平台。第一期试点主要为人民日报数字屏媒覆盖的 400 家中央国家机关部委及北京市党政机关单位，随后将拓展至中国三线以上城市的各级党政机关，更长远来看，其目标将会覆盖乡村等基层政务用车。在这个模式中，人民数字屏媒成为承载分享活动的平台，机关单位人员通过其终端叫车使用。

对于公车改革来说，如何能够与共享出行平台合作共赢，对于政府公车改革的顺利开展和专车市场的未来都是重要的一步。

不仅是在出行领域，在住宿市场，政府也可以拥抱分享经济。残奥会与 Airbnb 的合作是个不错的思路。2016 里约奥委会暨残奥会主席卡洛斯·阿蒂尔·努兹姆（Carlos Arthur Nuzman）以及 Airbnb 共同创办人暨产品长乔·吉比亚（Joe Gebbia）于 2016 里约奥运会总部举办的记者发布会上共同宣布：Airbnb 正式与 2016 里约奥运会签约成为官方另类住宿供应商。这也是 Airbnb 首度签约成为世界最大运动盛事的官方赞助商。

卡洛斯·阿蒂尔·努兹姆指出："若想增加住房供应并接触来自世界各地的游客，事实证明 Airbnb 是绝佳的选择。我们很清楚 Airbnb 在里约的供应能力，也了解和此另类住宿的龙头企业合作，可为来体验里约与奥运会的游客，带来难以评估的正面影响。预期将接待来自 100 多个国家中为本国选手加油的观众，因此非常高兴能够和 Airbnb 合作。"

政府闲置资源分享

政府机构除了革新采购框架外，还可以自身开展转型，进行闲置资源的分享，例如英国政府为增加政府办公资源的共享程度，从 2015 年春季开始，英国税务及海关总署通过一个数字平台实现其闲置的文具、办公用品、家具和 IT 设备的共享。

也有互联网企业看中了政府市场这一商机，作为第三方分享平台，整合政府闲置资源的共享和充分流动。据 gt（government technology）报道，MuniRent 是一家位于美国密歇根州的创业公司，它想致力于通过科技提高政府能力，让市与市之间可以互相租借设备，这种服务的理念在于为政府提供一种提高效率的经济基础设施，它与 Lyft 和 Airbnb 一样都给予了参与者使用的便利性和低成本。

MuniRent 的 CEO 艾伦·蒙德（Alan Mond）认为："我已经积极参与到分享经济的发展之中，而且我想要做得更大，我想开始一个新的分享经济领域——协同政府。"在密歇根采访完30位公共事业部门的主任之后,他发现MuniRent是有市场发展空间的。

许多城市都有闲置的设备,而其他相邻城市的政府可以通过向它们的"邻居"租用设备而节省时间和金钱,因而中等城市可以提高重型设备的使用率,而小城市可以便捷地租用到这些设备。

平台设备清单的编制方法采用的是联邦应急管理局物资分类标准,这是一种标准化的命名方法,它可以使得公共事业部门主管清楚地知道他们租借了哪种类型的设备。这种明确的分类方法在快节奏的紧急情况下是很关键的。

政府机构成为会员是免费的,MuniRent会从交易中的设备所有者的收入中抽取10%~20%。平台处理达成交易的管理过程,如提供租赁合同、开发票、寄送支票等所有的后台过程,而政府成员们所需要做的就是准备好机器,然后承租的城市可以随时来拿走它,用完后归还给出租的城市。

政府间的合作不会仅仅局限于设备的租用,同样MuniRent也不会。如果仅仅是设备租用的话,会面临同样的资源可以以极低的酬金被承包。MuniRent还可以开展基于服务的在线雇用,正如蒙德所说:"如果一个市政局想要出租他们的清扫工和清扫机,正如密歇根的切尔西市所做的,他们完全可以在MuniRent上实现这一想法。"

促进公共设施分享

城市公共设施包含城市生存和发展所必须具备的工程性基础设施,是城市顺利进行各种经济活动和其他社会活动的基础,包括能源系统、交通系统、通信系统等。

从海外发展来看，政府促进城市公共设施的分享，目前主要从数据共享、交通共享等方面开展，逐步向其他领域辐射。

政府可力所能及做到的最简单的方式就是开放政府的数据库。这种数据同步方案项目旨在基于开放数据，帮助当地政府更有效地为市民提供公共服务。现在许多国家、地方政府都有"开放数据"项目。

白宫首席信息官主导开发了美国政府数据库 Data.gov 网站，该网站含有 10 万个数据库，大众可以根据公式、标签、数据库的类型、主题、贡献数据的机构、组织类型和出版社等各种方式搜索，任何人和团体都可以从中获得所需要的数据，通过开放或公开数据、信息、增强创新能力。

法国雷恩市和巴黎市政府先后于 2010 年 10 月和 2011 年 1 月建立开放数据门户后，此后法国各地方政府也纷纷开放数据。2015 年，英国曼彻斯特（共享型试点城市）政府开展数据同步方案项目。韩国政府与市民免费共享具有较高社会经济价值的首尔市公共数据。

除了共享数据外，在城市公共设施与分享经济的结合中，共享出行是先驱领域。

政府通过促进拼车、租车、公共自行车共享等普及措施，减少城市道路交通拥堵和空气污染，减少个人汽车所有权和相关的成本，减少停车需求以充分利用宝贵的专用停车位，提高无车人士的流动性，同时提高诸如公共交通、步行或骑自行车等替代汽车的交通方式的使用率。这些解决方案向使用者和城市传达了值得注意的一点，即经济、时间、公共卫生和环境成本等方面，通过共享出行得到了极大节约。

海外政府也出台了多样化的政策，促进共享出行领域的发展。[①]

[①] 延展阅读：分享和可持续经济法律中心，《分享城市政策》。

1. 为共享出行提供指定范围、费用打折或者免费停车

停车位置方便、停车有保障是用户参与共享汽车的主要动机，而共享运营商则缺少与密集停车位的入口对接，这是运营商在业务扩张中的一大限制。因此，使共享车辆覆盖更多的停车场，可以增加城市中共享车辆的参与度。

城市可以通过豁免停车时间限制、增加共享汽车停车场、停车免费或者降低收费或者发放停车证、统一停车条款（即共享车辆可以在街上任何位置归还）、允许住宅车位向共享汽车租赁等多种政策促进共享停车位的便利性。例如美国华盛顿特区于2005年开始为共享汽车运营商提供街道上的停车位，之后拍卖给了3个运营商84处路边停车场，获得近30万美元的收入。2013年7月1日，旧金山将扩大其6个月前在街道上的共享汽车停车点，这是旧金山交通局提出的共享汽车政策的一部分。这种租赁人口稠密地区的停车位给共享汽车运营商，其目的在于增加共享汽车的可见性和可触及性。同时，还提供大部分汽车共享停车场由街道市政停车场以折扣拼车费率（约50%的全月率）。

2. 为共享汽车申请更合适的地方税收或补贴

芝加哥、波士顿、波特兰等城市降低了共享车辆税率，取得了成功。他们让市政法规区分共享车辆和传统汽车租赁。

巴黎政府与波洛利（bolloré）集团签订意向公共服务协议，规定一方面波洛利每年为Autolib项目中运营的每辆共享电动车承担3 000欧元的费用，该费用主要用于维修和保险等服务。另一方面政府将提前支付波洛利400万欧元的资金来补贴公司，维持项目经营。

3. 为拼车提供道路规划支持

几十年来，随意拼车行为发生在美国道路拥堵的各个城市，包括在华盛顿、休斯敦、西雅图以及许多高承载车辆车道，这些高承载车道在高峰时段能大幅减少旅行时间，如旧金山-奥克兰海湾大桥。指定拼车搭车点例如在街道上放标志或在高速公路入口匝道处放路标，鼓励合伙用车，充分利用时间和节约成本。

政府可以为拼车出行进行市政规划，例如城市可以沿高速交通路线建立或扩大高承载车辆车道，通过指定方便地点作为拼车打车点和换乘站，鼓励拼车。

除了数据共享、交通共享外，海外政府在其他公共设施领域，也陆续有相关举措出现。较为常见的方式为政府与企业合作，建立供市民共享的有价值的公共设施，如公共交通工具、公共图书馆、公共衣柜等，不仅可体现政府注重社会关怀，还着实提供了便捷高效的生活方式。例如：德国街头出现的公共图书馆、公共衣柜、"赠物箱"、公共物品柜等"共享式街头公益"活动设施等。

我们可以看到，随着分享经济进程的不断发展，政府积极拥抱分享经济已是大势所趋，无论是政府资源的开放共享，还是城市公共设施的共享都已萌芽和发展，未来会有越来越多的国家不断参与进来，使得分享经济的道路越发展越宽广。

第二十九章　打造分享型城市

　　分享经济已经衍生出许多社会应用场景，分享城市大概是最激动人心的一个。在 1800 年，全球只有 3% 的人口居住在城市。现如今，这个比例已经上涨到 50%，而且据预测，全球城市人口将在 2050 年达到 70% 左右。

　　在经济需求和新技术的驱动下，人们创造出新型的更灵活的方式来满足就业、住房以及出行等生活需要。过去，人们只能购买汽车并占用宝贵的城市空间来停车，现在，人们可以选择共享汽车、停车位来减少公民、城市基础设施和环境的负担；同样，在住宿市场中，旅客可以选择私人家庭住宿代替酒店住宿。可以预想，分享经济会对城市生活产生深远的影响，比如重塑城市空间、创造就业机会、减少犯罪、交通管理以及为公民提供资源等方面，将来都会有重大的改变。

　　城市最初建立的目的就是分享，分享是推动城市繁荣、创新和交流的引擎。对于面临越来越大资源压力的城市来说，现在是时候跟随先驱们发展分享经济了。

　　如果要发展分享型城市，可以分为两步走：第一步是要提供分享网络，可以将诸如交通、住房、个人资产以及技能等资源在这个网络中实现分享；第二步是以市民为中心，提高现存公共设施的分享能力以及增加个人闲置资源的分享途径。

首尔和阿姆斯特丹等是典型的分享型城市。城市通过自主设计公共设施、行业布局以及规章制度来保证不同形式的分享经济模式的运行，并且通过制定分享经济的政策来支持食物供应、就业、住房和交通等领域，以保持和发展当地社区经济从而加强城市共享领域。

在这样的"分享城市"中，汽车共享服务的普及大大减少了交通堵塞和碳排放量，居民可以通过打零工来赚外快、通过共享办公或其他空间来充分利用闲置资产、互相传授知识技能、利用闲暇时间相互帮忙、共享资源以节约资金等等。分享经济的出现使城市进入更广阔的平台，这里的就业机会更多，智能科技更发达，人们也更健康。

据非营利新闻平台 shareable 网站不完全统计，全球正积极搭建分享城市网络，2013 年 10—12 月，世界上近 50 个国家开始规划它们的分享资源。截至 2015 年，近 100 个城市已经加入这个雄心勃勃的城市共享计划中。

分享经济对政策制定有深刻的影响。分享经济挑战了传统城市规划和监管框架的核心假设——住宅、商业、工业和农业活动应该彼此分离，同时每一个家庭是一个独立的经济单位。通过共享、交换和对等的买卖，分享经济把独立的人们及其工作连接在一起，通过合理安排基础设施、服务、优惠政策和法规，城市政府也开始向分享经济促进者的角色转变。

国家和地方政府在分享城市中扮演了不可或缺的特殊角色，但目前仍有许多政府不知道分享经济的存在，即使已经实施分享经济计划的政府也很忐忑，不确定这是否真的会带来益处。但是无论如何，政府部门的参与对分享城市的建立至关重要。

至于如何实施具体分享经济实施措施，城市可以建立一个相关的委员会，寻找机会，创造和推广"分享城市"。研究分享经济模式下的公共服务、创新和公民参与形式，开辟闲置政府资产（如空间、土地）共享的新途径，建立可以共享的基础设施，建立分享经济成员加入（居民、社区、公司和社区领导等）的鼓励机制，实现可持续的覆盖全范围的"分享城市"。

政策制定者和政府机构应该加快制定和实施相关法律与监管措施，为企业、消费者、供应商和交换者提供共享的保障机制，以所有权为基础的规则已经是过时的基础交易行为。政府应收集各方面数据，了解城市现有消费以及资源浪费的情况，专注于创立一个更强大的有利于分享经济发展的环境，为这种新的商业模式成功运转奠定良好的基础。

目前，英国、美国、韩国、荷兰和意大利等国都明确推出了分享城市的试点，下面就是有代表性的分享城市的具体介绍。

英国的试点城市

英国政府2014年制订分享经济计划，旨在打造分享经济的全球中心。并于2015~2016年在利兹市和大曼彻斯特区设立两个实验区，两地有不同的侧重点，利兹侧重出行分享；曼彻斯特侧重于健康以及社会关怀事业上的分享。除了英国政府明确规定的试点城市之外，首都伦敦也在智慧城市和分享城市领域有所尝试。

利兹城市地区

利兹是英格兰西约克郡的一个城市，在工业革命后，利兹市成为英国重要的制造业中心，后来经济发展后成功转型，如今成为经济中心，服务业为其主要产业，占比达到70%。利兹市现在已经成为英国经济发展最快的城市之一，其商业和金融业的发展也十分迅速。

利兹将会通过一系列的举措检验分享城市这一概念的可行性，相关举措主要是将各种各样的出行分享方式和传统出行结合起来，包含当地汽车俱乐部的App、自行车共享的App以及有关公共汽车、火车和出租车的App。此外，当地部门也将建立一个由理事会运作的平台，方便居民分享设备（如火车、剪草机）和相关技能。具体内容为：[①]

1. 开发新的手机App和共享运输系统——使乘客无缝使用公共汽车、火车、汽车俱乐部、出租车和自行车服务。

2. 用汽车俱乐部会员替代当地市局车队；为汽车俱乐部开放更多的停车区域（比如火车站）。

3. 利兹城市地区和西约克郡的专家合作建立科克里斯理事会，由彭博慈善基金会（Bloomberg Philanthropies）提供支持。科克里斯理事会正在探索新的公共资产和公共服务提供方法，旨在充分利用未开发的本地资源和闲置的空间与设备，如利用本地居民使用剪草机或卡车的技能。

大曼彻斯特郡

曼彻斯特市是英国第二大金融中心，同时也是重要的交通枢纽和商业、工业、文化中心。其隶属的大曼彻斯特郡是英国最大的都市区

---

① 延展阅读：英国商业、创新和技能部，《政府回应独立审查分享经济》。

之一，同时也是最重要的经济区之一。

在曼彻斯特，分享经济将会服务于健康以及社会关怀领域，利用技术发展社区资源，更好地将居民和服务供给方对接起来。具体内容为：①

1. 侧重于健康与社会关怀。通过志愿服务和创建社区中心的方式提高社区功能，满足居民需求。在传统的健康和社会保健服务的基础上，加强社会应对能力，从根源解决焦虑和社会隔离的问题。

2. 大曼彻斯特更深入地了解个人和社区的重要性，利用社区资产，发展社区中心和微型企业，以促进新技术的利用、价值交换和志愿服务的一体化。

3. 政府开放同步数据。数据同步方案旨在帮助当地政府利用开放数据更有效地为市民提供公共服务。政府各部门和其他公共机构之间按照统一的标准进行数据传递，中小企业也能够获取政府开放的数据来开发商品及服务。

4. 鼓励创新应用。允许和鼓励公共部门、商业企业和社会组织运用新公开的数据集。在所有开发出来的应用中均包含使用的数据集链接，以保证这些数据得到最大程度的利用。

伦敦

伴随城市规模的不断扩大，伦敦将面临巨大的资产和资源压力，分享经济在普遍紧缩的预算约束下快速发展，其发展既包括民间商业的尝试也包含政府支持分享经济的举措。

现在伦敦居民私有轿车的保有率很低且在持续下降。与此同时，

---

① 延展阅读：英国商业、创新和技能部，《政府回应独立审查分享经济》。

自行车分享服务取得了显著的成功,高额的住房成本激励人们充分利用房屋、办公室和公共建筑。

伦敦市民开始接受各种分享经济平台,比如 Airbnb、Love Home Swap、Zipcar、Hassle 和 TaskRabbit 等,这些平台在伦敦尤其是东区科技城取得了成功。

大伦敦政府推出"分享城市灯塔计划",并进行了一些首创性的试验。2015 年,该计划获得欧盟委员会 24 988 759 欧元的资助。其中具体涉及分享经济领域的措施包括:

试验以共享电动自行车取代私有轿车,将电动汽车用于当地物流和汽车共享领域;

建立数据分享的新模型,使人们得以利用海量数据来改变城市、社区和服务业的运行方式,再进一步建立公共数据分享平台以供各个城市使用等。

美国的分享城市及决议

2013 年 6 月,美国市长议会中,由包括旧金山的李市长和纽约市的彭博市长在内的 15 位市长共同发起分享城市计划。他们一致认为分享城市可以更好地发展分享经济,但是当地陈旧的法令却在阻碍其发展。最终会议通过了"支持分享城市政策"的第 87 号决议。该决议正式承认了分享经济的重要性及其带来的机遇。

决议认为,经济的不稳定造成了美国城市地区大量失业,即使生产力激增,但是对于大多数美国人而言,收入和工资却停滞不涨;在过去的 30 年中,美国中产阶级家庭的收入年增长率只有 0.36%,而整体经济增长率却是 2.66%。过着与世隔绝生活的美国人数量自

1985年以来增加了一倍，老龄化群体这一现象更为突出。无论是城市还是郊区，邻里社区关系均有所下降。

新兴的分享经济重新定义了物品和服务的交换、定价和创造的方式，即公民之间通过交换来替代占有物品或服务，把未充分利用的资产放到分享经济市场中进行交易，实现其价值。分享经济为公民提供新的途径改善就业、住房、交通以及食品状况，为家庭和当地企业带来了额外收入，还将产生再投资社区。新的经济机会催生出众多的企业。

迄今为止，城市已经为分享经济投入了很多资源，存在于社区居民、邻居和同事之间形式多样的分享加强了社区间联系，使城市在经济和环境的重压下更具弹性。在过去几十年里，许多城市已经率先通过试点推出了分享经济运营模式，如汽车和自行车共享、联合办公、消费合作社、家庭交换和共享、工具库共享等，这些方式都获得了巨大的成功。通过这种方式，居民接触到一些原本接触不到的物品和空间。新的技术平台和社交工具使更多市民通过与陌生人分享闲置物品而获得了更多交易机会。分享经济企业已被视为创新和保障就业的引擎，能在失业形势严峻的情况下推动经济发展。

分享经济影响到城市的方方面面，改善了包括经济增长、城市化、运输、减少犯罪、设计城市空间、创造就业机会、提供公共服务在内的诸多领域的传统运行方法。因此，为更好地支持分享城市发展，美国市长会议通过了以下决议：

1. 鼓励人们更好地理解分享经济及它为公共部门和私营部门带来的利益，建立更强大、更标准的方法来衡量它对城市的影响。

2. 加强地方力量，重点审查现有条例中可能阻碍分享经济的部分，提出修订的解决办法，惠及公民。

3. 积极推广已被验证有效的共享机制，适当公开政府所有的资产，使普通公众可以最大限度地利用闲置资产。

对于纽约、旧金山等分享城市，政府已经开始落实决议，从多个方面着手推进：

纽约

纽约科技发达，一直被视为初创企业和投资人的沃土。在分享经济的大潮中，纽约当之无愧成为美国东部分享经济的中心，许多分享经济的初创企业诞生于纽约。其中代表性企业有 Citibike、Trustcloud、Krrb、Applico、Igobono、EatWith 等。Citibike 是纽约市推出的自行车共享系统，2014 年该系统拥有 600 辆自行车，租借者可以在位于曼哈顿岛和布鲁克林的 332 个站点租借或归还自行车，迄今为止，该项目已经进行了 1 320 万次的租借服务。预计到 2017 年该市骑行者数量将会达到 2007 年的 3 倍，而且统计发现，自 2001 年起自行车的人均事故率下降了 72%。

纽约市近些年在分享城市领域的尝试包括以下几个方面，其中既包含政府的相关政策支持，又包含社会组织在建设分享城市中的尝试：

政府在皇后区建立了企业孵化器——企业家空间，培育与食物有关的纽约初创企业。实现了全天 24 小时开放，已有超过 100 个创业者在此建立自己的业务。在最初的两年间，该孵化器为当地经济贡献了 500 万美元。

纽约市长期支持分享住房。都市住房援助委员会成立于 1974 年，已帮助超过 1 600 户居民分享有限的住房。通过与城市签订长期合同，都市住房援助委员会为居民提供种子资金、技术援助、法律咨询、建筑规划、管理培训等住房分享服务。

近几年来，家庭生活中心（CFL）作为一个非营利性的社会服务组织，已在大的移民区如日落公园、布鲁克林等地孵化新的工人合作社。2012 年，纽约市议会向 CFL 拨款 14.7 万美元，帮助它在纽约其他城市社区培育两个额外的非营利合作社孵化器。

自 1985 以来，纽约家庭护理合作社为低收入、工作不稳定、缺乏工作机会的慢性病人、残疾人、老年人提供家居护理工作。该合作社雇用了近 2 000 名工人。

纽约布朗克斯罗盘高中与绿色工人合作社合作，为高中生开设分享研究院。在分享发展班中选择部分优秀学生为学校的分享事业建言献策。①

旧金山

旧金山因其毗邻硅谷，被认为可能是美国分享经济的最大中心。著名的共享性企业 Uber、Airbnb、Lyft、City Car Share、Science Exchange、Feastly、Fitmob、Udemy 等总部均在旧金山。除了我们熟知的 Uber、Airbnb、Lyft、City Car Share 外，还有许多其他领域的共享型企业。Science Exchange 是一个科学合作的平台，科学家可以在这里预订全球最好的实验室的实验，旧金山的 OncoSynergy 生物技术公司就将其全部实验都外包给该平台，以帮助其测试治疗埃博拉病毒的药物。Feastly 是一个共享美食的平台，旧金山是该平台的三大主要市场之一。

旧金山分享城市的建设除了共享型企业的发展带动，政府的相

---

① 延展阅读：Shareable and the Sustainable Economies Law Center: *Policies for Shareable Cities*。

关支持也必不可少。2012年，旧金山政府建立了美国第一个分享经济研究小组，综合考察有关分享经济的经济优势、创新企业等政策议题。2013年7月15日，旧金山市长李孟贤宣布当天为"Lyft Day"，以纪念Lyft公司在旧金山的建立。政府对分享经济的支持还有许多有趣的例子，例如2013年8月，当旧金山交通委员会宣布奥克兰海湾大桥在劳动节关闭维修时，顺便为市民推荐了Carma这个拼车App来帮助缓解交通拥挤。以下列举了旧金山政府近些年来为促进分享经济发展和分享城市建设的相关举措：

1. 2013年7月1日，旧金山为表示对汽车共享计划的支持，将汽车共享车位的使用权限延长了6个月。

2. 制订新的多元化汽车共享发展计划。城市规划要求，新建建筑需提供永久性的汽车共享车位，某些非住宅区需占比5%的停车位，供认证的汽车共享组织或其他类似的合作项目短期使用。

3. 创建了一个新的土地使用类别，称为"周边农业"，允许农业进入大多数住宅、商业区和工业区附近。这使得各种社区园林、社区支持农业、园林市场，商业农场能在不到一英亩的范围内出售或捐赠他们的农业产品。

4. 2009年，市长加文发出指令，要求该市改造空地、屋顶、窗台和隔离带等闲置土地，使其成为社区花园或农场。

5. 共享办公室与物质资源。2012年，旧金山的经济和劳动力发展组织为环境与经济权利组织提供了办公室。①

在倡导分享经济发展的同时，旧金山政府也重视企业的正当竞争和消费者权益的维护。2014年旧金山经济与劳动力发展部在领导跨

---

① 延展阅读：Shareable and the Sustainable Economies Law Center: *Policies for Shareable Cities*。

界融合与创新时曾提到，政府承认分享经济的价值，不过政府也有责任平衡消费者利益和新技术发展，也要确保如出租车等行业的正常竞争秩序。2014 年 Airbnb 的合法化就是该理念的典型代表，Airbnb 合法化的一个要求就是要与相关利益方签署条约，保障消费者权益和行业竞争。

韩国：首尔分享型城市宣言

韩国首尔市描绘的是一幅互联网时代分享型城市的蓝图。当地政府公布了首尔分享中心的网上目录，其中提供的服务遍布全国，具体包括共享时间、空间、技能、商品以及信息。首尔为我们提供了一个现代分享型城市的范例——分享型城市不仅仅是一个公共部门得以进入到私人分享经济商业的地方，更是一个需要政府和公共部门积极推广分享经济的地方。

首尔市于 2012 年 9 月 20 日公布《首尔分享城市宣言》，并发表了《首尔分享城市促进计划》，后者包括与市民生活密切相关的扩大城市共享事业和分享城市基础建设的政策内容。首尔市将"分享城市"视为社会革新的对策方案，期望由此创造新的经济机会，减少资源浪费，解决首尔市区存在的一些经济、社会和环境问题。

以往的城市政策主要是集中在道路、停车场、学校、图书馆等分享城市的基础设施，今后将建设提高空间、物质、技术等闲置资源使用效率的设施，尊重私营部门的同时，引导公共资源对市民开放共享。

首尔市为支持《首尔分享城市宣言》制定了以下措施。[①]

1. 为分享城市开放信息平台

首尔市于 2013 年 6 月 26 日开设了"首尔共享枢纽"（http://sharehub.kr）官方网站，将分享企业的相关信息和分享城市信息汇聚在一起。市民只需搜索"分享城市"一词，就可以轻松找到所有相关的信息，参与分享经济活动也变得更加容易。

"首尔共享枢纽"网站还与国内外分享经济团体和企业、媒体及社会各领域信息一起，形成网络，发挥着联系各机构的支持作用。

2. 支援"分享团体"及"分享企业"

为提高市民对私营分享团体、分享企业的信任度，首尔市实施分享团体和企业的认证制度。截至 2015 年 9 月，首尔市已认证 63 个团体及企业为"分享团体"及"分享企业"，赋予它们分享城市品牌标识（BI，Brand Identity）使用权，政府支持这些企业在市民中开展宣传活动，并推进他们与首尔市相关部门的合作事业。

首尔市为分享经济创业项目的预创业者提供办公空间、咨询和活动经费等支持，已支持 63 家分享经济团体和企业，支援金额超过 4.7 亿韩元。

3. 扩大市民参与

"首尔市共享促进委员会"是由法律界、媒体、企业、非营利私人组织、科研机构、经济、社会福利、交通、创新事业部门的局长级公务员组成的，主要职责是为促进分享经济建言献策，并进行对分享团体、分享企业的认证审议。

象征分享城市首尔的 BI 和标语是政府鼓励市民参与的一项措施。

---

① 参见首尔市官方网站"分享城市计划"。

共享首尔 BI 将数学符号"÷"和"+"加入了共享首尔 BI 的文字中，以传达分享能创造出更多便利的理念；而标语"千万种分享，千万种幸福"也希望市民通过分享提升生活质量。二者都是政府向市民征集并筛选出来的，首尔市民提供了许多风格各异作品，政府对分享城市的宣传力度可见一斑。

政府致力于举办多种形式的活动让市民参与进分享城市的建设中来。2013 年 1 月起，首尔市政府与分享企业 Wisdome 合作，举办了帮助市民理解分享城市和分享经济以及学习参与分享经济方法的"首尔遇上分享经济"演讲活动，累计共有 1 207 名市民参与。2013 年 4 月，政府举办了市民收藏图书的分享活动、"共享书柜"活动以及在地铁里看书的快闪族聚会"读书的地铁"，市长朴元淳与市民在地铁里分享图书。2013 年 8 月，举办了共享首尔展览会，吸引了一万多人前来参观。10~11 月间，通过与分享企业 Zipbob、Wisdome 等的合作，政府在市中心举行了体验活动，让市民当场体验分享企业的各项特色服务，获得了市民们热烈的反响。

截至 2015 年 9 月，首尔市政府主导发起了十余项城市资源的共享项目。

2016 年，首尔市政府称将会继续推进相关工作，重点将放在培育以 Airbnb、Uber 为代表的 O2O 企业和服务上，通过完善相关法律，在法律和制度上为分享经济发展和分享城市建设铺路。在经济危机和经济环境不明朗的时期里，促进分享经济增长，是政府促进社会繁荣、增强经济恢复能力所能做的重要事情，这应成为城市谋福利的决策者和规划者的行动指南。

表 29-1　首尔市政府主导的 11 项城市资源共享项目

编号	共享项目	业务内容
1	共享汽车	政府与选定企业合作，向其提供公营停车场的停车位和停车费优惠。市民可利用智能手机或网络，预约使用停在各处的共享汽车，首尔 Nanumka 现运营 1 922 台分享汽车
2	共享书架	300 户以上的住宅区有义务设立小型图书馆，馆内应设置共享书架，让居民共享闲置书籍。建立可共享书架 58 处
3	工具图书馆	政府向有意愿经营工具图书馆的住宅区提供经费补贴。工具图书馆里放置旅行包、修葺工具等偶然才会用到的闲置物品，让社区居民租借使用。成立 81 所工具图书馆
4	共享童装	75 个分享企业和社会组织参与该项目，可共享童装 8 万余件
5	共享停车场	政府与住宅区合作开发停车场共享模式，可共享停车位 3 000 余处
6	共享公共设施闲置空间	公共的办公大楼会议室、礼堂等在不使用的时段，可供市民以优廉价格预约租用，已开放 1 007 间
7	代际共享住房	将拥有空余居住空间的老人与有居住需求的青年人配对，入住青年需为老人提供生活服务（买菜、协助外出、清扫等）
8	为外国游客激活城市民宿	居民可以为海外游客提供食宿，收取一定费用，由政府旅游部门指定游客与房东对接。目前城市民宿利用率达到 17.7%
9	公共 Wi-Fi	通过共享首尔市通信网及设施，扩大免费公共 Wi-Fi 的覆盖区域。现已在主要街道和公园等 473 处构建 1 988 个无线接入点
10	数据开放广场	与市民免费共享具有社会经济价值的公共数据
11	首尔照片银行	建立照片共享整合平台，允许民众自由地使用平台上的照片，以及分享自己的照片供他人使用（通过签署开放内容许可协议，只要不做明文禁止的事即可），目前该平台共计有 24 万件摄影作品

荷兰："欧洲第一个分享城市"

ShareNL 是荷兰一家致力于发展分享经济的平台。2013 年 11 月，这个组织的官网上出现了这样一句使命陈述：将阿姆斯特丹变成欧洲第一个分享城市，令每个人都能获得使生活更加精彩幸福且可持续的产品、服务和知识。同时该组织还表示其工作目标是让阿姆斯特丹市长埃伯哈德·凡·德拉恩（Eberhard van der Laan）签署一份类似美国15位市长签署过的分享城市计划决议。

为什么在阿姆斯特丹会出现这样一群人和这样一个组织？这与荷兰，特别是阿姆斯特丹这个城市在发展分享经济上取得的进展有很大的关系。荷兰本土的分享经济初创企业成长较快，其中部分企业的业务已经发展到邻国。投资于这一领域的资金逐渐丰富，主要行业和大型企业机构也纷纷开始关注分享经济的发展。随着各方关注分享经济的热度攀升，荷兰的分享经济将迎来它的黄金时代。

其实不仅仅是在民间和行业组织，阿姆斯特丹政府也在积极建设分享经济。政府极力推广汽车分享事业，阿姆斯特丹在推进汽车分享上已经积累了相当多的经验，并且该市还在全球范围内率先对Airbnb这个在许多地区引起争议的分享经济鼻祖企业公开表示了开放的态度，阿姆斯特丹政府是这样描述Airbnb的："假日短租这样的现象，符合阿姆斯特丹这个宣扬价值自由和积极连接世界的城市。它更好地利用存量房，填补游客的需要，为游客提供了多样化的选择，并且刺激了本市旅游经济。它也很好地适应了目前正茁壮成长的社交媒体，满足游客'像本地人一样生活在阿姆斯特丹'的需求。"

自成立之初，ShareNL就向阿姆斯特丹政府提交过多次发展分享经济的提案，引起了政府官员的注意。另外在协同实验室（Collaborative Lab）和Shareable等多个机构的咨询和帮助下，阿姆斯特丹于2015年2月正式发起了关于"阿姆斯特丹分享城市"的联合倡议，该项目联合了包括分享经济初创企业、分享经济行业组织、高校机构和政府机构在内的各界人士的力量，共同为建设欧洲第一个分享城市、到 2030 年建成共享社会（collaborative society）的目标努力。

ShareNL 2016 年 2 月份的一份报告显示，84% 的阿姆斯特丹市民乐于分享，包括工具出借、汽车分享、空间分享、服务分享和饭食分享等。目前在阿姆斯特丹如火如荼进行着如下的代表性分享城市项目：

• 汽车分享：大量的驻车拥堵挤占了城市儿童游戏活动的空间，此项目着眼于解决这一问题。

• 空间分享：城市图书馆项目，为市民提供座谈和研讨空间；分享塔（The Sharing Tower），为有相同兴趣和理想的租客提供合作和分享的空间。

• 物品分享：物品租借平台 Peerby 鼓励邻里间租借。

意大利米兰：共享世博

2014 年 12 月，意大利第二大城市米兰，市议会通过一项决议，决议中采纳了分享经济的定义，同意用"分享使用"的概念代替"所有"的概念，并出台了名为《分享城市米兰》的文件，为分享经济在该市的发展提供指导。在相关企业、贸易协会和消费者组织的通力合作下，米兰成为意大利第一个正式认可分享经济概念并推行相关政策的城市。米兰还将于 2016 年 11 月 16~18 日举办主题为"分享城市"的 2016 欧洲城市论坛。

在出行共享、空间利用、信息共享和政府资源共享等方面，米兰具有较多经验。

自 2013 年起，一个由学者和城市规划家等组成的委员会便尝试推动"共享世博"（Sharexpo）计划，以"分享经济"作为世博举行期间的城市运作模式，借此消除意大利当时存在的阻碍协同性服务发展的法规障碍，推动分享经济发展。米兰主管经济发展的官员克里斯蒂娜·塔亚尼在世博会前接受采访时曾表示："米兰世博会必将成为一个试验场，考验这些主打商品及服务再利用的（分享经济）平台是否好用，米兰正为一系列分享经济运营商登记注册。分享经济企业借世博会的契机，在米兰实现了一次较快的发展。"

据媒体报道，世博会前夕，Sharexpo 进行了一项民意调查，结果显示 3/4 的意大利人愿意使用房屋共享服务，可见居民对分享经济持有较高的热情和认可度。

世博会期间，米兰的交通共享也有一些新的举措。2015 年 5 月彭博社报道称，米兰的汽车共享项目中，有 5 家运营商运营了共 1800 辆汽车，米兰还自称有欧洲第四大自行车共享项目，米兰的自行车共享系统有 3600 辆自行车和大约 3.1 万用户，在全世界居第 12 位。世博会期间，米兰市还引入了电动汽车共享，与意大利 CSG 公司的 Share'NGO 品牌进行合作，推广电动交通共享事业，成为电动汽车共享的城市。

米兰市的企业家在世博会期间也参与了很多空间分享的活动，以满足世博会的需要，例如企业共享办公空间、餐厅共享厨师服务等。据媒体报道，当地一家名为 Open 的书店在世博会举办前期曾提供了 40 个活动空间，一个月举办过 60 场活动。Presso 是一家位于唐人街的产品陈列室，其实也可以认为它是公共客厅，因为任何人都可以随意进出该店，并且使用店内的产品，同时这个店面还支持将空间租给个人，供其举办私人晚宴或者派对。店面不会向居民个人收取任何费用，其盈利来自于来店内推广产品的公司支付的报酬。米兰市政府鼓励这些共享空间在世博会结束后继续运营，在政府投资150万欧元的5个空间中，有两个空间是"分享经济区"，专门负责分享经济相关的讨论与合作。

米兰世博会，成了分享经济的演练场，也将分享经济这种新的城市管理模式的良好运作展现给世人。

分享经济通过有效利用公共资源——如与市民团体、商业以及公共部门的合作，实现福利最大化。这个理念将会被用于城市发展之中。

分享城市是一个有趣的混合体，包含公共部门、私人部门等整个城市的资源，它基于一系列公共资源的有效运行来保障，这些公共资源几乎包括了从网络到公开的数据、闲置的公共土地等方方面面。

分享城市将会创造出更多公民参与的途径，让大家认识到城市是一个共享的空间，并让社区中的每个人都有机会能够分享，创造出资源、价值和知识分享新形式。这个开放资源的网络平台，列举并定位了城市所有的活动以及居民之间的交换，而且允许公民交换所有种类的东西。分布式网络可以通过个体市民参与、合作来创造财富。它可以将原本困难又花钱的工作变得很容易，使得资源利用更有效率，减少了废物排放，降低了处理成本和管理成本。

对于如何建设分享城市，英国创新基金会 Nesta 将其总结为以下八大方面，包括：管理规范分享经济，防止其破坏性地侵入现有经济；积极宣传本地的分享城市建设；主动寻求创新，在采购和运营方面引入分享经济的解决方案；为分享企业提供更多的机会；投资建立分享城市所需的技术和企业；提高城市物理和数字的连接性；支持创新和分享经济的内部能力；利用数据来创造更大的公共价值。

正如当年市场经济开启了世界经济的新篇章，分享经济作为一种新的经济形态，也正将不同主体、不同城市、不同国家、不同领域席卷其中。

  正如本篇提到的，从分享经济的发展趋势来看，分享经济参与的经济主体正趋于多样化，从个人之间的分享，到公司之间设备、资源分享，再到政府之间公共服务的分享，最后发展到以城市为单位的分享型城市。分享经济从其发源地美国扩展到欧洲、再到亚洲、大洋洲等各地域。分享经济初创企业最初只是出现在少数科技发达的城市，伴随着分享经济的发展、分享理念的普及，更多的城市也慢慢开始拥抱分享经济。分享内容也纵深发展，从最初出行住宿的分享，扩展到农业、制造业等产业，最终达到凡有剩余皆可分享的局面，成为本世纪最不可忽视的经济新业态。

附录

分享经济国别政策报告

韩国分享经济政策报告[1]

一、政策梳理

1. 国家立法

目前,韩国尚未出台针对分享经济的国家层面的法律规定,韩国政府正致力于制定相关规定。

2015年12月,韩国企划财政部(Ministry of Strategy and Finance)首次宣布拟将分享经济纳入制度层面管理。

2. 地方立法

韩国的部分地方政府(主要集中在京畿道、首尔市、釜山广域市、城南市、全州市等地区)颁布了针对分享经济的法律法规,具体情况如下[2]:

---

[1] 延展阅读:http://blog.naver.com/cc_korea/220548675920。
[2] 延展阅读:http://www.law.go.kr/main.html。

序号	生效时间	法规名称
1	2014.11.10	성남시 공유경제 촉진 조례 城南市分享经济促进条例
2	2014.12.30	부산광역시 해운대구 공유경제 활성화 조례 釜山广域市海云台区分享经济活用化条例
3	2014.12.31	경기도 공유경제 활성화에 관한 조례 京畿道分享经济活用化条例
4	2015.1.1	부산광역시 공유경제 촉진 조례 釜山广域市分享经济促进条例
5	2015.1.29	서울특별시 공유(共有) 촉진 조례 시행규칙 首尔特别市共有促进条例实施规则
6	2015.3.16	성남시 공유경제 촉진 조례 시행규칙 城南市分享经济促进条例实施规则
7	2015.10.8	서울특별시 공유(共有) 촉진 조례 首尔特别市共有促进条例
8	2015.10.8	전주시 공유경제 촉진 조례 全州市分享经济促进条例
9	2015.11.4	부산광역시 북구 공유경제 활성화 조례 釜山广域市北区分享经济活用化条例
10	2015.12.21	부산광역시 남구 공유경제 활성화 조례 釜山广域市南区分享经济活用化条例
11	2016.1.7	부산광역시 영도구 공유경제 활성화 조례 釜山广域市影岛区分享经济活用化条例

对于分享经济，韩国目前并没有全国性的法律规制，仅由部分地方政府出台了相关促进或活用化条例（以下统称"条例"）。上述各项条例对于分享经济也只给予了概括性的指导意见，但具体细节仍不够完善。

3. 各机构对分享经济的认知及观点

对分享经济的赞成和反对意见势均力敌。有评论认为，分享经济是创造新规范的革命性的构想事业,也有评论认为,它破坏了既有产业秩序,可能会有被犯罪分子所恶意利用的担忧。对于分享经济,总体上存在正反两方面的观点,具体如下:

观点	积极认知	消极认知
社会法秩序	新的社会秩序的诞生较为重要	因非法导致的控制权丧失风险
分配	应考虑增加新的阶层的所得	保护既有利益阶层的所得较重要
消费者 vs 供应者	总体上增加了消费者的利益	供应者的利益可能受到损害,消费者的利益却不是必然增加
产业、经济	新的产业出现可能创造相关工作岗位	可能导致生产量、工作岗位减少等既有产业规模的缩小
资源的有效分配	总体上提高了资源分配的效率	并非必然对资源的有效分配有贡献

对于对分享经济的认知不够充分,且分享经济并未能够扎根的韩国来说,分享经济还存在以下问题:

(1)可能会变质为地下经济。在形成分享的过程中,在非正常经济环境下存在税金问题、价格制定的问题等,为防止这种副作用需具备相关法律制度。

(2)可能会掠夺自营业者和部分劳动者的饭碗。出租车与住宿业是典型的小规模产业,而像 Uber 和 Airbnb 等大规模资本的进入横扫了小业主的经营。

(3)分享的名称本身存在问题。分享的概念是从不追求金钱的等价的观点出发,因而在商业性服务中使用分享的单词不够准确。

此外,对分享经济存在的担忧还有,与既有经营者的平衡问题、税金问题、被犯罪分子恶意利用的可能性等。亦有主张认为,为了创造多样并具有创意性的构想,应完善严格的规定制度使其能够接受新的趋势。

4. 反面政策

与企划财政部正相反，韩国产业通商资源部（Ministry of Trade, Industry and Energy）认为分享经济的扩散不会对产业产生积极影响，因此，将不予以政策支持。

而负责产业政策的产业部对分享经济亦持否定态度。该部的结论是政策支持的弊将比利要多，因分享经济的出现即是进入低增长时代的证据，经济增长停滞，货币流通不活跃才导致分享经济受到瞩目。政府将这种情形予以扩散是不正确的，应交给市场自律。

5. 法院判例

2015年9月，韩国法院对世界最大的提供住宿分享服务的Airbnb做出了认定其不合法的判决，成为热门话题。在韩国，经营住宿业，应向管辖区政府进行申请，未遵守该制度的情况下即在Airbnb注册房屋并接待用户的一部分人员被处以罚款。Airbnb自2013年1月进入韩国后迅速成长，一年期间已有20多万的用户。但最近法院的判决显示，其与既有产业秩序存在冲突的这一问题浮出了水面。

与Airbnb一样，作为分享经济代表的车辆分享服务Uber的情形也与之类似。在韩国，与Uber签订合同并提供车辆和司机的车辆租赁公司被处以了罚款，且Uber因未申报即使用位置信息被提起诉讼。最终，Uber在韩国只运营着与出租车公司合作的"Uber Taxi"以及提供豪车服务的"Uber Black"。

二、政策分析

1. 政策对于分享经济的促进作用

2015 年 11 月 19~20 日，韩国开发研究院（Korea Development Institute, KDI）和企划财政部共同举办了主题为"分享经济的扩散：争论焦点与解决办法"的论坛。本次论坛由分属经济合作与发展组织（OECD）、欧洲共同体（EC）等国际组，作为分享经济中心的旧金山市、国际分享企业等国内外分享经济专家参与，以住宿、车辆、金融、才能分享为中心，探讨了各产业的现状与主要焦点。论坛讲演者分享了各自的政策或实务经验，对于分享经济在韩国怎样稳定地扩散，以及与此对应的所需政策与课题是什么进行了讨论。

开发研究院研究委员黄顺株（황순주）分析分享经济的经济效果，提出了根据供应者的规模适用差别性规制的想法，提议根据供应者自律确定的交易规模来适用与之相应的法规。该研究委员认为，尽管本提案可能会导致服务供应者过低申报或政策管理费用过多的风险，但如将该义务委托给分享服务提供平台，可降低该种风险。另外，对于供应者的社会风险，可要求分享服务平台提供责任人保险及自检规定。开发研究院经济政策部研究委员李华灵（이화령）认为，作为低增长时代应对方案的分享经济，不会替代既有的产业结构或企业，而将对此起到完善的作用。

2. 趋势预测

从分享经济快速发展的国家的先进经验来看，其共同点之一是参与分享的人们在营造着愉快的关系，这一点才是分享经济与租赁产业的最大差别。实践中，曾分享过一次房间的业主会继续参与分享的原因即是能够认识他人使其感到特别愉快。但韩国还未形成这种文化，如要发展分享经济，需构筑信赖关系且企业层面应预置防止损害的措施。

另外，分享经济还需要国家制度层面的支援。分享经济的基础是P2P，个人与个人之间交易自由方可为分享经济注入活力。但与外国不同，在韩国个人之间借用汽车的交易是违法的，在制度层面遏制了分享的可能性。另一个问题是，对于分享经济应是非营利性的认知。分享经济通过不断分享能够创造经济性的附加价值。若参与分享经济的企业能以商业化理念来运营，能够达到保护环境与追求利益，并以更好的服务吸引用户的良性循环的效果。

经济趋势基金会总裁杰里米·里夫金在2015年10月19日于大田会展中心（Daejon Convention Center，DCC）召开的"2015世界科技论坛"上强调，分享经济是目前能够克服资本主义局限的突破口，而将此向全世界范围扩散的过程中，韩国将起到主导性以及灯塔的作用。

三、总结

预计在不久的将来，分享经济在韩国也将普遍化，这是因为只有韩国人才具有的叫作"정（情）"的韩国DNA。分享经济的另一个名字，就叫作情。分享自己所拥有的同时也分享了情的分享经济模式，以及在解决环境问题的同时能够感受到人情味，才是分享经济的理想状态。

日本分享经济政策报告

分享经济对资源的充分利用和环境的保护作用巨大，近几年它在迅猛发展，希望不久的将来能够与欧美国家相媲美。

——长谷川岳（总务大臣政务官）

政府政策的支持

以 Airbnb 为例，虽然 Airbnb 在日本的发展受到诸多政策阻碍，然而数据显示，从 2013 年开始，Airbnb 在日本的交易量就以每年 300% 的速度增长。根据 Airbnb 的官方统计数字，2014 年 7 月到 2015 年 6 月间，在日本使用 Airbnb 的外国人有 52 万，是之前的 500%，产生的经济效益达一年 2 200 亿日元。

Airbnb 的蓬勃发展，依靠的是庞大的市场需求，更确切地说，是外国观光客爆炸性增长带来的住宿需求。日本外国观光客从 2012 年的 800 万人次到 2015 年的 1 900 万人次，预计到 2020 年会增长到 3 000 万人次（保守估计）；房客的人数 2015 年是 720 万人，到 2020 年预计增加到 1 700 万人。目前东京大部分的旅馆订房率都已经到九成。2020 年的东京奥运会将意味着更大需求，日本政府也开始为届时旅客的住宿问题寻求合适的解决方案，政府逐渐意识到 Airbnb 的必要性。

因此，为了推动共享经济的发展，日本政府最大的支持莫过于《旅馆业法》的改革。2015 年 12 月 7 日，东京都大田区议会正式会议① 通过条例案，政府认可了"民宿"。日本政府已经公布，从 2016 年 1 月开始，以东京都大田区为战略特区，开始实行 Airbnb 合法化，即一般的民宅可以直接"有偿"租借给其他人住宿。但同时规定，旅客居住时间必须在 7 天以上，并且房主有义务提前通知周边的居民。条例还规定，政府有权进入室内对房产设施进行检查，以保护旅客人身财产安全。基于政府法令，还必须满足房间的使用面积在 25 平方米以上，内含厨房、浴室和卫生间等设施并无偿提供外语服务。人们预期，日本政府一方面还会放宽对 Airbnb 的管制，另一方面可能考虑将适用范围扩展到全国。

在这种大好政策下，相信 Airbnb、TOMARERU 等民宿服务将会比之前发展得更快，创造出更大的便利，也带来更大的经济收益。

此外，2015 年 10 月 20 日国家战略咨询会议② 上，首相安倍晋三强调"道路运输法不是禁止无许可的借贷，而是对车主和司机共同承担管理费的机制的整顿，要缓和道路法的相关规制"。不过，日本政府对 Uber 的态度仍然较保守。鉴于 Uber 的需求状况和 Airbnb 并不一样，后者是已经发生的巨大又迫切的需求，相对来说 Uber 并不那么迫切。此外，优秀的服务和高安全性保障使得日本出租车本身就是一项优势服务。但目前，考虑到 Uber 的英文界面对外国游客更方便，所以在之后政府仍会逐渐承认其合法化，只是相对进展较慢。

---

① 延展阅读：http://asahichinese.com/article/travel/news/AJ201512080015。
② 延展阅读：http://japan.kantei.go.jp/97_abe/actions/201510/20article1.html。

2016年1月22日，在第190届国会上，安倍在其施政方针中亦提出"观光立国"①的概念："我们接下来的目标是3 000万人，不，应该把目标定得更高。实施战略性的签证放宽政策、推动对于扩大《旅馆业法》的管制改革。"

日本总务省在最新发布的2015年信息通信白皮书中明确将"分享经济"列入"生命、信息和通信技术的未来"一章中。白皮书中提到，在信息时代下，分享经济已经成长为全球创新的起点。但与此同时，白皮书中提及，日本只有不到30%的人乐于使用外国的共享经济服务，其余的人仍然对此类服务的安全性和信用系统表示担忧，日本将会进一步整合信息技术和社交媒体，在国内建立更安全的信用体系，进一步开发共享经济的潜在市场。②

日本厚生劳动省（负责医疗卫生和社会保障的部门）也开始在改进法律方面下功夫，让房东更容易出租自己的房子，其中，这些改进包括放松对最小房间面积的限制。

国民的支持

在市场行情和日本互帮互助的文化传统的作用下，共享经济在日本已经越来越受到民众的支持。

1. 振兴乡村地区的有效途径③

Uber能够为那些独自住在小乡镇，子女都在大城市的老人们提供出行便利。Airbnb也可以吸引更多的外国人，去那些并不出名的

---

① 延展阅读：http://www.kantei.go.jp/cn/97_abe/statement/201601/1215803_11145.html。
② 延展阅读：http://www.soumu.go.jp/johotsusintokei/whitepaper/ja/h27/html/nc242110.html。
③ 延展阅读：http://asia.nikkei.com/Business/Trends/Japan-s-countryside-may-have-its-savior。

地方旅游观光。

譬如，在日本奈良县的 Asuka 村，160 户人家欢迎日本和外国学生通过访学的方式，来村子里走访历史古迹。这个村子有着悠久的历史，但是由于之前一直未见足够多的旅馆，导致 Asuka 很难接待大量的游客。民宿的服务方式很大程度上解决了这个问题。相应地，民宿在日本的冲绳县也很受欢迎。

在日本冈山县津山市，名为 Yuka 的 Airbnb 房东在两年半以前就开始用自己闲置的房屋接待游客。目前已经有 45 批来自欧洲和澳大利亚的游客住过那里。津山市本身不是一个热门目的地，但是 Yuka 的邻居很赞赏他的举动，甚至成立了一个特殊组织 "omotenashi（以诚待客）"，或者说接待团，来提供一些文化体验，例如穿和服、插秧等。据 Yuka 所言，整个社区都很享受这种文化交流。

2. 消费模式的改变和日本文化的推动性[①]

日本作家三浦展在 2012 年即出版《第四消费时代：共享经济，让人变幸福的大趋势》一书。书中，作者把近代区分为四个消费时代[②]：

第一消费社会：日俄战争至"二战"前。大城市中产阶级兴起，以西方大型品牌为消费对象。

第二消费社会："二战"后至石油危机。工业化发展带动大生产，人们大量消费家电、汽车，经济迅速增长。

第三消费社会：石油危机至 2004 年低成长期。经济增速放缓，人们注重产品差异和个人特色。

---

① 延展阅读：http://www.storm.mg/article/50341。

② 延展阅读：https://ronaldyick.wordpress.com/2016/02/22，共享经济，日本的新消费模式。

第四消费社会：2005~2034年。经济停滞，越来越多的人追求简朴生活，满足感来自人际关系密切带来的充实，而非来自物质。

简而言之，国民从消费模式体现了以下价值观转变：由注重国家到注重家庭，再到注重个人，最后到注重社会。日本的第四消费社会现象，跟欧美社会的共享经济潮流互相呼应。三浦展认为日本的转捩点是"3·11大地震"，毕竟再多的物质也不能保障生活，而政府发起救助之前，民众早已互通信息互相帮忙，表现强烈自治意识。

此外，社会意识方面，共享主义、简约休闲的日本文化传统近几年重新被国民重视起来，例如年轻人不再盲目消费欧美名牌，更多地认同自我品牌，例如地方特色手工艺品，更多地开始回归自然、关注民俗风情。而在消费过程中，建立的人际关系和心灵满足感成为最重要的东西。

三浦展在书中提到两个例子。日本多摩平住宅区是建设于20世纪50年代的住宅区，大厦近年复修，改造其中5栋住宅大厦。如今，一些居民是年轻人，另一些为大学生，社区还在居民区开辟菜园，还会不定期举行活动促进居民交流。如此一来，避免整区都是长者，减少孤立感。另一个例子是鹿儿岛市的丸屋百货公司，他们允许地区组织在店内举办活动，例如播放电影，为辍学学生创办"爱心学校"，开设食材烹饪班，这些活动，打造了百货公司"社区活动中心"的形象，丰富着当地居民的生活。

最为重要的是，日本的社会信用体系也很发达。目前来看，日本很少出现租用汽车损坏，租客盗走房东财物的情况。这与日本国民高素质密不可分。日本民众从幼儿园起接受诚信教育，而走入社会后，诚信也成为一个人立足社会的道德财富和生存资本。

3. 协会力量积极连接民众和官方

具有里程碑意义的是，共享经济的推动者在 2015 年 12 月 14 日一般社团法人协会上，以促进在国内普及为目标，设立了"一般社团法人共享经济协会①"，在相关企业上相互支持，为共享经济的发展有显著的贡献。2016 年 3 月 9 日，共享经济协会发布了《公开征求意见书面意见书》②，意见书重点提出了对于旅馆业法的改进，该意见书于 2016 年 4 月 1 日实施。

对日本未来分享经济的展望

近来，人们格外关心日本经济形势，也出现了各种不同的言论。宏观来看，日本经济的确出现了战后以来最严重的衰退现象，此时共享经济作为一种发于民间的商业模式，为低迷经济中的人民生活带来独特的效益（例如收入、心灵或者人际关系方面的满足）。共享经济本身浓厚的 P2P、C2C 色彩，影响着每个社会参与者的行为，融入人们的消费习惯里。在日本，大力发展共享经济能够充分利用闲置资源，甚至更为"环保节约"。随着人们的消费越来越趋于简约、自然与和谐，共享经济有利于建设和谐社会，加强人与人之间的信任。

需要指出的是，日本政府对于共享经济的态度很特别，欧美国家走的是"先开放再规定的路线"，而日本是"先规定再放开"。也就是说，欧美国家共享经济的发展曲线像一条趋于平滑的曲线，而日本更像一条 S 形曲线，而且在这种一点一点放开的谨慎态度下，共享经济在日本的发展进程中也会相对少犯一些错误。总之，日本政府的态度

---

① 延展阅读：https://sharing-economy.jp/。
② 延展阅读：https://sharing-economy.jp/news/20160309/。

已经趋于积极，国家的信息技术已经高度发达，高素质的国民对于自身文化认可度日渐提升，对于资源共享也越发重视，这些力量都成为推动共享经济发展的因素。相信在未来的几年里，共享经济一定会一改步伐缓慢的现状，迅速成长起来，成为一道独特的风景线，带来丰厚的社会福利。

英国分享经济政策报告

分享经济具有巨大的经济潜力,我希望确保英国处于分享经济的前沿与中心,并且成为能够与旧金山相媲美的高科技初创企业的发源地。

——马修·汉考克

(英国商务部负责商业、企业和能源的国务大臣)

正是看到分享经济不可阻挡的发展势头和巨大潜力,英国政府 2014 年提出了一项雄心勃勃的计划:成为分享经济的全球中心(Global Center for the Sharing Economy)[①]。为此,英国政府从政策层面给予极大支持,鼓励发展分享经济。

扶持政策出台过程

2014 年 9 月,英国商务部启动了一个独立调查项目,任命戴比·沃斯科(Debbie Wosskow)成立一个调查小组,对英国的分享经

---

① 延展阅读:https://www.gov.uk/government/news/move-to-make-uk-global-centre-for-sharing-economy。

济进行评估，评估的内容包括分享经济给英国带来的益处以及对传统商业构成的风险、分享经济领域的政策法规以及消费者利益保护等内容，进而找出英国在成为"分享经济全球中心"的道路上面临哪些障碍，最终目的是为把英国打造成"分享经济全球中心"制定一份路线图。[①]

扶持政策主要内容

在政府对策中，英国政府将扶持政策分为两类，一类是一般性的扶持政策，另外一类是针对分享经济细分市场的具体建议。一般性的扶持政策包括如下6项内容：

第一，试点"分享城市"。英国政府认识到分享经济能够以创新方法帮助城市解决社会和经济挑战，并推动当地发展。为此，英国政府决定2015~2016年在利兹市和大曼彻斯特区设立两个实验区，重点支持在交通、住宿和社会保障领域的共享尝试，如利兹市成立一个网络共享平台，分享资产和服务，包括闲置的空间和设备，以及居民的各项专长和技能。

第二，建立数据收集和统计制度。分享经济是一个新兴且快速发展的新业态，对其进行精确统计评估有很大的难度，因此英国政府让创新实验室（Innovation Lab）和国家数据办公室（Office for National Statistics）通力合作，统计和评估英国分享经济的发展规模和经济影响。此外，国家数据办公室还可以与外国数据机构合作，并提出分享经济细分市场发展的可行性报告。

---

① 延展阅读：https://www.gov.uk/government/uploads/system/uploads/attachment_data/file/378291/bis-14-1227-unlocking-the-sharing-economy-an-independent-review.pdf。

第三，开放政府身份核实系统和犯罪记录系统。信用体系是分享经济网上交易进行的基石，英国政府正在与银行、移动网络运营商等协商，逐步对包括分享经济平台在内的私人经济部门开放政府的身份核实系统（GOV.UK Verify）。此外，向分享经济平台开放犯罪记录查询服务（Disclosure and Barring Service），英国政府承诺实现网络查询，并降低查询的手续和费用。

第四，将分享经济纳入政府采购，探索政府资产参与共享。英国政府逐步更新其政府采购框架，让分享经济也成为政府采购的选项之一，如从 2015 年秋季开始，英国政府官员履行公务时，可以选择分享经济中的住宿和出行服务。与此同时，英国政府增加政府办公资源的共享程度，如从 2015 年春季开始，英国税务及海关总署开展了一个实验项目，通过一个数字平台实现其闲置的文具、办公用品、家具和 IT 设备的共享。

第五，消除数字鸿沟与鼓励保险。分享经济离不开网络的支持，但英国在 2015 年仍有 20% 的人口缺乏基本的网络使用技能，尤其是老年人。英国政府承诺到 2016 年，将使这一数字减少 25%，使得更多英国人能够享受到分享经济带来的益处。此外，英国政府支持保险公司开发适应分享经济的保险服务，欢迎英国保险商协会发布世界第一份分享经济保险指引。

第六，简化税制。英国税务及海关总署在英国政府官网上发布分享经济纳税的指引，并开发税务计算 App，以帮助分享经济参与者简单快捷地计算出应缴纳的税额。此外，税务及海关总署计划充分利用网络媒体（如 YouTube、Twitter）以加大分享经济纳税宣传。

至于分部门的具体政策，从住宿共享、技能和时间共享、出行共享等方面一一提出具体政策，如住房共享领域，政策明确提出要区别对待居民零散出租闲置房屋与商业酒店,并且政府鼓励房东将闲置房间出租,并给予税收优惠,比如租金每年不超过 4 250 英镑,就可以对分享出租的房间给予免税待遇。在出行共享领域,伦敦交通局在 2015 年已经宣布,专车在伦敦属于合法运营。

政策评价

如果从参与人数、市场规模以及标杆企业等指标来看,英国全国目前都很难与美国洛杉矶相提并论,后者诞生了 Airbnb、Uber 等分享经济鼻祖,并且这些企业目前都是业内举足轻重的企业。但是英国政府十分重视分享经济领域,通过从政策环境上予以大力支持,力图实现"超车",将英国打造为"分享经济全球中心"。综合英国政府推出的政策,具有以下特点:

首先,目标明确,政策系统。在法国、德国、西班牙等西欧其他国家还在为是否应该放开短期租赁、出租车行业而争吵不休时,英国已经大步走在它们的前面。一方面,"分享经济全球中心"是一个明确具体且可量化考察的政府目标,从参与人数、市场规模、标杆企业以及创业公司的数量等指标可以评估政府目标的实现程度。另一方面,英国政府出台的政策系统且有层次,努力全面立体地解决分享经济发展中遇到的困难和障碍。这其中既有针对整体分享经济行业的顶层设计,从试点城市、数据采集、信用体系、保险、政府采购到税收,也有针对各个细分市场亟须解决问题的具体政策,如鼓励个人对个人的房屋短租,允许专车合法经营,甚至为了让英国一直处于分享经济的前沿,英国政府从 2015 年开始编列预算,并动用基金,对分享经济中新技术、新商业模式和新领域给予资金支持。

其次,行业组织推动政策的实施。英国分享经济的发展,不仅得益于政府层面的政策扶持,行业协会在其中也发挥巨大的保驾护航作用。2015年3月,在英国政府推出分享经济扶持政策的同时,由英国商务部组织,全英国最有影响力的20家分享经济企业成立了一个分享经济行业组织——Sharing Economy UK(SEUK),该组织的目标有三个:第一是倡导分享经济。通过传统和新兴媒体统一发声,大力宣传分享经济的益处,并与政府紧密合作,游说立法机构,推动分享经济成为主流商业模式,助力英国成为分享经济的全球中心;第二是制定标准。会员企业通过一份行为准则(Code of Conduct),从维护分享经济信誉、员工培训和保障安全等方面着手,以期为所有英国分享经济企业树立清晰的、需要遵从的价值标准和行为原则;第三是寻找对策。协会通过支持研究项目、总结企业成功实践等方式,努力解决分享经济企业共同遇到的问题和挑战。

最后,政府大力推动分享经济的发展。英国政府真正关心的是消费者的权益保护,在传统行业和分享经济相冲突之时,英国政府并不一味保护传统行业,反而认为分享经济是技术进步、资源稀缺和商业模式创新等因素融合驱动下形成的未来经济发展大趋势,传统企业应该抓住机会实现自身的革新。因此,面对产业发展机遇,英国政府大力鼓励分享经济的发展,政策带有明显的导向性,最为明显之处在于政策的设计者本身就是分享经济的利益相关方。英国分享经济的扶持政策以一份独立的研究报告为蓝本和路线图,这份报告主要由分享经济参与者完成,《开启分享经济》研究报告的作者戴比·沃斯科,其身份是英国住房分享公司"爱屋置换"(Love Home Swap)的创始人和CEO,同时他也是英国分享经济行业协会(SEUK)的第一任轮值主席。英国商务部负责商业、企业和能源国务大臣马修·汉考克在研究报告的前言中更是直白无讳地阐述英国官方立场，当其他国家和城市正在取消消费者选择，限制人民更好地利用自己资产自由的时候，英国正在拥抱这个全新的、颠覆性的商业模式，它能够带来更多的商业竞争和消费者福利。英国的目标是成为分享经济的全球中心，并引领世界分享经济的发展。

法国分享经济政策报告[①]

法国分享经济发展迅猛

在法国,个人间物品和服务的交换在实践中应用非常普遍,二手物品的买卖尤为常见,2/3 以上的法国人有这方面的经历,为分享经济的萌生和发展提供了良好的市场基础。近年来,个人消费观念也逐步由注重"拥有"向注重"使用"转变。这一转变在很大程度上促进了法国分享经济的飞速发展。调查显示,在过去的一年中,法国分享经济的推进稳步有序,充满活力,显示出强劲的潜在发展势头。

法国数字经济产业部 2015 年发布官方报告《分享经济的挑战与前景》,根据该报告,法国和美国、西班牙是世界上分享经济最发达的三个国家,不少企业在本领域内均处领先地位,例如:在出行方面,BlaBlaCar 是欧洲领军的拼车出行服务平台之一,并已开始将其业务领域拓展到国际层面;在食品消费方面,作为基准平台的 VizEat 和 La Ruche qui dit Oui(LRQDO),可在多个国家为消费者提供合作

[①] 本报告主要资料来源为法国政府官方分享经济报告: Enjeux et perspectives de la consommation collaborative, http://www.entreprises.gouv.fr/etudes-et-statistiques/enjeux-et-perspectives-la-consommation-collaborative。

解决方案；在融资领域，法国是众筹平台最为活跃的欧洲国家，2013年第一季度到2014年第一季度间的增长率超过100%，代表网络平台为Ulule。

此外，法国分享经济企业普遍比较年轻，79%的企业成立于2008年后，近50%的企业成立时间不超过3年，非常具有活力。他们涉足衣、食、住、行、娱乐、购物、服务、融资和交通仓储九大行业。其中，融资、住宿、出行等行业参与者众多且竞争激烈；饮食和购物领域为卖方市场；服务和服装方面市场分散，正在发展中；娱乐和交通仓储领域发展相对有限。

截至2014年第一季度，排名前十的分享经济企业按月访问量排名如下：BlaBlaCar（出行），A Little Market（购物），Etsy（购物），Delcampe（收藏），Airbnb（住宿），Videdressing（服装），La Ruche qui dit Oui（食品），Viagogo（娱乐），Vestiaire Collective（服装），Zepass（娱乐）。

宏观微观因素刺激分享经济发展

宏观层面，经济危机影响下的转变。2007~2008年爆发的经济、金融危机导致法国居民家庭预算紧张、购买力下降，为节约开支或创造补充性收入，法国分享经济有了飞速发展；科技进步，尤其是数码工具、信息通信技术及电商的发展，对分享经济产生了决定性的推动作用；就业市场不景气和高失业率，促使经济活动多样化和个体化，使就业市场发生转变，越来越多的个人参加到分享物品或服务的交易活动中。

另外，法国政府有关分享经济的法律规范及税收政策对分享经济的发展同时产生刺激和抑制作用。

微观层面，市民消费习惯促动分享经济发展。无论是否亲身参与分享经济，法国人普遍对分享消费模式印象良好。虽然这种消费模式由居民购买力等因素刺激产生和发展，但常常与社会团结、资源共享、环境保护等社会价值紧密相连。消费者对于网络平台的交易安全、保障性及实用性的信心不足可能成为分享经济发展的主要阻力。

分享经济政策挑战重重

1. 新兴分享经济企业与传统企业竞争关系

在法国，分享经济企业通过 C2C 模式，建立个人物品、服务供应者与个人消费者之间的直接联系，对按照 B2C 模式建立的传统消费模式产生冲击。分享经济的成功在很大程度上取决于交换过程的灵活、迅速及非物质化，以及个人购买力最大化的可能性。虽然这种新的消费模式代表经济革新，并创造更多交易机会，但也带来不少问题。

其中最主要的问题在于，互联网交易平台在很多方面不受相关行业领域现行法律法规和税收制度的约束，得以以较低的成本提供物品及服务。例如，巴黎合作超市 La Louve 采取非营利性协会的组织运作模式，大部分日常工作由协会会员以志愿者身份承担，超市因此得以以比传统超市低很多的价格提供物品。但该超市在劳动法及食品卫生方面存在一定问题。此外，由于分享消费模式促使个人用户转向通过非专业物品或服务提供者，而不是通过专业物品服务供应商来满足自己的需求，互联网交易平台也在逐渐引起有关行业领域的"非职业化"趋势。

不少分享经济企业认为其提供的服务是对该业务领域内已有的服务内容的补充，而非竞争关系。为确定某一具体行业领域内分享经济企业和传统企业间的关系，应对该行业经济活动的复杂性和多样性做更为具体的分析。为避免不必要的摩擦，并且为各类型企业之间的对话提供便利，政府应尽快清楚表明立场。

2. 当前立法难以适应分享经济发展

目前，适用于数字平台的法律是由欧盟 2000 年 6 月 8 日颁布的第 2000/31/CE 号关于信息企业和电商服务的指令转化而来，规定在 2004 年 6 月 21 日施行的《数字经济信任法》中。

分享消费涉及的法律问题比较多，其中部分问题可由现行的民法典和消费法典予以规范。但是，除众筹平台享有专门的法律地位外，目前可以适用于分享经济的法律规范远远不足以应对迅速发展的消费平台。考虑到数字经济活动的跨国性，为确保对消费者权益、数据和公平竞争的保护，应在欧盟层面加强针对数字平台，尤其是分享消费平台的立法活动。

3. 用户个人信息及保护问题

法国分享经济发展过程中也凸显了个人信息保护问题。分享经济企业及部分传统企业坚持政府应当在不影响创新的前提下，规范分享经济消费者的个人信息保护及其知情权，尤其应注重大数据管理，且通过设立个人信息安全储存空间来保障个人交易安全。政府应一方面改善和加强消费者对相关信息的了解和掌握，另一方面应清楚划分参与分享交易各方所应承担的责任。

总体而言，法国分享经济发展迅速，但相关挑战也不少。对此，法国官方报告也针对性地提出了相关建议，其中包括：提高分享经济企业作为相关经济活动参与者和地区的发展战略核心的价值；强化参与分享物品及服务交易的个人知情权和保护；确保不同类型经济活动参与者之间待遇平等，减少或避免不正当竞争；在分享经济本地化的过程中予以必要辅助；加快建立新兴分享经济企业和传统企业间沟通的桥梁，强化不同类型经济活动参与者之间的协同作用；将分享经济企业定位为发展职业技能的媒介；为在社会和环境领域有所创新的分享经济企业筹措资金提供便利等。

欧盟分享经济政策报告

分享经济能够创造额外的工作机会和经济增长,通过提供社会互动和更便宜的服务和商品选择,分享经济使消费者大获其利。

——Elżbieta Bieńkowska

(欧盟内部市场、工业、创业和中小企业委员)

欧盟立法过程

早在 2013 年 9 月,欧盟经济和社会委员会(EESC)召开公开听证会,以讨论分享经济这一新兴的商业模式对于欧盟的重要性,并发布了一份名为《协作消费,21 世纪可持续性商业模式》(*Collaborative or participatory consumption, a sustainability model for the 21st century*)[①] 的意见。听证会之后,在 EESC 的倡议下,成立了分享经济的行业组织——欧洲分享经济联盟(European Sharing Economy Coalition),该联盟的设立目的在于整合力量,统一发声,推动欧盟

---

① 延展阅读:http://www.eesc.europa.eu/?i=portal.en.events-and-activities-built-in-obsolescence-presentations.32540。

层面和成员国层面分享经济政策的开展。

2015年，欧盟对分享经济立法进程大大加快。2015年9月，欧盟委员会启动一项将分享经济包括在内的公众咨询，希望在保护创新、公平竞争和保护消费者三者之间达成平衡。2015年12月，欧盟层面关于分享经济的争议终于尘埃落定，欧洲议会发布对数字市场战略的立场文件，其中大力支持分享经济发展。虽然文件出台过程中，各国议员激烈争论，但分享经济最后赢得了欧洲议会所有党派的支持。这份立场文件表示，分享经济促进商业竞争和消费者福利，创造更多的就业机会，文件敦促欧盟委员会和各成员国重新审视现有法规政策对分享经济的阻碍作用，逐步消除法律政策层面的障碍，进一步促进分享经济的发展。

2016年1月，欧盟委员会发布报告对欧洲议会的文件做出回应，报告宣布欧盟委员会在2016年3月出台《分享经济指南》，在考虑成员国不同利益的前提下，指南将着力于如何更统一地在欧盟范围内促进分享经济的开展。

主要促进措施

在发布《分享经济指南》(下称《指南》)的同时，欧盟委员会宣称它计划出台一份"欧盟分享经济议事日程"，为分享经济的发展设定路线图。《指南》将着眼于评估现有欧盟法律与分享经济发展之间的监管差距，指导如何实施现有的欧盟法律，以更好地适应分享经济的发展。根据欧洲学者的总结和建议，欧盟现有和将实施的分享经济促进政策主要可以分为以下4个方面：

第一，普及分享经济概念，提升消费者参与分享经济的意识。分享经济意识的提升主要依靠教育，通过逐步在初级、中级、高等、成人以及职业教育中植入分享经济的概念和原理，让更多的消费者了解分享经济的益处，从而接受和主动参与分享经济。

第二，破除行业准入壁垒，确立安全和质量标准。通过全面贯彻《欧盟服务业指令》(EU Services Directive)，打破各国设置的行业准入壁垒和简化行政手续。同时借助监管平台中介的条例指引，鼓励分享经济保险的发展，为分享经济确立最低限度的安全和质量标准，从而让消费者放心参与 P2P 分享活动。

第三，鼓励各成员国试点分享经济城市，通过已有互动平台加强城市之间经验交流。2015 年，英国已经在利兹市和曼彻斯特市开展分享经济城市的试点，2016 年 2 月 2 日，荷兰阿姆斯特丹也加入分享城市（Sharing City）的行列，创业公司、社区中心、公立图书馆等多方主体参与，开展从知识、资产到技能的分享活动。此外，通过借助欧盟市长之约（EU Covenant of Mayors）或欧洲智慧城市创新合作伙伴（European Innovation Partnership on Smart Cities）等城市之间的平台机制，鼓励地方城市开展分享经济的经验总结和交流。

第四，服务支持和资金扶持。通过设置一站式的服务平台，将行业准入、融资和纳税等服务加以整合，节省分享经济企业的成本。同时，希望借助欧盟 2014—2020 多年度财政框架（EU Multiannual Financial Framework Program 2014—2020）等政府财政和其他基金项目，为分享经济平台企业提供资金支持。

政策评价

大力发展分享经济，在欧盟已经上升到非常重要的高度，在欧盟的2020年战略计划中，明确表示未来的商品和服务应加强智能、可持续和包容的特点，并且重点要增加就业机会、提高资源利用效率和激活社会经济的活力和凝聚力。总结欧盟的战略计划的促进政策，具有以下特点，值得深入思考和借鉴：

首先，清除制度障碍，努力营造有利于分享经济发展的法律制度。现有法律法规如何与快速变化发展的分享经济相适应是一个让各国政府头痛的问题。从欧盟的现有做法来看，欧盟在专门的分享经济促进政策之外，亦十分关注如何消弭现有法律法规与分享经济发展之间的监管差距。分享经济在欧盟并不是一个独立的战略计划，而是置于欧盟单一市场战略计划之下实施，具体而言，欧盟通过单一市场战略计划之下已有的两个抓手，实现对分享经济的监督管理与推动促进：第一个抓手是平台企业。2015年9月，欧盟委员会对于分享经济的公众咨询其实是欧盟如何处理在线平台企业这一更大语境下的一部分，此次公众咨询的主题是"平台企业的社会和经济角色"（EU commission seeks the views to better understand the social and economic role of platforms），而分享经济是该咨询中非常重要的一项内容。将参与分享经济的企业划入平台企业的范畴之内，有助于从根本上理清一些困扰分享经济发展的法律争议，如专车公司与司机是否属于雇用关系等。第二个抓手是服务。分享经济虽然是一种新型的商业模式，但从经济形态上划分，仍属于服务业的范畴。在欧盟，大力发展分享经济亦服务于欧盟构建统一内部服务市场这一目标，因此，《欧盟服务业指令》将全面适用于分享经济，这大大有助于消除现有法律对分享经济设置的准入门槛和壁垒，比如《欧盟服务业指令》要求欧盟各成员国确保其服务市场的自由准入和非歧视待遇，最重要的是取消了跨区域经营企业须在营业地设立独立分支机构的要求，取消了对企业在其他成员国进行服务性经营需向当地政府报批的要求。

其次，行业协会先行。早在 2013 年，欧盟经济与社会委员会召开有关分享经济的听证会之后，欧洲第一个多方利益主体共同参与的分享经济协会——欧洲分享经济联盟随之成立，并在之后推动分享经济在欧洲的发展发挥了十分重要的作用。欧洲分享经济联盟承担的任务主要有：媒体公关、市场调研、组织公共辩论和成员国政策制定者之间的多边会议、主动参与欧盟委员会的咨询活动和提供行业政策建议，并促使分享经济服务于欧盟战略诸多目标的实现，如单一数字市场战略、可持续性消费和生产行动计划等。更难能可贵的是，欧盟议会和欧盟委员会对于行业协会的建议亦十分重视，在多次的公开咨询中皆可听到分享经济参与者的声音。

最后，欧盟划定底线，鼓励各国开展实验。欧盟 2016 年 3 月出台的分享经济政策没有采用条例、指令的形式，而是采用指南的方式，可谓是欧盟深思熟虑之后的明智之选。一方面，分享经济正蓬勃发展，远未到成熟定型的时候，这意味着分享经济仍处于不断快速变化发展之中；另外一方面，分享经济的崛起已经对传统经济形态产生一定影响。因此，如果采用条例和指令的方式，虽然法律效力层级更高，但过于刚性，缺乏调整和回旋的空间，既难以满足分享经济不断变动的需求，容易造成"一刀切"，也容易引发传统经济业态的反弹。采用指南形式的好处在于，在划定底线的同时，给予各国自由发展分享经济发展的弹性。比如在 2015 年 9 月，欧盟启动关于分享经济的公共咨询之时，欧盟委员会就明确表示，在该公共咨询结果公布前，排除出台法规来规范如 Airbnb 和 Uber 等分享经济企业的可能性。因此，欧盟推动分享经济发展的政策思路是：欧洲议会全票通过支持分享经济的议案,相当于欧盟已经为分享经济划下了支持的底线,而欧委会 2016 年 3 月出台《分享经济指南》,则是鼓励各成员国先试先行,之后在总结各国优秀做法和实践的基础上,再择机推出新的政策。

美国分享经济政策报告

美式监管：给风筝放线

了解美国政府目前对于分享经济的监管，首先要明白美国政府分为联邦政府与州、地方政府，联邦政府和州、地方政府都有相应的权力在各自所管辖的领域里进行监管。而如今，就联邦层面而言，并没有统一立法，也没有出台相应的政策明确监管内容，只是总体表面上乐于支持分享经济。具体到各州、地方而言，由于各自发展情况不一，法律条例制度也参差不齐，各州、地方政府对于分享经济的做法就有所不同。2015 年，美国国家城市联盟对美国 30 个最大的城市对分享经济的态度进行了调查，当问及针对分享经济的监管时，其中 54% 的城市表示对分享经济不采取任何监管措施，而 30% 的城市表示希望可以和原有的经济模式一样进行监管。[1] 美国联邦政府和地方政府对分享经济的态度似乎是多元的，但是其实暗含着统一的主线。

---

[1] 延展阅读：Nicole DuPuis and Brooks Rainwater:The Sharing Economy An Analysis of Current Sentiment Surrounding Homesharing and Ridesharing, National League of Cities.

http://www.nlc.org/Documents/Find%20City%20Solutions/City-Solutions-and-Applied-Research/Sharing%20Economy%20Brief.pdf。

具体来说，从联邦层面来看，分享经济的发展已经引起了 FTC 的重视。FTC 主要职能是执行多种反托拉斯和保护消费者法律，目的是确保国家市场行为具有竞争性。FTC 目前并没有具体的管理分享经济的举措，但是已经展开了一系列前期工作。

第一，举办研讨会。经过一年多筹备，2015 年 6 月 9 日 FTC 举行了一场主题为"分享经济议题：平台，参与者与监管"的研讨会，邀请来自斯坦福经济学院、哈佛商学院等的诸多专家针对"市场竞争、消费者保护、监管"问题展开讨论。① 会议之前，FTC 就针对监管问题拟定了一个标准：监管要顾及市场竞争，监管不能破坏市场创新。在此基础上 FTC 希望明确现有的数十年之久的规定是否还能行之有效。

第二，向地方政府传达"旨意"。虽然联邦并无统一立法管制或者促进分享经济，各地方政府有权在自己管辖领域里"因地制宜"，但是 FTC 还是希望各地做法能够统一。2014 年 4 月 FTC 提交评议给芝加哥市议会议员赖利（Reilly），对芝加哥市通过一项旨在授予安排交通的分享经济软件许可的条例的行为表示赞赏，不过同时也表示希望可以适当减少条例中规定的税费，以免影响相应平台的发展。②

第三，向外界发声，表明态度。FTC 的工作人员会在适当场合向外界传达内部想法，例如 2015 年 FTC 的主席伊迪丝·拉米雷（Edith Ramirez）通过新闻发布会向外界表示分享经济带来了巨大的收入，而 FTC 希望能够进行更多的调研以更好地理解分享经济。同年 5 月

---

① 延展阅读：https://www.ftc.gov/news-events/events-calendar/2015/06/sharing-economy-issues-facing-platforms-participants-regulators。

② 延展阅读：https://www.ftc.gov/news-events/press-releases/2014/04/ftc-staff-submits-comments-chicago-city-council-proposed。

份,FTC政策规划办公室主任玛丽娜·拉奥（Marina Lao）告诉英国《金融时报》:"实际上,我们希望弄清楚的是,我们如何以一种不会妨碍创新却能保护消费者的方式,监管这类新的商业模式。"①

第四,广泛征求社会意见。FTC通过各种渠道向美国大众表明希望了解美国民众对于分享经济的态度,并且公布了详细的意见反馈渠道。同时还将研讨会的成果公布在FTC官方网站以供民众参考。FTC在2015年已经针对分享经济的不同内容征集了至少两批次民众意见,并挑选其中一些公布在其官方网站上。

在FTC进行探索的同时,美国各地方政府表现就更为直接:在科罗拉多,其州长约翰·希肯卢珀（John Hickenlooper）已经签署了法案授权了出行分享类服务的运行;加利福尼亚的公共事务委员会通过了一个法律框架,使得出行分享类的公司可以在该州境内合法运营;而到各市政府,奥斯汀、西雅图、华盛顿等也出台政策明确允许出现分享类平台运行;奥斯汀和旧金山市政府还允许房屋分享类的平台运作。可见在经济需求的推动下,美国各地方政府的表现更为务实。②

如今美国从联邦到地方对分享经济的态度,就如同放风筝,此时需要的是不断地放线来测试分享经济能飞多高,而不是急于拉紧绳子,而目前来看这根线还比较长。

---

① 延展阅读：http://www.ftchinese.com/story/001061960。

② 延展阅读：Nicole DuPuis and Brooks Rainwater:The Sharing Economy An Analysis of Current Sentiment Surrounding Homesharing and Ridesharing, National League of Cities. http://www.nlc.org/Documents/Find%20City%20Solutions/City-Solutions-and-Applied-Research/Sharing%20Economy%20Brief.pdf。

对美式政策的评析

相对于欧盟急于出台成套成文政策来指导分享经济发展，美国对于分享经济的态度显得更为豁达，能够感受到其胸有成竹的气魄。一来实践中美国分享经济的发展已经站在了世界前列，无须政府更多推动；二来"谋定而后动"，只有冷静思考后的政策，才能真正合适分享经济。细想"美国特色"的做法，确有以下值得学习之处：

第一，市场先行，政策后动。统观美国政府对分享经济的态度，就是要分享经济先行发展，其发展如何完全交给市场去评判。分享经济已经在美国盛行多年，而 FTC 却迟迟不出台相关政策进行管理，其目的就是希望首先由市场对分享经济进行成分检验，其次通过市场和各地政府的反映来检验现有制度的缺陷或者不匹配之处，最后，每一项政策的出台都需要经过反复讨论与论证，不仅要做到制度上科学，而且要能够沟通民意。显然，经过美国市场检验过的分享经济是值得称赞的，它培养出了 Uber、Airbnb 这样的巨头，也发展了上百个各类型的候补梯队，分享经济是值得追逐的。而这些年集中出现的平台与各地政府之间的管理矛盾也让 FTC 认识到现有制度和分享经济的不和谐之处，这才有 FTC 后继的研究与讨论。

第二，统一思想，划定底线。虽然美国并不急于管理分享经济，但这也并不意味着容许出现思想上、指导思路上的混乱。FTC 不断地通过媒体，通过与当地政府进行接触，就是想传达出支持分享经济的态度。2008 年金融危机后，美国急需新的经济驱动力，分享经济让美国政府看到了一个新的增长点。统一对分享经济的态度有利于经济的更进一步复苏。而与此同时各地政府又一致地划出底线，从形式上表现为相关政府出台相应的政策，例如加利福尼亚的公共事务委员会通过的法律框架，使得出行分享类的公司可以在该州境内合法运营；但是这种政策是一种"底线"政策，其真正含义是允许分享经济的平台运行，只有在其运转偏离轨道，例如损害消费者利益等时才会出来进行干预。也因此，美国的分享经济企业可以迅速发展。

　　第三，地方试点，高层等待。采用中央或者说联邦立法具有效力强，执行力强的特点，但是也有不易更改的问题。因此，每一个联邦层面的政策的实行都必须慎之又慎。美国的做法就是把问题先抛给地方，由地方各自尝试解决之道，由联邦层面（这里就是FTC）进行观察、筛选以及指导。与此同时，联邦层面也会征求学界、商界以及社会的意见，综合考量、统筹兼顾，出台最终的意见。

跋

    本书是腾讯研究院出版的第一本分享经济的专著。其中或有种种不足，但基本反映了我们对未来信息社会中经济活动可能的组织形态的思考。

    作为独占的反义词，分享行为古已有之。其往往被视作人类社会性的体现和利他天性的流露，以经济学理性人假设反证的姿态出现。从这个意义上说，分享经济与分享行为有着明显的区别：分享经济无关利他，是在理性人假设条件下的市场自发选择。

    分享，大体上描述的是所有权与使用权分离的状态。从罗纳德·科斯到奥利弗·威廉姆森的新制度经济学传统，将使用权和所有权的分离视为交易成本产生的重要原因。具体说来，由于在事先订立的合同中无法穷尽所有事后的可能变化，理性人逐利的特质必然导致事后的种种龃龉和争执，成为道德风险（moral hazard）滋生的土壤，显著推高交易成本。利益方不得已采用收购的方式取得物权，也即剩余控制权（residual rights）以避免事后的混乱。

    从这个意义上讲，所有权作为一种制度安排，天然是保障使用权的最完整也最昂贵的手段，是应对交易成本的不得已而为之。正如科斯定理（Coase Theorem）所说，交易成本为零的情况下，所有的经济行为都应交由独立市场（arm's length market）完成，以资本、物权、雇佣、层级、命令为基础的生产组织形态将不复存在。

交易成本为零，在很长一段时间内如同理性人假设一样，被当作在现实中不存在的理想状况，仅供理论探讨。

直到移动互联网普及、点对点的分享经济平台出现。

在移动互联带来的技术革命浪潮中，分享经济平台正在扮演独立交易市场的角色。平台上一个个自由活泼的个体成为特定经济活动的基本单元，因为信息的高度发达，独立的评价体系得以建立，信任和信用得以伸张，交易成本因此大幅降低。这些点对点的直接交易，也许与交易成本为零的理想状态仍有距离，但使用权和所有权的分离却因此在人类历史上第一次具备真正的大规模经济意义。

看到这一点，应该就能理解为何我们坚信分享经济是风口，能够创造实实在在的价值，而不仅仅是"风险资金造就的虚假繁荣"，也不会在"停止补贴后就自然消亡"。

我们坚信，通过分享经济平台节省下来的资源不会在经济循环中凭空消失。这些经济节余，不论是以货币还是实物的形态存在，都会随消费、储蓄、投资等不同渠道重新投入经济活动中去。从这个意义上说，分享经济压抑新增消费的担忧并无理据。

我们坚信，分享平台搭配的长效可累积信用机制和即时反馈实时监控特性，能够拔除因信息不对称造成的种种龃龉和争执。原本因高道德风险而被弃置的独立交易机会重新变得有利可图，而在场外观望的交易方也会重回市场。网上约车、短租无一不是这一论断的强有力例证。不论从理论上，还是从实践观察的结果来看，分享经济平台都创造出实实在在的经济增量。

我们坚信，一辆存放在普通人家的普通轿车，停在车库里，是只会产生折旧费用的消费品；分享出去，却能成为产生正现金流的有价资产。这个家庭的利润表里因此减掉一个费用项，换来资产负债表中多出一个资产项。千千万万这样的家庭汇总起来，改善的是全社会的利润和资产负债。这不是一个单纯的思维实验，托分享经济的福，这已经是日常的现实。

本书的诞生，首先要感谢马化腾先生和郭凯天先生对于分享经济理念的认同和有力推动。

感谢滴滴的程维先生，作为中国分享经济最有力的践行者，拨冗为本书撰文，与我们一道分享滴滴对于分享经济的实践洞察。同时也要感谢参与了本书调研的途家、小猪短租、猪八戒网、人人快递、人人车、挂号网等分享经济领域的新兴企业，正是他们的积极探索，共同推动了分享经济理念在更多领域的实践。

感谢腾讯研究院分享经济的研究和写作团队——张孝荣、孙怡、蔡雄山，他们在近一年以来一直保持对分享经济产业及政策等方面持续和深入的研究，成果不断。感谢 Brent Irvin、谢呼、江阳、程武等各位领导以及沈丹、李航、岳淼等各位同事对课题研究的大力支持。感谢其他参与本书写作和策划的腾讯研究院的同人——张钦坤、程明霞、李刚、周政华、刘金松、崔立成。正是大家的通力协作，使得本书能够在如此短的时间内呈现在广大读者面前。

特别致谢段永朝、姜奇平、张新红等各位专家的支持，尤其是段永朝老师对于全书提出了很多中肯的意见。感谢参与腾讯研究院分享经济风潮研讨的诸多学者、媒体和一家民宿、e 袋洗等企业朋友，你们的观点和案例为我们的研究提供了很好的支撑。

同时还要感谢参与本书资料搜集整理、提供调研支持的众多同学——金宁、刘嘉琪、刘玉玲、高燕、郝璞璞、刘炯言、曾文婉、邹迅羽、苏亚、任帅涛、胡佳、孙那、王少棠、李思羽、曹建峰。

感谢中信出版社的卢俊先生、朱虹女士和本书编辑赵辉先生与腾讯研究院一起组成了高效的团队。

最后,要感谢关注分享经济,关注腾讯研究院的众多读者朋友,大家是我们前进的最大动力。如果您对本书及分享经济有任何意见和建议,希望不吝赐教,您的任何观点我们都非常期待。

分享经济的风潮,意味着一个时代的开启,腾讯研究院将会在分享经济以及其他新经济领域开展持续的研究积累,将最新的信息和成果快速无间断地推送出来,做好产业界与学术界的连接器,我们期待和所有热心互联网社会科学研究的同人一起关注、推动行业健康有序发展。

司　晓

2016 年 4 月 16 日于深圳腾讯总部大厦